ジェラルド・C・ケイン／アン・グエン・フィリップス／
ジョナサン・R・コパルスキー／ガース・R・アンドラス
三谷慶一郎／船木春重／渡辺郁弥 監訳　庭田よう子 訳　田中公康 解題

DX《デジタルトランスフォーメーション》経営戦略

成熟したデジタル組織をめざして

THE TECHNOLOGY FALLACY:
HOW PEOPLE ARE THE REAL KEY TO
DIGITAL TRANSFORMATION

NTT出版

目次

第1部 デジタルディスラプションを乗り切る

第2部 デジタル時代のリーダーシップと人材を再考する

目次

第3部 デジタル組織になる

目次

序章

デジタルディスラプション——竜巻が来た

インテルの創業者の一人アンドリュー・グローブは何年も前に、パラノイアだけが生き残ると述べた。パラノイアは、現時点においては十分に認められているように思う。企業や業種全体が、今まさにかつてない勢いで崩壊している。以前なら考えられなかったビジネスモデルを用いる手強い競合相手の出現は、急速に進化するテクノロジーに負うところが大きい。もしあなたが老舗の組織を率いているなら、懸念を抱かずにはいられないはずだ。誰だって、次のボーダーズやブロックバスターになりたくはないだろうから。

本書は、テクノロジーがもたらすディスラプション（破壊）がテーマだ。具体的に言えば、いかにしてディスラプションに対処し、ディスラプションに適応し、ディスラプションを特徴とする世界と時代に繁栄できるかについて述べた本だ。だが、テクノロジーそのものが主眼ではない。本書の執筆準備にあたり、わたしたちはデジタルディスラプションに関する多数の本や記事に目を通した。マネジメントに関する文献の大半に、テクノロジーがデジタルディスラプションという現象を引き起こし、その現象を引き続き煽っていると書かれていた。

テクノロジー・スタックやアーキテクチャやロードマップはほかの方々にお任せすることにする。わたしたちはむしろ、テクノロジーの力を利用するために必要となる組織の変化に重点を置くことにした。話を進めやすくするために、本書ではさまざまなデジタルテクノロジーを指して、単に「テクノロジー」という言葉を用いる。

デジタルディスラプションの人的・組織的側面にフォーカスするからといって、その技術的側面が重要でないと考えているわけではない。それどころか、多くの企業が直面する技術的問題が重要であることは、しかと認識している。だが本書の目的は、デジタルディスラプションによる組織的課題は技術的課題に匹敵する、と主張することにある。文献でも現場でも、前者は後者ほどの注目を集めていない。さらに言えば、多くの企業が直面する技術的課題は、業種と戦略によって著しく異なるのに対し、彼らが直面する組織的課題には共通の傾向があることが、わたしたちの調査からわかっている。

本書では、デジタルディスラプションがもたらした、未知の新たな競争環境をリーダーが切り抜けるために必要となる知見を提供する。本書で「リーダー」という言葉を用いるときは、CEOレベルの経営幹部から実務に関わるプロジェクトマネジャー、またはその中間の人々まで、組織に影響を与えられる、あらゆるレベルのマネジャーを指す。急激に変化する環境にリーダーがどのように適応するかは、各レベルで異なるかもしれないが、すべてのレベルのリーダーが環境に適応することが必要不可欠である。経営幹部レベルにもなると、自らの組織が刻々と変わりゆく世界にいかに適応するか、大胆な新ビジョンを投げかける必要があるだろう。プロジェクトマネジャーなら、デジタル時代に効果的に働ける企業環境を作らなくてはならない。チームのメンバーが働きやすさを実感するとき、イノベーションが組織全体に行きわたる。デジタルトランスフォーメーション（ＤＸ）を経た組織になるためには、トップダウンおよびボトムアップのイノベーションが必要不可欠だ。幹部は組織に変化を押しつけるだけではいけないが、幹部の支援がなければ、草の根による変化が持続する可能性は低い。調査で得た知見と指針を組み立てる術を探していたとき、わたしたちは、有名な児童文学『オズの魔法使い』の物語に何度も立ち戻っていることに気づいた。ほとんどの人が、一六歳のジュディ・ガーランドをスターにした一九三九年公開のＭＧＭの映画で、この話を知っているだろう。「わが家に勝るところはない」「トト、ここはカンザスじゃないみたいよ」などをはじめとする映画の有名なセリフは、今では慣用句的に使われている。この物語の粗筋は次のとおりだ。カンザスの農場に住む少女ドロシーが竜巻で気を失い、家ごとオズの国に飛ばされ、飼い犬のトトとともに黄色いレンガの道をたどってエメラルドシティまでオズの魔法使いに会いに行く。ドロシーはその道中で、カカシ、ブリキ男、臆病なライオン、西の悪い魔女らと出合う。

映画の冒頭で竜巻が現れるが、これはデジタルディスラプションを表す、うってつけのたとえに思われる。ドロシーはオズに行くことを選んだのではなく、自分ではどうすることもできない力によってオズへと運ばれた。カンザスは白黒の映像で描かれ、対照的に、家が着地したオズの国は、鮮やかなカラー映像で描かれている。ドロシーにはこの新しい環境で歩を進めるよりほかに選択肢はなく、新たに友情を築き、不慣れな課題に直面しながら、カンザスに戻る方法を見つける。竜巻がもたらす状況は、幾多の企業がデジタルディスラプションを経験するさまをまさしく描き出している。多くの企業にとって、これはいやおうなしに出る旅なのだ。彼らは手に負えない力によって押し流され、未知の世界に連れ去られた。そこは、モノクロのカンザスと色鮮やかなオズさながら、競争のルールがまったく異なる世界のようなのだ。

だが、ここでもっとも重要な点は、『オズの魔法使い』の物語のテーマは竜巻ではない、ということだろう。竜巻がカンザスに来なかったら、ドロシーの冒険は間違いなく生まれなかったはずだが、これはドロシーが当初どのようにオズに行ったかについてではなく、彼女が未知の新しい世界で前に進む物語なのである。同様に、本書で探るデジタルディスラプションの話は、実のところテクノロジーがテーマではない。むしろ、テクノロジーがもたらした新たな競争環境を、企業がいかにして切り抜けるかに主眼が置かれている。ますますデジタル化する環境がもたらす変化に効果的に対応できるよう組織を再構築し、これまでと異なるビジネスのやり方を実践できるようにすること、個人と組織のスキル開発およびリーダーシップスタイルを、急速に変化する世界の要求に応じられるようにすることが狙いだ。デジタルディスラプションという竜巻は、つい最近やって来たのではない。何十年もかけて、複数の産業・職種にわたる長い道のりをたどってきた。デジタルディスラプションの次の段階の詳細は正確にはわからないが、その影響が今後弱まると言えるような根拠は何もない。

現状をもたらした事情を探るのも有益かもしれないが、ほとんどの読者が懸念を抱いているのは、デジタルディスラプションという奇妙な新世界にいることに気づいたらどうすべきなのか、ということだろう。

映画『オズの魔法使（The Wizard of Oz）』［映画の邦題は「使い」に送り仮名がない］は、一九〇〇年刊行の『オズの魔法使い（The Wonderful Wizard of Oz）』を第一作とするライマン・フランク・ボームのオズ・シリーズに基づいている。映画と原作の重要な違いは、原作ではドロシーはもう二度と故郷のカンザスに戻ることができないと知り、オズに残るという点だ。原作の主人公と同じように、企業はかつて住んでいたデジタルディスラプション以前の世界にもう二度と戻れない。このたとえが、企業が直面するデジタルディスラプションのもたらす課題とチャンスを理解するうえで役立てばと思い、紹介した。ドロシーが言うように、「ここはカンザスではないみたい（I've a feeling we're not in Kansas anymore）」なのだから［映画のセリフに由来する、住み慣れた環境にもはやいないときなどに使われる英語の慣用的表現］。

調査について

本書は、『ＭＩＴスローン・マネジメント・レビュー』誌とデロイトが提携して実施した、テクノロジーが企業経営をどのように変えたかに関する、四年間の調査に基づいている。わたしたちは四年間にわたり一万六千人以上を対象に、デジタルディスラプションの経験、その性質の理解、彼らの所属する組織の対応の妥当性について調べた。毎年必ず尋ねる質問もあったが、前年の調査結果に端を発して新たに設けた質問もあった。各年、三七〇〇～四八〇〇件の回答を得た。本書で調査結果を取り上げる場合、通常ある年の結果にだけ言及しているが、読みやすさを考慮し、データを得た年を明記していない。実際の数値は年によって少々変動があったものの、わたしたちがデータを集めた四年の間、一般的関連性、主要テーマ、要点は一貫していた。もし発表された報告書に関心をおもちなら、『MITスローン・マネジメント・レビュー』誌のウェブサイトで閲覧できる。[1]

この調査方法にはいくつもの利点があった。この手法はほとんどの人になじみがあり、調査は比較的容易に実施および分析が可能で、広範囲に提供できる。また、繰り返し実施されるので改善が可能である。よって、急速に進化しているが、不均質に広まっている現象を研究するには適したアプローチなのだ。とはいえ、回答者の認識が不足していたり偏っていたりすることも多いので、調査回答は慎重に用いなくてはならない。状況によっては、こうした知覚データに問題はなかった。たとえば、現在のデジタルトレンドを踏まえて、どのくらいの期間現職にとどまるつもりかと社員に質問した場合、その回答は彼らの意図を反映しているものだと信頼できる。一方で、回答者の認識が問題になる場合もあった。たとえば、所属する組織のデジタル成熟度を評価してもらう場合、他者に向けて自分の組織を測定する能力が乏しいために、彼らの認識が客観的現実と一致しない可能性がある。そうした限界を強調することが重要だと考える場合にはそれを強調するが、本書を通して使用する調査データにつきものの限界については、注意を促すことはしない。本書の調査データの記述は、どれもこの点を踏まえたものだ。

わたしたちの調査結果が精査に耐えられるように、データに関してさらに高度な統計的分析を行った。調査結果が、企業の規模や創業年数といった特徴によるものではないことを裏づけるために、幾重もの回帰分析を行った。追加分析により、この調査結果は、わたしたちが用いた特定の測定手段のような、その他要因によるものではないというお墨付きを得られた。たとえば、回答者は特定の質問に対してではなく、自社に対して一律に高評価または低評価を与えているわけではないことが、因子分析によって証明された。こうした特徴は研究者の間で〝コモンメソッドバイアス（共通方法バイアス）〟として知られている。本書で示す結果はさらに厳格な統計精査にも耐えられるが、提示や議論がしやすいように、できるだけ簡単な用語で示すことにする。

わたしたちの調査結果を増強するため、その他二種類のデータも用いた。一つは、ウォルマート、グーグル、メットライフ、セールスフォース、マリオット、フェイスブックなどをはじめとする企業で、七五人を超えるオピニオンリーダーに対して実施したインタビューだ。インタビューのおかげで、テクノロジーが企業をどう変えているのか深く掘り下げることができた。また彼らの積んだ経験は、データを解釈するうえで役立った。一部の人物の身元は本書に明記したが、それ以外の人については本人の希望により身元を伏せてある。これらのインタビューはわたしたちの調査結果に背景を授け、そこから引き出した知見を評価するのに役立ち、デジタルディスラプションの最前線に立つ人々のものの見方を示してくれた。

もう一つは、自分たちの発見を経営科学の幅広い文脈に据えるために、情報システム、マネジメント、マーケティング、心理学、経営などの分野で定評ある文献を利用し、わたしたちが実施した一次調査の知見を増強したことだ。似通らない複数の情報源を用いてデータを三角測量することによって——定量的手法と質的手法、一次データと二次データ——単一のデータソースの限界を相殺して、バランスよく、新鮮な角度から、公平な目で、企業がデジタルディスラプションにいかに対応すべきかという問題に対する見解を示したいと思う。

一方で、データだけにとらわれたくないとも思っている。どんなに時宜にかなっていても、それでは企業がどう反応したかに終始する回顧的アプローチになる。むしろ、マネジャーがどう対応すべきか、事前の模範的指針としてこのデータを用いている。全体像を最大限に提供するために、わたしたちの見識と多種多様な経験とのバランスを図りたいと望んでいる。本書の執筆陣は、デジタルディスラプションを何十年も研究し教えてきた学者と、さらに長い期間、企業と積極的に連携して彼らがデジタルディスラプションの課題に適応できるよう力を貸してきたコンサルタントから成る。

本書を通して、著者四人のうち一部の者しか経験していなくても、わたしたちの集団的経験を指して「わたしたち」と述べることが多い。各著者は異なる経験と専門知識で本書に貢献した。たとえば、調査結果を伝えるために、さまざまな共著者と実施したジェラルド・C・ケインの学術研究を大いに頼りにしている。またガース・R・アンドラスは現在、クライアントとこの問題に積極的に取り組んでいる最中だ。アン・グエン・フィリップスはもともと、この研究プロジェクトをデロイト側で率いていたので、データと調査結果に深く精通している。近年デロイトのトップを退いたジョナサン・R・コパルスキーは、雑誌等に数多くの記事を寄稿し、現在はノースウェスタン大学で教鞭をとっている。彼はこの研究を後援し、複雑な発想を説得力ある語り口にまとめる才能を発揮した。見事に一致団結して本書を作り上げたので、全体は個々の貢献の総和よりも大きいと思う。それぞれが各自の役割を果たしたが、一丸となってプロジェクトに取り組んできたので、本書では「わたしたち」と述べることにした。

データに対し、異なる経験に基づいた視点をまとめることにより、企業がデジタルディスラプションにどう対応すべきか、調査に裏づけられた明確な意見を提示できたらと思う。そうすることで、このテーマを扱った既刊書の限界を乗り越えられたらと思う――要するに、企業が対処している現実とは切り離された分析過多のアプローチや、読者が実践できる具体的な内容がほとんどない、底が浅く煽り立てるだけの対処法を避けたいということだ。リーダーの行使できる影響力のレベルにかかわらず、未来に向けて組織をどう導いたらいいのか、実行可能な助言をリーダーに与える、バランスのとれた、信頼に足る対処法をリーダーに示せたら幸いである。

各章の内容について

本書は三部構成となっている。第1部では、デジタルディスラプションの現象と企業の対応策について述べる。企業は変わりゆく環境に適応することを考えるべきだと提言する。

- 第1章は、リーダーも社員もほとんどの人はデジタルディスラプションが起きていると知っていながら、行動に移していないことを指摘する。本書ではデジタルディスラプションへの対応策にフォーカスする（デジタルディスラプションが起きているかどうか議論するのではなく）。
- 第2章では、デジタルディスラプションは主に人間についての問題、具体的には個人や組織、社会がそれぞれ異なるペースで反応を示す問題だと位置づける。したがって、組織のデジタルディスラプションへの取り組みには、仕事のやり方の変化も含める必要がある。
- 第3章では、〝デジタル〟の概念を形容詞（名詞ではなく）として定義し、本書の重要な構成概念であるデジタル成熟度を紹介する。デジタル成熟度は、競争の過程で大半の企業がめざすべき目標である。
- 第4章は、次々とテクノロジーが登場する競争環境をうまく切り抜けるために必要な、ビジネス戦略の重要性に取り組む。急速に変わりゆく環境のなかで、戦略を築くための手法を紹介する。

- 第5章ではダクトテープのたとえを用いて、アフォーダンスという学問的概念について説明する。アフォーダンス——テクノロジーによって企業が異なる方法をとれるようになることが主眼——は、企業が直面する難題を考えるために有益な方法だということを論じる。

第2部では、デジタル成熟度がリーダーシップや人材、今後の仕事に及ぼす影響を取り上げる。

- 第6章はデジタルリーダーシップの特徴を紹介する。デジタル環境におけるリーダーシップは、従来の環境におけるリーダーシップとは根本的に異なると多くの人が考えがちだ。リーダーシップの基本原則は同じであり、異なる環境で発揮されるだけだということを示す。
- 第7章では、第6章で紹介した優れたマネジメントの普遍的基本原則を超えて、デジタル環境に特有な具体的スキルと能力について取り組む。デジタル組織を率いるにはどんなスキルと能力が必要なのか、もっとも欠けているスキルと能力は何かについて述べる。
- 第8章ではデジタル人材のマインドセットを紹介する。社員がデジタルディスラプションに対応するためにもっとも肝要なことは、継続的な学習である。社員はデジタルスキルを磨きたいと考えているのに、組織はそれを支援していない。
- 第9章では、多くの企業がデジタル環境で競うために必要な人材の不足を感じていることを示す。そのような貴重な社員を獲得し定着させるために組織がとるべき戦略を授ける。
- 第10章は、仕事の未来にフォーカスする。デジタルディスラプションが席巻した結果、今後一〇年の間に仕事がどうなるのか考察を加える。

第3部では、企業が作り出す必要がある、デジタルディスラプションにうまく適応するための条件について取り組む。飛ばし読みしても構わないが、第3部を読まずに本書を閉じないように！

- 第11章は、あなたの会社のデジタル環境育成について取り上げる。探索的、分散型、コラボレーティブ、アジャイル、データ駆動型など、組織の特徴はデジタル成熟度と関連する。この問題について深く掘り下げる。
- 第12章では、デジタルに成熟している企業の組織構造にフォーカスする。そのような企業はクロスファンクショナルチームを採用し、組織の下位レベルにまで意思決定を引き下げている傾向がある。この組織構造のおかげで組織は変化にすばやく対応できる。
- 第13章は、デジタルに成熟している企業は意図的にコラボレーションする傾向があるという点を取り上げる。コラボレーションを強固にするテクノロジーの恩恵を探るが、望ましくない結果をもたらさないように、そうしたツールは意図的に使う必要がある。
- 第14章は、実験的マインドセットを企業はどうしたら育めるかにフォーカスする。刻々と変化するデジタル環境において企業は実験と反復を実践すべきなのだが、これは、過去五〇年の間企業を特徴づけてきた多くの価値観とは対照的である。
- 第15章では、あなたの企業のデジタル成熟度を高める実践的指針を提供する。あなたの組織のデジタル成熟度の測り方と成熟度の高め方を示す。

第1部

デジタル
ディスラプション
を乗り切る

第1章 デジタルディスラプションは周知の事実

テクノロジーがもたらす破壊（ディスラプション）に組織が早急に適応する必要があるのはなぜか？　これについて説得力ある事例で本章を始めたいのはやまやまだが、それはひとまず置いておこう。カナダのシンガーソングライター、レナード・コーエンの歌詞にあるとおり、「誰もが知っている。そういうものだと誰もが知っている。みんな知っている」からだ。

二〇年近く前に始まったテクノロジーの第一波で、新聞産業が、レコード音楽産業が、写真フィルム産業が破壊されたのを、あなたはその目で目撃したかもしれない。現在、ホテルやタクシー業界、小売業界でも同様の破壊が進行中であることを、あなたはおそらくご存じだろう。ウーバーやエアビーアンドビー、万能の巨人アマゾンなどの企業により、デジタルの竜巻がビジネス環境を作り変えている。また、アナリティクスやデータサイエンスが花盛りとなり、人工知能（AI）、ブロックチェーン、仮想現実（VR、バーチャルリアリティ）、拡張現実（AR、オーグメンテッドリアリティ）、自動運転車などのその他テクノロジーが出現しているように、デジタルディスラプションが決して終わりを迎えていないこともご存じのはずだ。既存顧客をすくい上げ新規顧客を取り込む新たに登場した俊敏な競争相手によって、さらに多くの企業や業界全体がまちがいなく倒されることをご存じのはずだ。

デジタルディスラプションが現実であり現在進行中であるのは周知の事実だという主張は、わたしたちが実施した調査によって裏づけられている。この調査では、「デジタル技術はどの程度あなたの業界を破壊すると思うか？」という質問に対し、回答者の八七パーセントが、自分の業界はデジタル技術によって大々的に、またはある程度まで破壊されるだろうと答えた。自分の業界にまったく影響を与えそうにないと答えた人は、三パーセントしかいなかった（この三パーセントの回答者に対して、新聞を最後に紙媒体で読んだのはいつだったか、レコード店に最後に行ったのはいつだったか、旅行代理店に直接行ってツアーを予約したのはいつだったのか、わたしたちは尋ねなかった）。またほとんどの回答者が、今後成功し生き残るための重要な要因として組織はこうした変化に適応する必要がある、と認識していた。デジタル変革を経ることが組織の成功にとって重要かという質問に対して、八四パーセントが、そう思う、または非常にそう思う、と答えた。

よって、デジタルディスラプションは現在起きており、今後あなたの組織に影響を与えるだろう、とここで明言させてほしい。いつどのようにその破壊が起きるかは異なるかもしれないが、何らかの方法である程度まで起きていることについては、たいていの人が同意するだろう。その点をはっきりさせることで、本当に大切なことに注意を向けられるようになる。もう破壊が起きているのだから、今何をすべきなのか、ということだ。

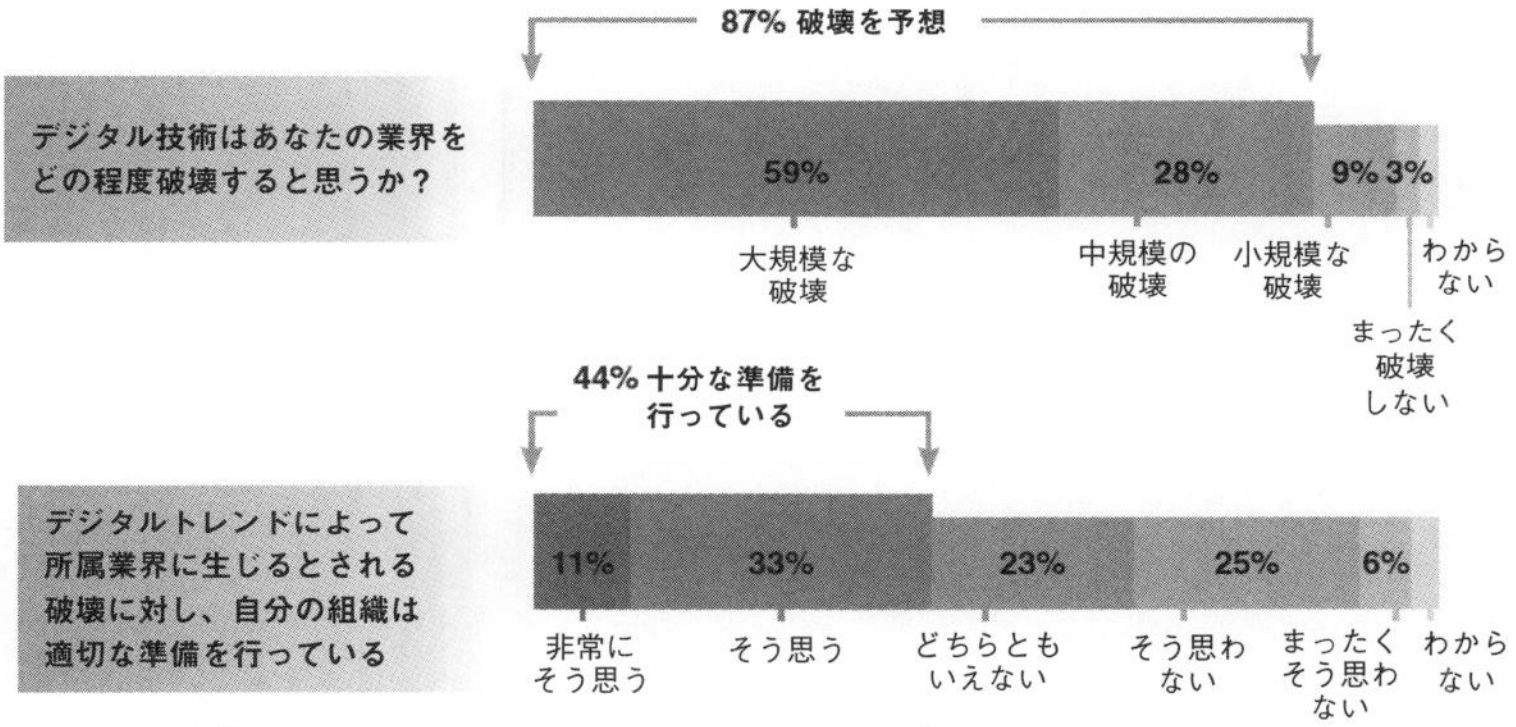

図1-1

知識と行動の隔たり

デジタルディスラプションが起きていると知っていることと、それについて何らかの行動を起こしていることとは、まったく別の問題だ。哲学者ウィリアム・ジェームズは、「思考は行動のためである」と述べた。これは、物事を知る目的はその知識と一致した行動をとるためだという意味である。ならば、こうした破壊に対して、どの組織にも十分に練られた戦略とアクションプランがあるのではと、多くの人が思うかもしれない。ところが、ちょうどハリケーンやサイクロンの被害に遭いやすい地域の住人が、実際に嵐に襲われると不意を突かれたかに見えるように、現実はまったく異なる。わたしたちは調査で、所属業界で生じる可能性が高いデジタルディスラプションに対して、自分の企業が適切な準備をしているかどうか質問した（図1-1）。回答者の四四パーセントは十分な準備をしている、三一パーセントは十分な準備をしていない、二五パーセントが否定も肯定もしなかった。デジタルディスラプションが業界に影響を与えると回答した八七パーセントという数値と、自分たちの企業は十分な準備をしていると答えた四四パーセントの数値の差は、一言で言うと衝撃的である。誰もが（もしくは、ほとんど誰もが）デジタルディスラプションが起きていることを知っている。それなのに、自分たちの企業が有効な対策を整えていると答えた人は、半数にも満たなかった。

調査のデータを読み解く

こうした調査回答に対しては、細かいがともすると妥当な指摘がいくつか浮かび上がる。もしかすると平均的回答者は、この破壊に対しどのくらいの対応が「適切」なのか、実はよくわかっていないのかもしれない。デジタルディスラプションがもたらす変化の速度と範囲に関する不確実性を考慮すると、業界がどのくらい破壊されるか、その破壊はいつ起こるのか、適切な対応はどんなものかという予測は、業界の専門家にとってもきわめて難しいと言える――ましてや、わたしたちの調査に回答してくれた平均的な社員にとっては、なおさらだろう。

だが、そうした制約があるというだけの理由で、このデータを完全に退けるべきではない。組織が適切に対応しているかどうか知るには、多くの点で社員のほうが適しているかもしれないのだ。こうした対応がどのような展開を招くか、顧客やサプライヤー、同僚との交流で彼らはじかに経験している。こうしたまったく異なる対応を集めてデータにまとめてみれば、多様なバックグラウンドとスキルをもったさまざまな年齢層の社員たちのほうが、ＣＥＯやＣＦＯレベルの平均的幹部よりも、テクノロジーで可能になることを十分に理解し、適切な対応となる優れたアイデアを生み出せることが判明するかもしれない。企業上層部は淡いバラ色の展望を抱く傾向がある。実際、わたしたちの調査データは一貫して、企業上層部や取締役会レベルの回答者は彼らより低い職級にいる同企業の回答者と比べ、はるかに楽観的な展望を描く傾向があることを示している。

調査回答者がデジタルディスラプションへの適切な対応のもとになるアイデアがあるかどうか見きわめることの難しさはさておき、場合によっては、このタイプの知覚データは自己充足的な予言となりうる。デジタルディスラプションへの適切な対応が何かを社員が知っているかどうかは、大した問題ではないかもしれない。あなたの企業がデジタルトレンドに十分な対応をしていると、あなたの企業の社員が信じていない場合、彼らはその考えに従って行動を始める可能性がある。望ましいスキルをもつ社員は退職して、適切な対応をしていると信じる会社に入るだろう。この傾向は現に見受けられる。これについては第9章で深く掘り下げる。社員は自らのとらえ方に基づき行動するので、物事のとらえ方が重要になる。雇用主がデジタルディスラプションに十分な対応をしていないと社員がとらえたなら、彼らは会社を辞めるかもしれない。するといざというとき、会社にはもう能力不足の人材しか残っていないかもしれないのだ。デジタルディスラプションに十分に対応していると組織のリーダーが考えているかどうかは、重要でないのかもしれない。それどころか、組織が十分に対応していることでさえ、重要ではないのかもしれない。社員の考えていることが起きるのだから、社員が適切だと信じているかどうかが、もっとも重要だと言ってもさしつかえないだろう。

このことから、マネジャーが留意すべき重要なポイントがわかる。デジタルディスラプションが起きていることは周知の事実なのだから、この破壊に組織が効果的に対応するためには、言葉および行動の両方が必要になる。「デジタルカンパニーになる」と語るだけで、それが具体的な行動に裏づけられていなければ、社員はその乖離に気づき、それ相応に反応することになる。同様に、組織がどこか秘密の、または隔絶されたイノベーション研究所で、その構想を社員に伝えずに、あるいは社員を関与させずに、デジタルディスラプションに積極的な対策を講じている場合も、やはり問題となるだろう。デジタルディスラプションに有効な対策をとるためには、組織のあらゆる側面を関与させなくてはならず、組織がどのように変化するのか、具体的な行動と明瞭なコミュニケーションを伴わなくてはならない。

なぜ企業は行動しないのか？

なぜ企業はデジタルディスラプションの脅威に対し、喫緊の課題として対応していないのだろうか？　幹部が変化を起こせるほど、あるいは緊急性が必要だと理解できるほど、幹部にはテクノロジーの知識がないのかもしれない。取締役と投資家は、企業の長期の可能性よりも短期の利益を重視しているのかもしれない。多くのリーダーは単に、定年まであと何年か指折り数えているだけなのかもしれない。だから、先のことは自分にはもう関係ないとして、企業を未来に適応させるために必要な変化に関わろうとする活力や関心が湧かないのだ。このどれもがありうる話だろう。けれども、わたしたちが探り当てた理由のなかでもっとも多かったのは、単に企業は相反する多くの優先事項のバランスを図ろうとしているから、というものだった。デジタルの未来に向けて準備をしながら、現在の事業を継続していくのは困難である。

企業がなぜ対応しないのかを説明する一つの可能性を、わたしたちのデータは除外している。デジタルビジネスが自分たちの組織または業界の将来にとって重要だと考えていない幹部がいるのではないかと、わたしたちは疑問を抱いた。デジタルディスラプションが業界に影響を与えるにしても、その業界の特定の企業は影響を受けないのでは？　あなたの組織の成功にデジタルビジネスであることは重要かという質問に対し、実に回答者の八五パーセントが、そう思う、または非常にそう思うと答えた。彼らの組織がまだ十分な対策を行っていなかったにしても、回答者の大半が、デジタルビジネスは彼らの将来にとって非常に重要だと認識していた。

デジタルディスラプションに限らず、必要性を認識することと、その必要性に関する行動をとることとの間にギャップが存在することは、十分裏づけられている。ジェフリー・

フェファーとロバート・I・サットンは、この「知識と行動の差」について述べた本を、一九九九年にハーバード・ビジネススクールプレスで出版した〔『実行力不全――なぜ知識を行動に活かせないのか』ランダムハウス講談社〕。その第1章に、「実に多くの教育や研修、経営コンサルティング、業態調査が行われているというのに、実に多くの書籍や記事があるというのに、それが、マネジャーや組織の行動にほとんど変化をもたらしていないのはなぜなのか？」とある。そのギャップをなくす最初の一歩は、「どうやって？」よりも「なぜ？」に焦点を絞ることだと、二人は主張する。「多くのマネジャーは、行動のための理念や一般的指針に関して〝なぜ〟ではなく、詳細なプラクティスと行動、テクニックに関して〝どうやって〟を学びたがる」という。[1]

デジタルディスラプションに対応するのはなぜか？　端的に言えば、ソーシャルメディアやモバイル技術、ビッグデータ分析、人工知能、ブロックチェーン、付加製造（3Dプリンティング）、自動運転車、AR、VRなど新たなテクノロジーの登場は、ビジネスにとって可能なことを変えるからだ。優位性を維持し、新しいチャンスを見つけ、顧客にさらに応えたいと考えるリーダーなら、こうしたテクノロジーがもたらす機会を利用してこれまでとは異なるやり方でビジネスを行うだろう。だが、デジタルインフラが急速に進化する最中にこうしたテクノロジーを利用するには、企業組織について抜本的な変化が求められる。本書はその目的を達成するためのツールを提供する。

能力の罠──これまでの実績や実力はこれから役立たない

　定評ある企業はとくに、デジタルディスラプションのもたらすいくつかの大きな課題に直面する──最大の課題は過去の成功だ。[2] これは、マネジメント用語で〝能力の罠（competency trap）〟と呼ばれるものだ。能力の罠とは、過去の成功要因が未来の成功へと導くという信念《ビリーフ》のことだ。テクノロジーにより、顧客に価値観を伝える新たな方法と新たなサービスの機会が提供され、競争環境が変化している最中なので、過去の成功要因は将来の成功に結びつかない可能性がある。発展しつつあるデジタルインフラにより可能になったビジネスチャンスを企業が利用するにあたり従来のプロセスやマインドセットを変えないのであれば、既存もしくは新規の競争相手が、従来のプロセスやマインドセットを変えることになる。

　能力の罠を克服しようとした企業の一例として、GEが挙げられる。一九九〇年代、GEはシックスシグマというプロセスの順守で知られるようになった。シックスシグマとは、製造過程でエラー率を〇・〇〇〇三三パーセントまで下げる手法だ。シックスシグマは、一九九〇年代から二〇〇〇年代初期にかけてGEの成功のカギとなる要因だった。ところが、シックスシグマにも限界がある。ビジネスの新しい方法を試しながら、シックスシグマの基準を維持することは──不可能ではないにしても──きわめて難しい。このプロセスは、デジタルビジネスの世界の特徴である、環境の変化への迅速な反応といった類のことには、役立たないのだ。

GEはより迅速な変化と敏捷性《アジリティ》が必要になると考え、リーンスタートアップ（エリック・リースが提唱）をGEの規模とリソースに結びつけた、「ファストワークス」と呼ばれる相補的アプローチを開発した。だが、GEのカルチャートランスフォーメーションのリーダーであるジャニス・センパーはこう語る。「わが社のなかでまだ変動や破壊を経験していない事業では、ファストワークスの適用はいっそう困難だった。そうした人たちは必ずしも、破壊されている事業、もしくは困難きわまりない、変化の激しい、不明瞭な環境に置かれた事業にいる人たちと同じ必要性を感じているわけではない。しかし、こうした困難な環境下では、まさにこれだけが前に進み仕事に取り組む方法だった」。センパーはほかにも、変化を加速させるためにこのレガシー企業に導入された、二つの「介入」について述べた。一つは、GEの経営陣が企業の新しい価値観を取り入れたことだ。それは、「顧客がわが社の成功を決めること、速く進むためにリーンでいること、勝つために学習し適応すること、互いにエンパワーしインスパイアすること、不確実な世界に成果をもたらすこと」である。もう一つは、パフォーマンス＝マネジメントシステムを再建したことだ。「わたしたちは、従来の年ごとのパフォーマンス＝マネジメントのプロセスから、ファストワークス的働き方とGEビリーフス（信念）のマインドセットと同調した、もっと継続的で流動的なシステムに移行した」。

「敵に出合った。それは自分たち自身だった」

デジタルディスラプションの知識と行動の乖離についてもう一つカギとなる理由は、この脅威が出現するスピードを多くの企業幹部が理解していない、ということだ。彼らの多くは行動せずに、この破壊の証拠を企業収益に見つけようと待ち構えている。だが証拠が現れる頃には、もう手遅れになっている恐れがある。迫りくる脅威を見きわめ確定するツールとして、遅行指標は有効ではない。たとえば新聞業界の利益は、ＩＴバブルを迎えても順調に伸びていたが、その後急激に落ち込んだ。企業幹部の多くは、脅威が出現しても逃げ出せるし、テクノロジーに多額の投資ができると考えている。時宜を得て対応する能力を過信する傾向があるだけに、彼らには早期警告システムが必要だ。わたしたちがインタビューした、現在デジタルトランスフォーメーションに最大の労力を注いでいる企業の経営陣の多くは、すでに遅すぎたのではないかと密かに疑問を抱いている。デジタルへの取り組みをかなり重視し始めたレガシー企業が、著しく増えている。

組織はデジタルトレンドをチャンスではなく脅威とみなしていると回答した者は、少数派にとどまったが、デジタルトレンドによって組織が直面する脅威は具体的にどのような内容かについて、彼らに尋ねた。選択肢のなかから答えを選ぶのではなく、回答者自身の言葉で自由に答えてもらうようにした。次に、わたしたちは全三三〇〇の自由回答を大きくいくつ

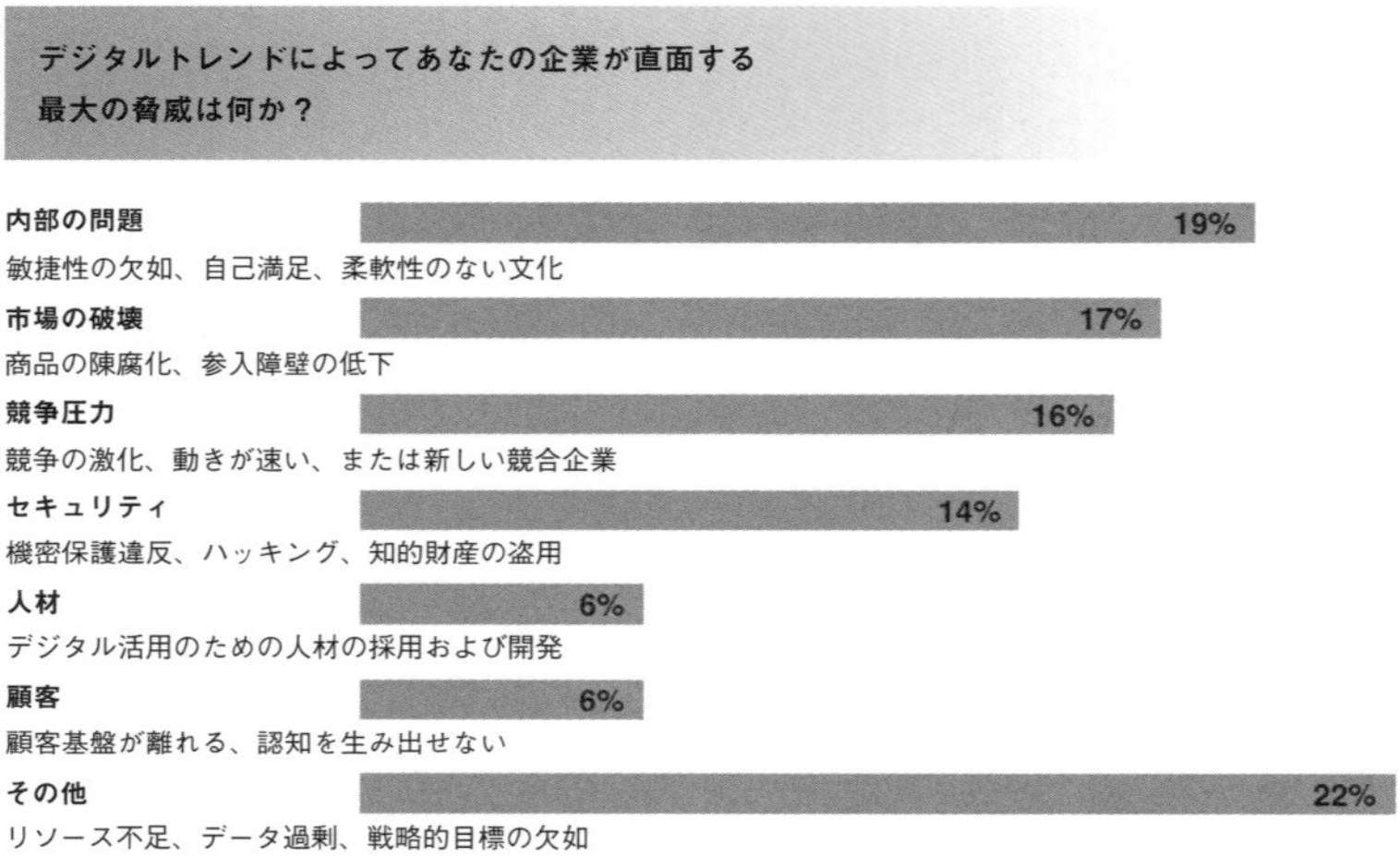

図1-2

かに分類した（図1－2）。

回答者が示した最大の脅威は、自己満足、柔軟性のない文化、アジリティの欠如などの組織内部の問題に該当する。言い換えれば、デジタルディスラプションの最大の脅威は、組織内部にあるのだ——デジタルディスラプションがもたらす脅威に対応できるほど、企業は速く変化できない、あるいは変化したがらないということだろう。

漫画家のウォルト・ケリーは、沼地に住むポッサム（フクロネズミ）のポゴという、愛すべき印象的なキャラクターを生み出した。一九七〇年代、環境運動が始まったばかりの頃、ケリーは史上初のアースデー［地球の日。環境保護運動がきっかけで制定された］のために、ポゴと、その仲間でゴミだらけの沼を調査する沼の生き物が登場する漫画を描いた。ポゴのセリフは、回答者の心情を容易に代弁できるだろう。「僕たちは敵に出合った。それは僕たち自身なんだ」[3]。

次に大きな脅威とされたのは、商品の陳腐化や参入障壁の低下などの市場の破壊である。新規や既存の競合企業によって高まる競争圧力がそれに続いた。つまり、企業に対する競争圧力を高めるというデジタルディスラプションの一貫したストーリーと、そのような競争の変化に対応できるほど、組織は迅速または適切に行動できないという懸念が、この二つの回答から垣間見える。これは組織が対応策を講じるべき真の脅威だと、わたしたちには思える。

デジタルビジネスが異なる点は？

わたしたちはこの調査で、デジタルビジネスは従来のビジネスのやり方とどのように異なるのか質問した。これもやはり自由回答形式で尋ねた。回答欄に空欄を設けて、質問に自由に答えてもらった。チームのメンバーは次に、全二三六二の回答を読み、似たような内容ごとにグループ分けした。その結果は図1-3のとおりだ。

回答者が指摘した最大の違いは、ビジネスを行うペースである。つまり、デジタルビジネスでは、企業がそれまでよりも速く行動し対応する必要があるということだ。問題となるのは、組織の情報伝達構造と意思決定構造はたいてい、組織が求めるほど迅速に動くようにできていないという点だ。インタビューに答えたある幹部は次のように述べた。「本当に変革をもたらすのは、デジタルで状況が変化していくスピードなのだ。それにより新たな競合相手

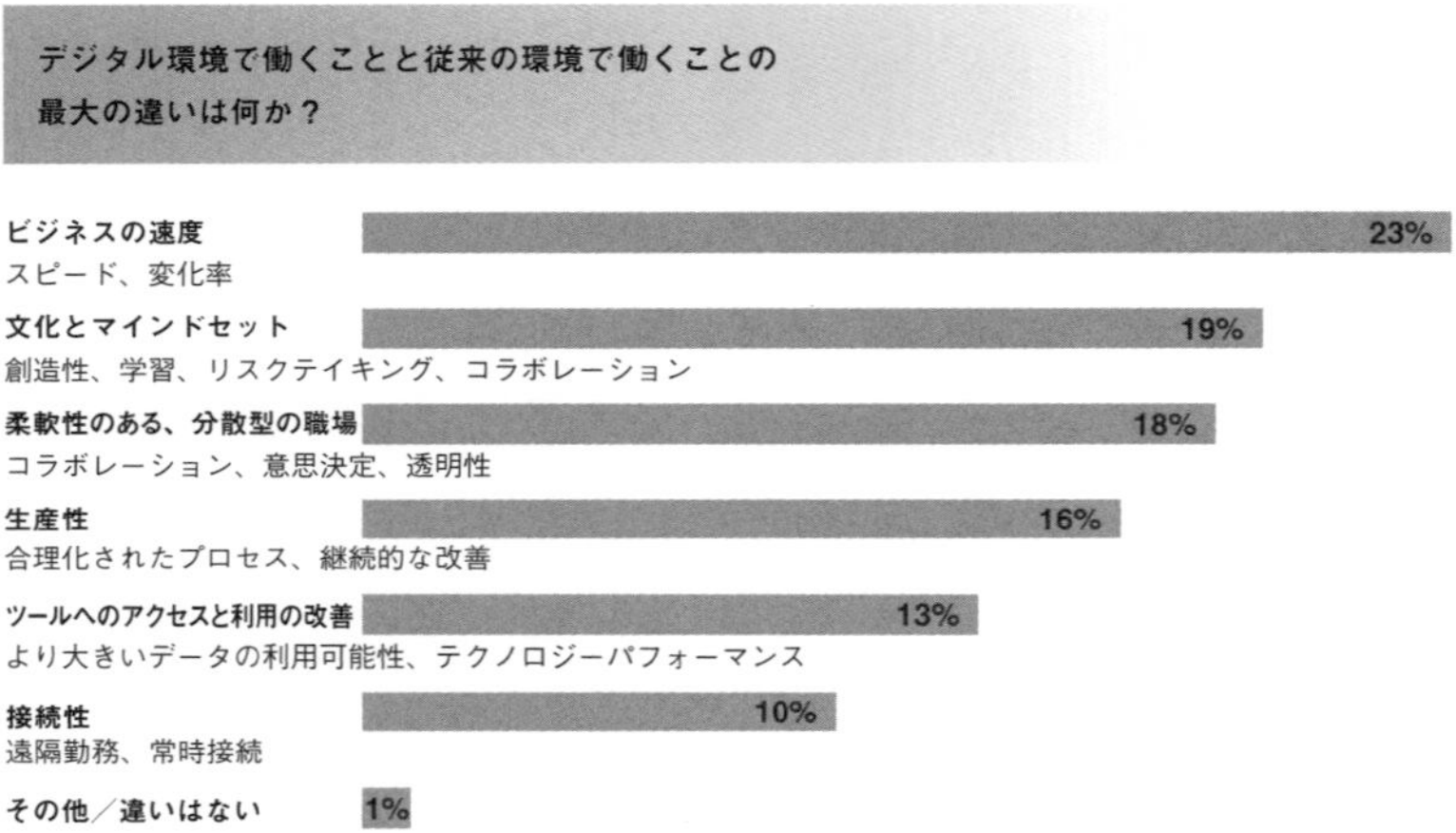

図1-3

も行動をとれるようになる。テクノロジーは業界をより速く、効率的に動かしているだけではない。わたしたちはみな同じテクノロジーを利用できる。みなの意表を突くのは、それまで考えたこともなかった新しい競合企業の参入なのだ」。デジタルビジネスの変化のスピードは、本書全体を通してカギとなるテーマである。

　二番目に多かった違いは、マインドセットと文化だ。回答は企業文化の変化が必要だという点に集中しているが、こうした変化が、必ずしも手放しでプラスに働くわけではないという指摘もあった。このような文化の変化は従来のマインドセットをもつ社員の間に緊張を生み出すと、回答者は指摘した。言い換えるなら能力の罠が、なかでも老舗の大手企業ではとくに、個人レベルで存在するのかもしれない。過去に特定の仕事のやり方で成功してきた社員は、将来のためにそのやり方を変えるのは気が進まないだろう。文化については第11章で取り上げる。

三番目の違いは組織構造に関連する回答で、柔軟性のある、分散型の職場の必要性が挙げられた。それには、コラボレーション、意思決定の方法、チームをいかに組織するかなどが含まれる。だがこれは、チームと人材を再考するということでもある。スタンフォードのメリッサ・ヴァレンタインは言う。「会社の境界が著しく変化しているのはかなり明白だと思われる。ここシリコンバレーでは、〝中心・周辺（core-periphery）〟という概念をよく耳にする」。このモデルでは、企業はコアとなる社員の集団に頼り、外部のオンデマンド人材ネットワークを戦術的に活用しながら、この集団への投資と育成に取り組む。ヴァレンタインによれば、大企業でさえも、一つの企業に勤めるフルタイムの社員ではなく、「コアとなるチームと、そのチームを中心とした、周囲の社員とプロジェクト」で構成される可能性があるという。企業によっては、このモデルには、フルタイムの社員と自由市場から集めた人材とを融合させる方法に関して、新たな視点が必要になるかもしれない。最近の研究によると、雇用主は今後数年の間に、契約社員やフリーランス、ギグワーカーへの依存度を大幅に高める意向だという。[4]これについては第12章で大きく取り上げる。

最後に、四番目に多かった違いは生産性だが、これは諸刃の剣になりうる。デロイトのセンター・フォー・ジ・エッジの共同所長ジョン・ヘーゲルは次のように述べている。「パフォーマンスの向上を本気で加速させるつもりならば、効率性に焦点を合わせることをやめるべきだ。単に効率性だけならば、それは収穫逓減のゲームだ。コスト効率を高めスピードを上げるほど、効率性の次の段階への到達は難しくなるだろう。しかし、舞台が何であれ、効果やインパクト、もしくは提供する価値にフォーカスするならば——果てしない可能性がある。これは、効率性のマインドセットから抜け出した、マインドセットのシフトだ」。

ディスラプションはここにある、ただ均等に行き渡っていないだけだ

ＳＦ作家のウィリアム・ギブスンは、「未来はすでにここにある。ただ均等に行き渡っていないだけだ」と発言したとされる。同様に、デジタルディスラプションが起きていると誰もが知っているが、業界全体に均等に行き渡っていないのが現状だ。図1-4は、わたしたちの調査の主な回答結果を業界別に分けたものだ。この質問の趣旨についてはのちほど取り上げるが、回答のパターンは参考になるので見てみよう。わたしたちは、いくつかの質問に対する回答がデジタル成熟度と重要な相関関係にあると気づき、これにより業界を順位づけした。

デジタル成熟度に関しては、〝予想通り〟の分野が明らかに上位を占めていることが見て取れる。テクノロジー、電気通信、メディアの分野だ。一方で、どの業界も明確な敗者になっていないことがわかり、少々驚かされた。すべての質問で下位五位になった業界は一つもない。たとえば、建設と不動産は——デジタルによりプロセスや人材雇用、ビジネスモデルが

テクノロジーが生み出した産業が、デジタルに成熟した組織の幅広い普及に伴い、分野別リストで上位に立っている──IT、通信、メディア、娯楽。だが、この年のデジタルビジネスに関する研究では、リストの下位に一貫したラガード（負け組）は見当たらなかった。各分野の企業には土台となる強みと同時に取り組むべき弱みもある。

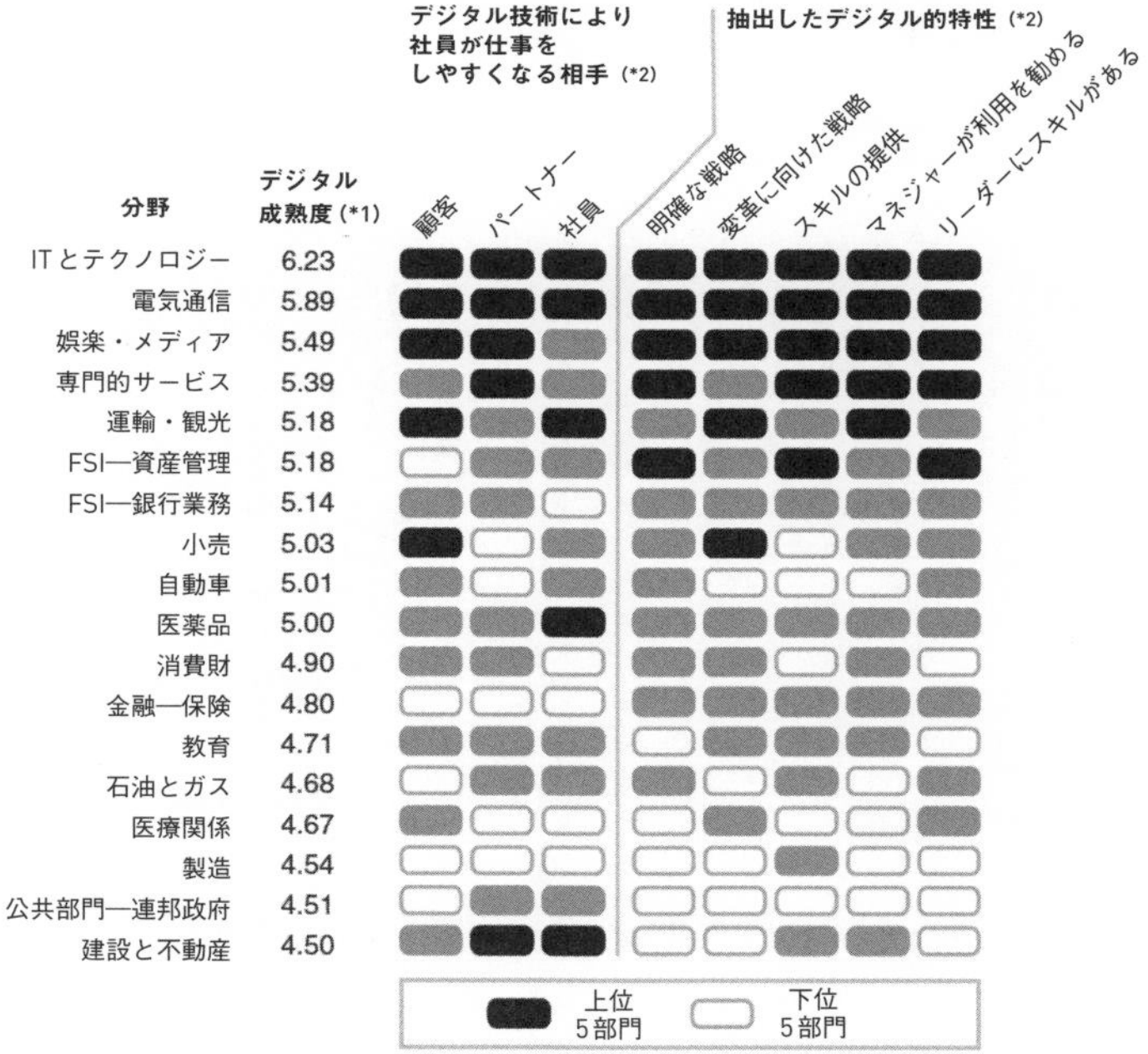

*1　デジタル成熟度は、所定分野の回答の平均的成熟度により算出される。回答者は、自分の組織のデジタル成熟度を、1がもっとも低い成熟度、10がもっとも高い成熟度として、1から10の間で評価した。
*2　本研究の調査の特定の質問に対応する。自分の組織には関連するデジタル技術または能力があるかについて、「そう思う」「非常にそう思う」とした回答者の割合。

図1-4

変革された組織として定義される——デジタル成熟度では、下位を占めるが、パートナーと社員とともに仕事を改善したことによりデジタルの利益を獲得した業界としては、上位五位に入っている。この分野の企業はまた、事業変革を重視したデジタル戦略開発においては遅れている。消費財会社は、デジタル成熟度の領域では真ん中に位置しているが、デジタル技術によって社員間の仕事がしやすくなったとはとても言えない。

この結果からわかるのは、特定の業界が明らかに上位に立ち、ほかの業界の刺激となるお手本の役割を果たしているが、どの業界にも希望はある、ということだ。企業をデジタルの未来へ連れて行くための足場となる強みは、おそらくどの業界にもある。

適応するのに年をとりすぎているということはない——個人でも組織でも

デジタルディスラプションに対する取り組みの中心が学習と適応ならば、長年にわたり同じ方法で物事に当たってきた、年季が入った企業（や個人）にとってはどんな意味があるのだろうか？「年をとった犬に新しい芸は教えられない」という古い格言があるように、人（それに組織）は年を重ねるにつれて考え方が固まり、同じやり方に固執するようになることが知られている。実際、それ以外の知的能力があっても大人は新しい言語の習得に苦労するのに、子どもがやすやすと言語を習得するのには驚かされる。

デジタルロールモデルとみなされることの多い、スタートアップを見てみよう。地位を確立した大手企業よりも敏捷で、学習と適応のスピードが速いというイメージが、スタートアップにはある。また革新的で創造的だともみられている。子どもと同じように、スタートアップの組織中枢部には柔軟性があり、きわめて高い学習能力がある。だが組織というものは、時間がたつにつれ、大人の学習を妨げる化学抑制剤のようなものを生み出す傾向がある。それどころか、行動を起こすとき、物事をやり遂げるとき、すでに知っていること（そして過去に成功へと導いたこと）にフォーカスする傾向がある。学習や成長、イノベーションよりも生産性や効率性に集中しがちになる。創業から時間がたち、安定を得た組織にとってカギとなるのは、組織の学習を妨げる抑制剤を見つけ出しそれに対処すること、そして学習の文化と成長のマインドセットを組織で培うことである。これについては第2部で取り上げる。

コラム1

ジョン・ハンコックのデジタルトランスフォーメーション

デジタルの世界に適応するために必要な変化を起こし始めた大手老舗企業の好例としては、金融サービス会社のジョン・ハンコックが挙げられる。同社の上層部は、二一世紀に向けて事業と組織を刷新する必要があり、デジタルの世界で競争を勝ち抜く必要があることに気づいていた。

上級副社長兼最高マーケティング責任者（CMO）のバーバラ・グースは、革新的で起業家精神にあふれ、すばやく動ける組織にしたい、自由裁量を認め、協力的にしたいと考えた。そのために彼女はまず、その変革事業を任せた担当者たちに、レガシー企業によく見られる昔ながらの官僚的構造から抜け出して仕事をする自由を与える必要があった。グースによれば、「革新的（イノベーティブ）になれるように、速く前に進めるように、会社の軛《くびき》から何らかの方法で自由になるために」、イノベーションチームを切り離し、守る必要があった。

デジタルトランスフォーメーションは、単にトップダウンで変化を命じてできるものではない。むしろ、既存の社員が異なる考え方や働き方をして、ボトムアップで変化を促す状況を作り出すことが必要になる。デジタル戦略担当副社長のリンジー・サットンは次のように語る。「結局のところ、人材に関することが非常に大きい。人材はスキルと姿勢の二つから成る。……それが、来たる時代に向けて、組織を推進するために必要なことだ。姿勢についてはときに忘れがちになる」。適切な姿勢を保つことで、デジタルビジネスの中心にある動きの速い不明瞭な状況で仕事をし、学習するために必要なスキルを磨くことができる。「そのメンタリティをもつ人はいたるところにいる。なかには、そうなれると思い出させるだけでいい人もいる」。

競争環境の変化を目の当たりにしているハンコックの幹部たちは、デジタルの世界で競うために新しい能力を開発しようとしている。社員の仕事や思考や学習法を、作り変えようとしている。だが、業績が好調なときに、安定した大手企業が変化の必要性を推進することは難しいだろう。「会社は従来のやり方で万事順調だと誰もが思っているときに、変化を促すのは難しい」とグースは言う。「将来に目を向ければ、世界と顧客のニーズが変化するだろうことは誰もがわかる。まったく異なる場所にできるだけ速く到達するためには、進化と大変革を経験する必要がある。しかし、大企業でそれを迅速に行うことは難しい」。

第１章のポイント

わかっていること（What We Know）

- デジタルディスラプションが現在起きていることは誰もが理解している。だが、ほとんどの企業は十分な対応をしていない。
    - 回答者の87パーセントが、自分たちの業界はデジタルトレンドにより破壊される可能性があると考えている。
    - だが、組織はそれに十分な対策をしていると答えたのは、44パーセントにすぎない。
- この知識と行動のギャップは主に、デジタルディスラプションがもたらす脅威と迅速な対応の必要性について、多くの企業が過小評価する傾向から生じる。

実行できること（What You Can Do about It）

- デジタル技術が業界を破壊しそうだと言う人と、企業は適切に準備を整えていると言う人との間に存在する43パーセントのギャップのなかに、自分の所属する組織が入るのかどうか自問する。
- まず、そのテクノロジーが業界にもたらすチャンスと脅威をリストアップする。
- 潜在的影響と緊急性に基づきリストに順位をつける。
- それぞれのチャンスと脅威に対し、自分がどんな対応をしているか書き出す。
- 期待できる有効性に関して、各対応を評価する。
- その対応が思ったより効果的ではない分野に対し、対応を向上・改善するためにできることについてアセスメントする。
- 有効な対応の妨げとなっているものを見つけ出し、やり方を変える必要があると思われることを特定する（すなわち、介入の可能性）。
- 最後に、もっとも緊急性を要する3件の介入についてアクションプランを立てる。

第2章 デジタルディスラプションで肝心なのは人間だ

脅威を過小評価する以外の理由で、企業がデジタルディスラプションに直面しても迅速に行動しない理由は、企業幹部の大半は、組織が直面する重大な課題を正しく理解していないからだ。問題の根底にある性質を理解していないなら、それに対応すべきなのか、効果的に対応するにはどうしたらいいか、わからないだろう。フェファーとサットンの言葉を借りれば、「なぜ」組織が変わる必要があるのかという疑問に対する答えを、彼らは出すことができないのだ。この問題に取り組むにあたり、本書は幸いにも一役買うことができる。デジタルディスラプションに取り組むとき、テクノロジーのイノベーションの急速なスピードを、組織が直面する主な問題だとみなす人が多い。確かに、テクノロジーのイノベーションはかつてないほど速いペースで起きている。コンピュータはどんどん小さく、安価に、強力になり、ますます多くのものと結びつき、いたるところに埋め込まれるようになっている。次第に速まるテクノロジーのイノベーションのスピードは、企業が直面する課題の重要な部分ではあるが、そこに問題があるのではないし、それ自体が問題ではない。

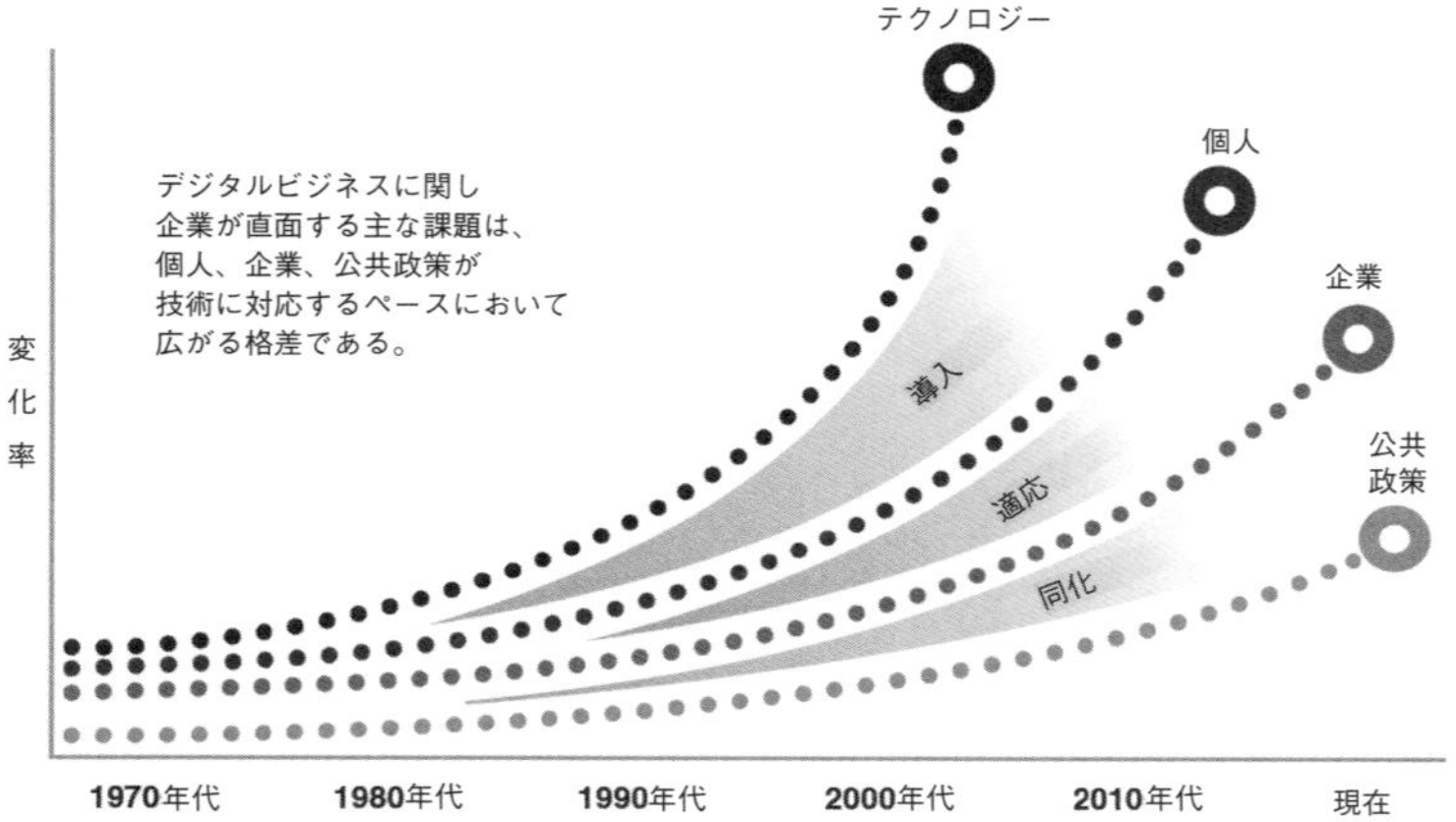

図2-1

企業が直面しているデジタルディスラプションの真の課題（また、後述するように、実のところ解決策の大半）は、人なのである――具体的に言えば、人、組織、政策がテクノロジーの進歩に対応するときの、それぞれ異なるペースのことだ（図2-1）。テクノロジーは、個人がそれを取り入れるよりも速く変化する（導入のギャップ）。個人は、企業がその変化に適応するよりも速く変化に適応する（適応のギャップ）。さらに組織は、法制度・社会制度が調整するよりも速く調整する（同化のギャップ）。こうしたギャップは、それぞれ異なる課題を企業にもたらす。[1]

こうした変化の速度については、ちょうど議論のさなかにある。たとえば、テクノロジーが飛躍的に力を増している（それにコストを減らしている）一方で、あなたが話しているのが処理能力（ムーアの法則では一八か月）なのか、ストレージ（一二か月）なのか、ネットワーク構築のスピード（九か月）なのかによって、その変化率は異なる。だが、プロセッサーがさらに安価になっても、ストレージが堅固になっても、ネットワーキングが高速になっても、組織を脅かすことはない。脅威に見舞われるのは、この高速で安価で良質なコンピュータ環境がビジネスの抱える問題に新しい解決法を提供すると、誰かが気づいたときである。こうしたテクノロジーを利用するときに、変化は予想しない形で起きる。ここで重要になるのは、テクノロジーと比べて、また個人がテクノロジーを取り入れて利用する場合と比べて、組織は変化に適応する速度が遅いので、異なるペースで変化が起きるという点だ。よって、テクノロジーの利用がもたらすギャップは、広がる一方である。

導入（Adoption）

「導入」とは、テクノロジーの変化の速度と、個人がその変化を日常生活の一部に取り込む速度とのギャップを表している。大きな影響を与えたエベレット・ロジャーズの著書[2]では、イノベーションの導入者を異なる速度と段階に基づき、イノベーター、アーリーアダプター、アーリーマジョリティ、レイトマジョリティ、ラガードに分類した。その結果現れたのが、アーリーマジョリティとレイトマジョリティが導入するようになったときにイノベーションが急速に起きることを示す、導入の累積関数である。この導入曲線はやはりまちがいなく、社員がある種の技術の導入を市場や企業に促進しようとしている、テクノロジー企業やＩＴ

機能と関連性がある。[3]

異なる程度で起きるとはいえ、遅れをとった個人がかなりの部分を占めるので、導入は、多くのマネジャーが直面するデジタルディスラプションの最大の問題ではない。一般的に個人は、組織が適応するよりも速いスピードでテクノロジーを取り入れる。現在、個人は消費者対応のしっかりしたテクノロジー製品を簡単に入手できるので（かつて高価だったこうしたデバイスとサービスを、個人はその雇用主に頼っていた頃と比べて）、新しいテクノロジーにすぐに精通する。たとえばフェイスブックは、消費者が自由に利用できるきわめて堅固なコラボレーションプラットフォームである。これに対して、同様のツールの企業版は、ユーザーの月額使用料が一五ドル以上かかることもあるのだ。そのうえ、消費者向けテクノロジーはますますユーザーフレンドリーで使いやすくなってきている。

このような状況になったのは比較的最近のことである。一〇年から一五年前には、企業は個人よりも速くテクノロジーに順応した。その理由は単に経済性の問題だった。今世紀に入る前は、ほとんどの人は職場でしかテクノロジーを利用できなかったし、いわゆる企業が利用するレベルのテクノロジーは、消費者向けテクノロジーよりもはるかに先進的だった。情報技術のコストが下がるにつれて、消費者向けの強力なオンラインプラットフォームが広範に利用できるようになり、強力なモバイル機器が普及するようになった。

グーグルやフェイスブック、アマゾン――いずれも時価総額が世界で上位五位に入る企業――のような消費者向けプラットフォームの急速な台頭は、個人がいかにすばやく変化に適応したかということの証拠である。[4] プラットフォームとデバイスが、向上するユーザーインタラクションからデータをどんどん収集するにしたがい、導入曲線がスピードを増すように進化している。フェイスブックとその他プラットフォームは、使いやすさをさらに追求しプラットフォーム設計のあらゆる局面を最適化するために、A／Bテストを行っている。[5] マーク・ザッカーバーグによれば、ユーザーエクスペリエンスを改善しユーザーが費やす時間を増やすことにつながる方法を少しでも探すために、フェイスブックはそのプラットフォームのおよそ一万バージョンを運営しているという。[6] プラットフォームの利用者が増えるにつれて、いかにプラットフォームを修正したら導入を深化できるかについて、企業はますます多くのデータを収集する。組織しか利用できない高価なテクノロジーを用いる企業にとって、導入は今後も依然として問題になるだろう。だが、ほとんどのテクノロジーにとって問題は別のところにある。多くの組織は導入をさらに促す必要はなく、個人がこうしたツールですでに築いた利便性に適応する必要がある。多くの企業の技術部門で導入されているＢＹＯＤ（Bring Your Own Device　私物媒体持ち込み）の方針は、導入と適応の時間差を際立たせ、おそらくは悪化させている。

しかし、導入曲線を理解することに、まったく価値がないわけではない。特定の戦略的構想（つまり、いつどのように顧客がテクノロジーを導入するか）と組織的構想（つまり、社員とパートナーがいつどのようにテクノロジーを導入するか）が、今後いつ、どのように必要になるかという重要な展望が得られるからだ。

同化（Assimilation）

これと対極に位置する「同化」とは、テクノロジーを利用する組織数と、その利用を定めるために社会が同意する法規制とのギャップのことを言う。法規制は一般的に実用化を遅らせるので、多くの企業にさまざまな課題を突きつける。組織の利用と規制の枠組みとの間のギャップは、異なる法支配と向き合うグローバル企業にとって、おそらく深刻なものになるだろう。グローバル企業は、多数の法規制の枠組みに対処しなくてはならず、ある国で通用する方針は、別の国では通用しないかもしれないのだ。また規制の枠組みは業界によっても異なる。規制産業の会社のあるマネジャーは、規制は会社にとって恩恵になると指摘する。規制はその業界の全競合他社に対して、すべきこと、すべきではないことの明確な指針を与えるからだという。規制産業の企業のなかには、法制化してほしいイノベーションを説明し、こうした構想をどうしたら実現させられるか指導を仰ぐため、積極的に規制機関に接触する企業もある。

法的な政策立案者が実践に追いつくのを待つという選択肢は、大半の企業にはない。組織は法規制の指針を順守しながら、顧客の要求に応えるよう迅速に順応せねばならない。実際、ウーバーやエアビーアンドビーのような急成長している企業が直面する大きな課題には、彼らの行動を体系化しようとする規制の枠組みが含まれる。

適応 (Adaptation)

導入と同化という二つのギャップの間に、現代のほぼすべての組織が直面する重大なギャップが存在する――「適応」である。適応とは、企業と関わりをもつために個人の大多数がテクノロジーをどのように使いたいか（または使うつもりか）と、そのインタラクションを支えるために企業がどのように適応してきたかとのギャップである。世間で幅広く導入されていないテクノロジーの進歩は、それを資本化する方法を競争相手が先に見つけ出した場合、いつか戦略的脆弱性をもたらす恐れがある。だが現在においては、個人と組織の間のテクノロジー利用の分離が、競争における真の脅威となる。たとえば、企業が顧客と効果的なデジタルインタラクション〔デジタルによる顧客対応〕を実現できないなら、顧客はそれを可能にしてくれる競争相手やスタートアップのほうに、あっさり行ってしまうだろう。

幸い、多くの企業は顧客とデジタル的に関わる必要性を認識しており、これが多くの構想の背後にある原動力となっている。ところが、顧客に通じるデジタルチャネルを企業が活用するようになると、これもまた適応のギャップの別の側面を悪化させる恐れがある――社員と彼らが勤める企業との間に隙間が生じるのだ。社員は別の企業の顧客でもある。よって彼らは普通、ビジネスインタラクションのための最新式のデジタルインターフェイスを経験している。わたしたちのデータによると、私生活で技術的に可能なことと、電子メールと非モバイルコンピューティングに限られた職場で実行可能なこととのギャップに、社員は不満を募らせている。企業はテクノロジーを利用して顧客と関わっていながら、自社の社員をないがしろにしていることが多い。デジタルの主導者として幅広く認められている企業のある幹部によれば、彼の会社で社員同士、または社員が会社と関わる場合よりも、社員は消費者として他社に関わるほうが簡単だったという。たとえば、社外の仕事に応募するほうが、社内の仕事に応募するよりも簡単なことが多かった。このテクノロジーの格差が潜在的な人材問題を引き起こした、と彼は語った。

このような問題がもたらす組織の存続にかかわるような脅威は、いくら強調してもしすぎることはない。多大な影響力のある経営専門家の多くが、企業が存在する理由は単に、ある物事を社外で行うよりも社内で行うほうが容易だからだ、と主張してきた。たとえば、ノーベル経済学賞を受賞した経済学者オリヴァー・E・ウィリアムソンは、社内で発生するある種の交換の取引コストを下げるために企業は存在する、と唱えている。[7] 戦略分析を専門とするロバート・M・グラント教授は、社員の知識を融合するために企業は存在する、と主張する。[8] 取引と知識を社内よりも社外に流出させやすいテクノロジーのインフラストラクチャーは、組織が存在するその理由を脅かすものだ。多くの場合、テクノロジーの進歩により社員の間で強まる要求にかなうよう組織を変化させながら、顧客からのデジタルインタラクションの要求に対処できるほどすばやく適応する必要があるということが、企業が直面する主な問題となる。

吸収能力により適応を向上させる

デジタルディスラプションがもたらす重大な問題は、テクノロジーのイノベーションのスピードではなく、人間の組織のさまざまなレベルにこうしたテクノロジーを同化させるときのスピードの不均衡である。したがって、テクノロジーよりも組織と経営をいっそう重視した構想に取り組むことで、企業は効果的にデジタルディスラプションの難題を乗り切ることができる。組織の仕事の仕方を抜本的に変えることによって——序列をフラット化し、意思決定をスピードアップし、必要なスキルが身に着くよう社員を支援し、環境におけるチャンスと脅威をきちんと理解することによって——のみ、組織はデジタルの世界にしっかり適応することができるのだ。

ウェズリー・M・コーエンとダニエル・A・レビンソールは、一九九〇年に発表した論文で、〝組織の吸収能力〟という概念を紹介した。二人は吸収能力を、外部の知識や研究、実践を見定め、同化し、変換し、利用する組織の力であると定義した。言い換えれば、吸収能力とは、社外に存在する科学的・技術的知識や、その他の知識を学び利用する速度を計る尺度である。コーエンとレビンソールは、「吸収能力の概念の前提は、新しい知識を取り入れ利用するために、組織には関連する予備知識が必要になる、ということだ」と主張する。[9] 簡単に言えば、企業が知識を得るほど、企業は学べるようになるという意味だ。「組織の吸収能力は、組織を構成する個々人の吸収能力次第ということになる。……だが、企業の吸収能力は、単に社員の吸収能力の総和ではない[10]」。吸収能力は、組織が外部環境についてどう学習するか、企業の異なる部門間でどのように情報を伝えるかにもよるのだ。

適応のギャップを縮めることを目標にしながら、組織は吸収能力を高めることができるのか、またいかにして高められるのかという問題が、ここで浮かび上がる。吸収能力とは育成可能な組織の力量であり、企業は意図的に吸収能力を高めることが可能だと、コーエンとレビンソールは考える。この問題はまた、シャケル・ザフラとジェラード・ジョージが二〇〇二年に『アカデミー・オブ・マネジメント・レビュー』誌で発表した論文の主眼でもある[11]。ザフラとジョージ、コーエンとレビンソールの研究は、企業がとれる具体的な手段を次のように示している。

1. 関連する予備知識を増やすことをめざして、人材の多様性を広げる。第9章で取り上げるが、このときに直面する課題は、いかにしてふさわしい人材を引きつけるかということだ。
2. デジタル環境で働くためのスキルを身につける機会を社員に与えて、個々の社員の予備知識の土台を広げる。
3. 外部の環境からより効果的に知識を獲得し、組織の仕組み（たとえば、検出システム）を強化する。それによって企業の知識の土台を広げる。
4. 社員間で偶然のやり取りを促すような、社員のローテーションやコラボレーションツール（例：スラック）、職場の再設計を取り入れることで、情報の流れの速度を上げる。

5. フェファーとサットンの言うように、知識と行動のギャップをなくすためには「なぜ」を理解することが重要なので、その理解を促すことに重点を置く。

吸収能力はやがてそれ自体を足場に成長する。企業が既にもっている関連知識は、企業が新知識を融合する能力にとって重要な先行的役割を果たすと、コーエンとレビンソールは主張する。この基盤となる知識こそ、企業が単にイノベーションを購入せずに、研究開発事業を維持する所以である。言い換えるなら、企業は学び方を学ぶ必要があるということだ。逆に言うと、しばらく革新的な試みを取りやめたなら、組織が将来新しい知識を取り入れることは難しくなる。

コラム2

アドビ——エンプロイーエクスペリエンスとカスタマーエクスペリエンスの結合

ソフトウェア会社のアドビは、一人のリーダーのもとでその経験（エクスペリエンス）を結びつけることにより、顧客（カスタマー）と社員（エンプロイー）の格差に取り組んでいる。二〇一二年、アドビは事業の全面的見直しに着手した。ソフトウェアの長期ライセンス販売およびパッケージソフトウェアの出荷から、市場占有率を上げることをめざして、低額の月額制でクラウドのサブスクリプション方式に移行した。同社はまた、従来中心だったグラフィックデザインと出版業界からさらに手を広げて、デジタル市場をポートフォリオに追加した。

企業構造とビジネスモデルにこのような抜本的改革を加えるにあたり、アドビの経営陣は、文化や人材開発、社員関与の重要性に気づいた。同社は一連の買収によりデジタル分野で新たな人材を獲得したが、文化と人材開発の取り組みを強固に結びつけるべきだと経営陣は確信していた。この結びつきを発展させるために、同社はエンプロイーエクスペリエンスとカスタマーエクスペリエンスを、同じ組織と指導者の傘下に置くという大胆な行動をとった。「わが社はエンプロイーエクスペリエンスへの投資に長年取り組んできた」と、カスタマーおよびエンプロイーエクスペリエンス担当の執行副社長ドナ・モリスは語る。「わたしたちは文化を変える必要があると考えたが、顧客にも同様の重点を置く必要があると考えた。社員がカスタマーエクスペリエンスに貢献するという視点を、社員全員に共有してもらいたいと考えた」。

モリスは結合の事例として、アドビ・エクスペリエンスアソン・プログラムを挙げた。社員が顧客の立場になって考え、変化を促すことを意図したこのプログラムは、社員をプロダクトユーザーに変えるものだ。彼らは顧客にサービスを提供する組織、つまりアドビにすぐにフィードバックできる。「顧客に製品とサービスを提供する前に、社員に直接それを体験させる機会がある」。モリスはさらに続ける。「社員の立場と顧客の立場を結びつけることにより、社員が高度に関与することで豊かなカスタマーエクスペリエンスを生み出せる」。

第２章のポイント

わかっていること(What We Know)

- デジタルディスラプション対応で大きな課題となっているのは、個人、企業、社会が技術変化に適応するそれぞれのスピードの間のギャップが広がる一方だということだ。
- 吸収能力とは、組織が知識とイノベーションを見きわめ効果的に同化するペースのことだ。やがて時間とともに積み重ねていける、学習によって会得する能力である。

実行できること(What You Can Do about It)

- 5つ(かそれ以上)のデジタル「フィールドトリップ」に投資する。その際、内部プロセスおよびカスタマー・インタラクションの技術開発に関して、デジタルリーダーが実際に行っていることを詳しく調べること。感想を同僚と共有し、デジタルリーダーの行動について彼らが気づいたことも付け加えてもらう。
- フィールドトリップから得た情報に基づき、組織に新規能力開発の機会を与え、翌月に開始できるデジタルパイロット版のプロジェクトを少なくとも3件見つける。終了時に評価できる明確な学習目標を、そのパイロット版の計画に必ず含めるようにする。
- 実行、評価、反復を定期的に実施すること。

第3章

デジタルトランスフォーメーションという誇大な表現を気にしない

「企業改革（トランスフォーメーション）」という言葉は、組織が革新的な経営方法を表現しようとして、過去二〇年の間に幅広く使われるようになった。続いて、ファイナンストランスフォーメーション、サプライチェーントランスフォーメーション、マーケティングトランスフォーメーションなどの用語が登場した。テクノロジーによって次々と現状が破壊されるにしたがい、「企業改革（トランスフォーメーション）」から、現代の実情を反映した「デジタルトランスフォーメーション」へと移行するところを、わたしたちは目の当たりにしている。トランスフォーメーションという言葉は強力で、（漸進的変化と対照的に）劇的な変化という印を与える。わたしたちは過去六年間にわたる研究で、何千もの組織と個人を調査しインタビューを行ってきた。その結果、「デジタル成熟度」という言葉のほうが、急速に絶え間なく変化する環境にどうしたらうまく対応できるか模索する組織にとっては、はるかに役立つかもしれないと考えるようになった。

デジタル成熟度——デジタル組織になること

デジタルディスラプションにバランスよく取り組むためには目前の変化にきちんと対処する必要があるということを示すために、わたしたちは本書で、デジタル成熟度という野心的な目標を掲げ推進している。本書で「デジタルディスラプション」や「トランスフォーメーション」、その他似たような用語やフレーズを使うのは、わたしたちの研究テーマであるこの動向を表現するのに、現在ほとんどの人がこの用語を使っているからにすぎない。だがやはり、ますますテクノロジーに特徴づけられる競争環境に組織や人材や経営陣が効率的に適応するために必要とされる、有意義で包括的な継続する変化を表現するときには、こうした用語を使わないようにしたいと思う。デジタルトレンドと結びつけられることの多い仰々しい物言いを、できるだけ避けられたらと思う。

わたしたちはデジタル成熟度を次のように定義する。

効果的に競争するために、組織内外のテクノロジーのインフラストラクチャーによる機会を活用して、組織の人員や文化、業務の足並みをそろえること。

この定義は、デーヴィッド・A・ナドラーとマイケル・L・タッシュマンの考案した、定評ある組織理論（一九八〇）[1]を参考にしている。二人は、企業の最適なパフォーマンスの主な構成要素として、「組織の整合性（organizational congruence）」という概念を首唱した。この概念は、企業に不可欠な要素――文化、人員、構造、業務――がしっかりと足並みをそろえているときに限り、企業は大きな成果を得られるというものだ。たとえば、保守的で階層的な組織が活力あふれる起業家を採用しても、彼らの意欲やエネルギーを活かせないかもしれない。同様に、完全にフラットな構造の組織でも、リスクを避ける企業文化であるならば、その組織はなかなか成果を上げられないかもしれない。

整合性の要素は一見、直観的あるいは時代遅れに思われるかもしれない。だが、多くの企業では時を経ても組織のこうした要素の調和を果たせていないので、絶え間なく変化する状況において、整合性という概念は新たな意味と信用を獲得している。デジタルプラットフォームの導入は、新たなデジタル競争環境で必要とされる連携に不可欠だとはいえ、このようなプラットフォームを利用するだけでは、デジタル成熟度にとって十分ではない。

「自社の文化について実態とかけ離れた認識をもつ幹部が多く、驚かされる」と、シリコンバレーを拠点とするブティック型経営コンサルタント会社、アライド・タレントの共同創業者でCEOのチップ・ジョイスは言う。「経営幹部はよく自社組織について、透明性があり、進んでリスクを負い、士気が高いと述べる。しかし、組織の下位で話を聞くと、マネジャーたちはそうとらえていないし、組織に対する彼らの信頼度はきわめて低い」。現代の複雑なビジネスの舵取りをするためには、絶え間ない変化という難題に幹部が効果的に取り組める

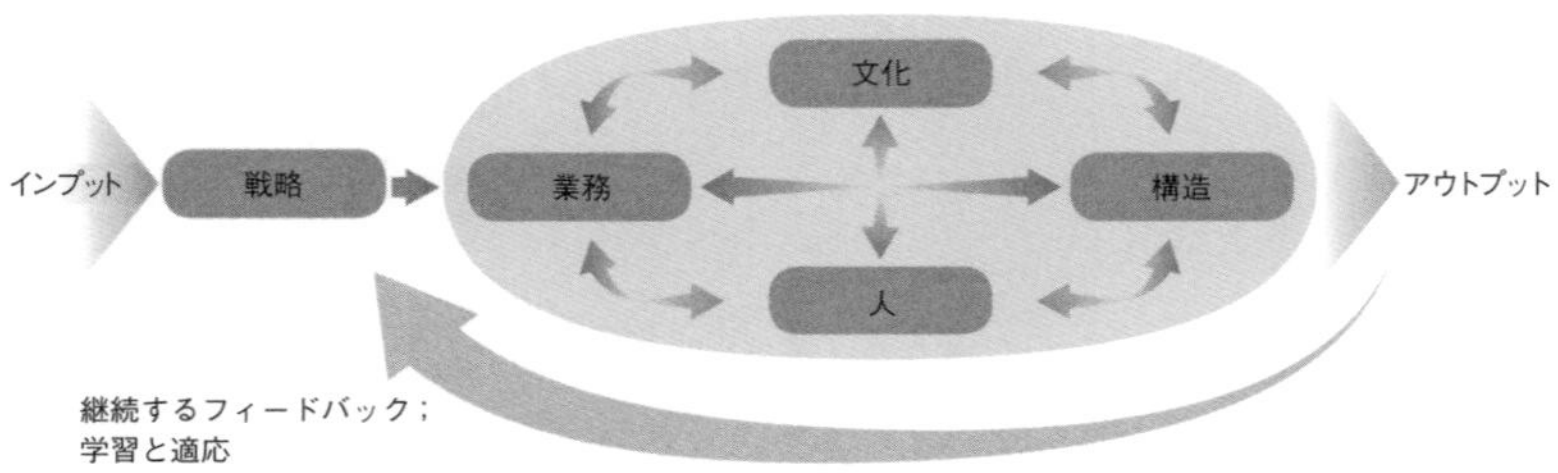

図3-1
出典：D. A. Nadler and M. L. Tushman, "A Model for Diagnosing Organizational Behavior," Organizational Dynamics 9, no. 2 (1980): 35–51.

ように、企業はその文化、人員、構造、業務の間で、そしてデジタル環境とも、足並みがそろうようにすべきである（図3-1）。幹部がデジタルの整合性をいかに創造できるか、組織全体に実質的な変化を起こせるか、本書を通して探っていく。

だが、ナドラーとタッシュマンの理論には、テクノロジーの進化についての説明はない。図3-1では、変化するデジタル環境を説明するため、企業にとって不可欠な四つの要素を円で囲んだ。組織の文化、人、業務、構造はみな、所定のデジタル環境のなかで生じ、その環境がこの要素と相互に作用する。よって環境の変化に伴い、要素の間で足並みをそろえ直す必要がある。これについては第14章で掘り下げるが、この変化は実験と反復により発生し、組織は、現在のデジタル環境における能力とデジタル環境の特徴を一致させるために、その構成要素を再調整する。この実験と反復のプロセスは、組織のアウトプットから事業戦略へのフィードバックのループで表される。新しいテクノロジーが紹介され、導入され、成熟するにつれて、組織はこうしたテクノロジーがもたらした変化を感じとり、それにしたがい自らを適応させる。

簡単に言えば、優れたマネジメントの基本は、デジタルディスラプションのせいで完全に無意味になったりはしないと、わたしたちは考えている。デジタルディスラプションは単に、そうしたマネジメントの原則が機能するときの状況を変えるだけであり、そのため原則は異なる形で展開することになる。

企業が直面する主な難題は二点ある。一つは、多くの企業は、過去一〇年ほどにわたるテクノロジーの発展に合わせて組織を再調整していないことだ。このような企業は、いかに組織を運営するべきかということと、現在の環境で可能なこと、期待されることとの間に横たわる、かなりのギャップを埋めなくてはならない。もう一つは、変化のスピードが速まっているので、急速に進化する環境に組織を絶えず適応させなくてはいけないことだ。組織のデジタル成熟度が高まり、すばやく適応できるようになるにつれて、組織のいくつかの側面は変化する必要があるだろうが、変化する必要がない側面もある。デジタル成熟度を高めるために、優れたマネジメントの戦術を捨てる必要はないが、現在の環境に合わせてその戦術を更新する必要がある。それを把握すること——何を変える必要があるか、変える必要がないか——は、デジタル環境におけるマネジャーの主な目的の一つである。

したがって、ここで言うデジタル成熟度の概念を、組織の退屈な最終状態だと誤解してはいけない。むしろ、デジタル成熟度——さらに正確に言うなら、デジタルに成熟すること——とは、環境に応じて人員、文化、業務、構造の足並みを再びそろえて、変化するテクノロジー環境に組織が絶え間なく適応するという、柔軟性のあるプロセスである。従来型の組織にとっては、この難題は不可能ではないにしても、厄介に思われるだろう。組織が大きな変化を取り入れていなければ、確かにそうかもしれない。リーダーは組織がどのように機能するか再考し、次に、この流動的環境に対応しやすい人材モデル、文化の特徴、業務の定義、組織構造を開発する必要があるだろう。

違うこと、違わないこと、その相違をどのように説明したらいいか

どんな企業でもデジタルディスラプションの難題に立ち向かえるというわたしたちの見解は、選ばれた少数の者だけがデジタル的に考えられると説く、いわゆる多くのグルたちの処方箋とは対照的だ。彼らは、デジタルトランスフォーメーションにたどり着くためには、ミレニアル世代（デジタルネイティブ）に生来備わっているか、シリコンバレーのテクノロジー企業で働く少数精鋭だけがもつ、秘密の知識が必要だと信じてもらいたがっている。この秘密をほとんどもたない企業は、豊かな未来から締め出されると信じてもらいたがっている。

古代ギリシャで生まれた〝グノーシス〟という哲学概念は、それを得れば悟りを開けるとされる秘教的知識のことを指す。この秘密の知識は、少数の選ばれた者だけがもっており、もたない者より上位の特権的地位を占めたという。だが有能なデジタルリーダーになるには、

秘密の知識など必要ない。そのようなリーダーであるということは、ほとんどコントロールできない変わりゆく環境条件のなかで組織を率いるということを意味する。「それは、有能な組織がこれまでずっとやってきたことではないのか？」とあなたは思うかもしれない。こうした反応が返ってくることは多い。手短に言えば、その答えは「イエス」だ。デジタル成熟度を獲得するためにわたしたちが授ける処方箋の多くは、新しいものではない。しかし、マネジャーによってはこのような基礎が目新しく思われたり、デジタルディスラプションに直面して基礎を忘れたりすることがよくあり、わたしたちは衝撃を受ける。

急激な変化が起きる領域や、最新かつ最高の変化に絶え間なくフォーカスする領域では、本質的要素を見失いやすいものだ。ライドシェアリングのプラットフォームであるウーバーが（ウーバーキャブとして）設立されたのは、つい最近の二〇〇九年のことだ。企業向けのソーシャルメディアプラットフォームであるスラックも同じ年に設立された。だが両社とも、働き方に大きな影響を与えている。二〇一二年には、フェイスブックがモバイル環境に首尾よく移行できるのかどうか、企業の間で疑問視されていた。現在、フェイスブック利用者の八〇パーセント近くが、またフェイスブックの収入の七〇パーセントが、モバイルプラットフォームによりもたらされており、今では多くの企業が「モバイルファースト」の信念を抱いている。

コラム3

ウォルマート——デジタル成熟度と長期戦

二〇一六年、ウォルマートは、オンライン小売業者のジェット・ドットコム（Jet.com）を三〇億ドルを超える金額で買収し、メディアに大きく取り上げられた。次に、ザッポスと競合するシューバイ・ドットコム（Shoebuy.com）、女性ファッションブランドのモッドクロース（ModCloth）、アウトドア洋品店のムースジョー（Moosejaw）など、その他のeコマースを獲得してこれを強化した。その数年前に、ウォルマートはデジタル能力強化のために一〇年先を視野に入れた投資を検討し、長期戦に乗り出していたのだ。デジタルの世界でアマゾン・ドットコムと競うためには、主なオンライン小売業者を何社か獲得する以上のことが必要だと、ウォルマートの経営陣は理解していた。変化する顧客の行動に長期間かけて追いつこうと、ウォルマートは事業のほぼ全側面を見直しているところだ。

まず、ウォルマートは事業戦略を刷新している。だがそれは、現在実施しているショッピングアプリの開発や、現場に立つ者の研修、物流の強化など、次に進むために今打つことができる手だけではない。こうした方策以外にも、今から一〇年後に同社が実行可能になる必要があると経営陣が考えていることに取り組もうと、デジタル戦略を構築している。同社のグローバル人材担当の執行副社長ジャッキー・カニーによれば、「今後五年から一〇年の間に、一般の人たちは今とはまったく異なる方法で買い物をするようになり、異なる体験を期待するようになる。だから、わが社は将来を見据えて態勢を整えることに重点を置いている」という。

企業がデジタルの未来像を達成するには、それまでとは根本的に異なる方法が必要になる。人材や組織的構造、文化を、企業を取り巻くデジタル環境と噛み合わせる必要がある。「デジタルが仕事のやり方を変えるものだと、誰もがみなしているわけではない」とカニーは語る。「技術に関することだけではないと、社員を教育することが必要になる」。

このデジタルの未来に備えるために、ウォルマートは全社で、数多くの非技術的、組織的変化を追求しているところだ。同社は、顧客第一の考え方、コラボレーション、デザイン思考などを含む、デジタル人材スキルを全社に導入している。この変化は、幹部の職務記述書に欠かせないものでもある。カニーは次のように述べている。「今や事業のデジタル化にフォーカスした基準と目標が求められている。わが社は今年、昇進に必須のコア能力として、デジタルリーダーシップを追加した」。

なぜデジタル成熟度か？

デジタルトランスフォーメーションからデジタル成熟度にフォーカスを移すことは、競争が激化するデジタル環境に適応しようとする組織にとって、いくつかの利点がある。わたしたちの用語と定義の選択は、心理学における成熟の定義に基づいている。『インターナショナル・ジャーナル・オブ・ヒューマニティーズ・アンド・ソーシャルサイエンス・インベンション』に発表された論文で、リタ・ラニ・タルクダルとジョイスリー・ダスは成熟を次のように定義している。「適切な方法で環境に反応する能力。この反応は通常、本能的なものではなく学習されるものである」[2]。成熟にはデジタル環境に関連した五つの要素がある。

1. **成熟は時間とともに現れる漸進的かつ継続的なプロセスである。**一晩で成熟する人間がいないように、取引相手に何かを提案されたとしても、組織は一晩でデジタル成熟度を高めることはできない。人は幼児期、思春期、成人、定年後と、人生のさまざまな段階でさまざまな発展の目標と出合う。これと同じように、企業はその発展のさまざまな段階でさまざまな課題を経験する。企業は絶え間ない成長を続け、デジタル成熟度を高めるために適応することができる。

2. **漸進的な成熟をあまり重大ではない変化と混同してはいけない。**幼児・子ども・ティーンエイジャーと、若年成人との違いはかなり大きい。もっとも、この時期における変化が十分に認識されるには時間がかかり、日々の変化ははっきりとはわからないかもしれない。あなたの会社がデジタル成熟度を高めるにつれ、それまでとは異なるやり方でビジネスを行う必要があると気づく。ちょうど幼児やティーンエイジャー、成人がそれぞれ異なるやり方で世界と関わるように、デジタル成熟度の高い企業は段階に応じて変化するものだ。

3. **組織が成熟し始めたとき、最終的にどんな姿になるのか組織にはよくわからない**。将来、消防士やカウボーイ、お姫さまになりたいという子どもたちのなかで、実際にそうなる子どもはほんの一握りしかいない。とはいえ、到達点を完全に把握していなくても、成熟のプロセスが起きることは止められない。デジタル成熟度が向上したら自分たちはどのような姿になるか、多くの組織は表現できないが、だからといって、それがプロセスの開始を阻むことはないだろう。ギリシャの哲学者シノペのディオゲネスのものとされる、ラテン語の"Solvitur ambulando"というフレーズは、「歩くことで解決される」という意味だ。デジタル成熟度が自社にとってどんなものか、それに向かって歩き始めたときにわかってくるのかもしれない。実のところ、その環境について学び、そのなかで自分の立場を試すことは、成熟の重要な部分を占める。

4. **成熟は自然なプロセスだが、自動的に発生するものではない**。デジタル成熟度は、あなたの会社が新たな競争環境に適切に対応する方法を学ぶプロセスだ。けれども、組織や経営陣や社員たちは、その対応法を本能的に知ることはない。デジタルネイティブのミレニアル世代でさえ、そのスキルを組織という環境でどう用いたらいいのか、必ずしもわかっているわけではない。個人的にテクノロジーを使っているからといって、そのツールを組織内でまたは組織として効果的に使う方法を知っているということにはならない。マネジャーは組織が正しく適応できるように、デジタルトレンドの知識を身に着けなくてはならない。反対に、環境に適切に反応しないことは不自然である。誰もが、成熟していないタイプの人間を知っているだろう。マネジャーたるもの、当然、自社をそのようなタイプの組織にはしたくないはずだ。

5. **成熟は決して完了しない**。デジタル成熟度は、シリコンバレーの若い企業に限っての話だと思われがちだが、既存の老舗企業やベテラン社員でも、適応に必要な変化を遂げられる。その証拠に、ここ何年か見てきた最新のトレンドの一つとして、デジタル世界に適応するために必要な変化を起こしている、大手レガシー企業の増加が挙げられる。そうした企業のすべてが成功しているわけではないし、生存のために正しい変化を遂げているわけではないかもしれないが、少なくともこうした企業の未来にとって、彼らの変わろうとする意志と能力は良い兆候だと言える。問題となるのは、その他の企業が否定と失敗への恐怖で行動をとらないことではなく、彼らがこうした変化を起こそうという意志があるのかどうかだ。デジタル成熟に取りかかるのに遅すぎるということはないし、そのプロセスに終わりはないのである。

誇大表現を気にしない

頻繁に使われているせいで、「デジタルディスラプション」や「デジタルトランスフォーメーション」といった用語はその力をほとんど失っている。マネジメントの第一人者や自称フューチャリストたちは、長年デジタルテクノロジーがビジネスに及ぼす危険を声高に叫んできた。そのため、まるでイソップの寓話『オオカミ少年』の町の住人のように、多くの人は注意を払わなくなっている。わたしたちがインタビューした幹部のなかにも、巷で使われる誇大表現のせいで、デジタルがついた用語を避けている人が何人かいた。「キャッチーな新語のように聞こえるし、その言葉にあまり反応しない人たちもいる」と連邦住宅金融抵当公庫（フレディ・マック）の資産管理担当副社長クリスティン・ハルバーシュタットは指摘する。「人は響く言葉で話すべきだ。わたしたちのマネジメントチームはデジタルトランスフォーメーションに手厚い支援をしているが、彼らはそのフレーズに慣れてきていると思う」。別の組織のある幹部は、デジタルという用語を使わずに表現することによって、彼の会社は社員を「だまして」デジタルトランスフォーメーションを受け入れさせようとしている、と辛辣に語る。

「デジタル」という用語を完全に使わないことに対し、わたしたちは慎重な姿勢を示しているが（もっぱら、わたしたちの研究報告や本書を誰も読まなくなるのではないかという不安から）、話を進める前に、いくらか説明する必要があるだろう。メリアム＝ウェブスター辞典はデジタルを「電子技術、またとくにコンピュータ技術を特徴とする」と定義している。ここでもっとも重要なことは、辞典はデジタルを形容詞と定義しているが、デジタルという言葉は、名詞として使われる傾向が強まっているという点だ。世間では「わたしはデジタルの担当だ」「デジタルでいく」などと言われることが多い。「デジタル」が形容詞として定義されるか、名詞として定義されるかの違いは重要である。名詞はそれ自体で明確な独自性をもつが、形容詞は名詞を修飾するものだ。よって「デジタル」にはそれ自体で明確な独自性はないのだが、別の名詞を変化させる働きがある。企業に関連する用語なら、デジタル市場、デジタル戦略、デジタル人材、デジタルリーダーシップ、デジタル文化……などがある。修飾語である「デジタル」の存在は、ビジネスがテクノロジーによって特徴づけられるようになるにつれ、このようなビジネスのプロセスがどう変化する必要があるのかにフォーカスする。だが読者諸氏には、本書であれ別のところであれ、用語の細かい選択にこだわらず、より大きな問題について自由に考えるようにしてほしい。デジタル成熟度について違う名称で呼んでも、デジタル成熟度と同じ効果を発揮するだろう――それに、あなたのいる環境によっては、違う名称のほうが効果的かもしれないのだ。

デジタル成熟度を測る

デジタル成熟度の定義はわたしたちの研究にとって重要な概念的基盤である一方で、組織のデジタル成熟度の測定方法も重要になる。四年にわたり実施したどの調査においても、「プロセスを改善し、組織の人材を参加させ、現在および将来に新たな価値を生み出す事業モデルを促進する、デジタルテクノロジーとデジタル能力によって変革された理想的な組織を思い描いてください」という質問を設けた。次に、その理想に対する自社の評価を、一は理想にもっともほど遠く、一〇は理想と完璧に合致するという具合に、一〇段階で答えてもらっ

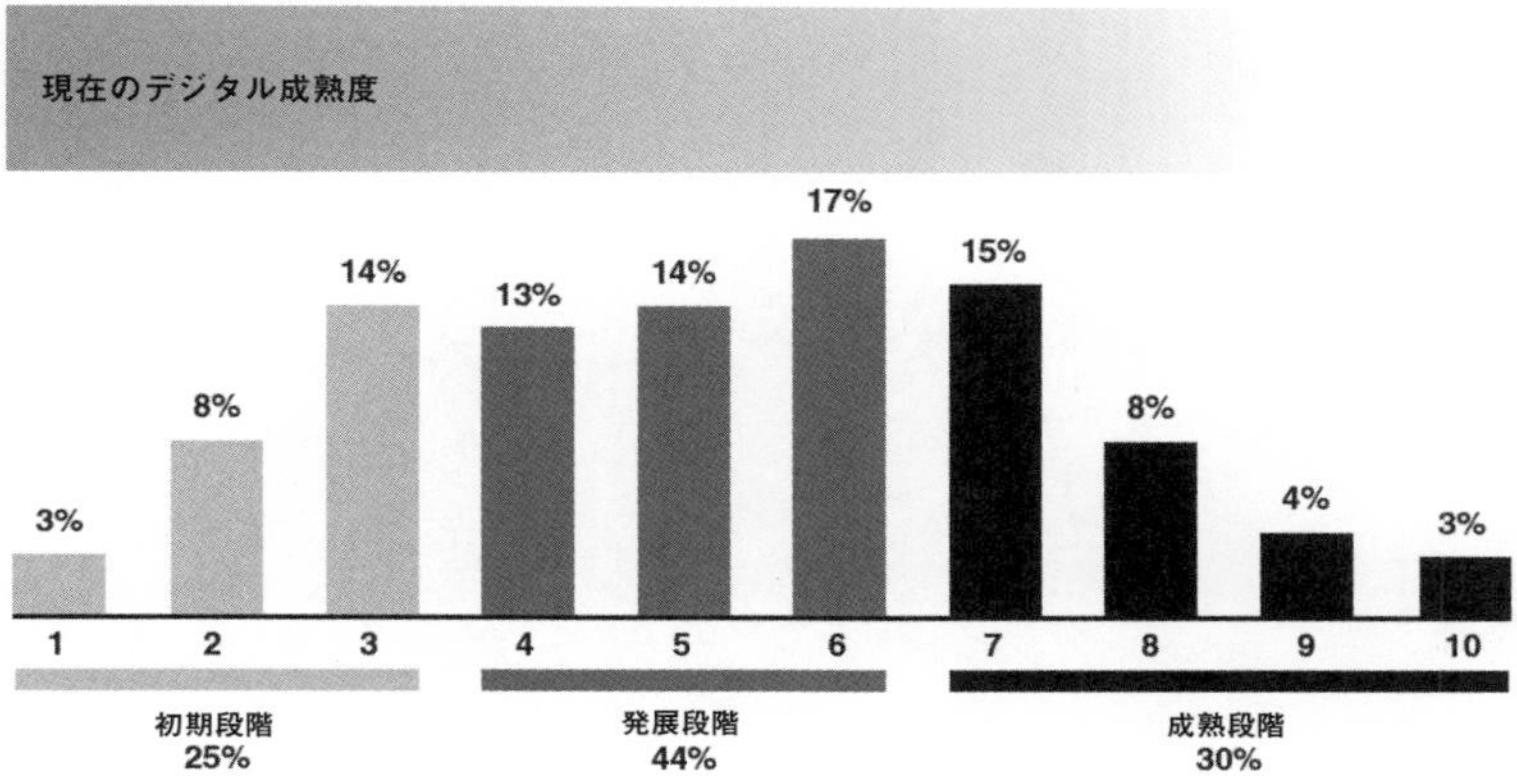

数字を丸めているのでパーセントの合計は100にならない。

図3-2

た。

わたしたちは企業を、初期（回答者の評価が1から3）、発展（4から6）、成熟（7から10）の三つに分類した。そのときの企業のばらつき具合は、正規分布と似ている。回答者の半数未満は中間に位置する発展段階、回答者の四分の一は初期段階、四分の一を少し上回る回答者が成熟段階、と自分の組織を評価した（図3－2）。おもしろいことに、この数字は数年の間ほぼ変化がなかったのだが、最新の調査でデジタルの成熟への移行が見られることに気づいた。これは企業がデジタルの成熟に向かって前進を始めたということなのだろうか？　定量的にも事例的にも、早期の兆候からその可能性がうかがえる。

このようなデジタル成熟度の測定法には、いくつか長所と短所がある。なかでも重要な点は、これが自己認識データに基づくことだ。

知覚データのいくつかの限界については前に述べたが、わたしたちの研究にとってこのデータの重要性を考えると、そうした限界を再度取り上げてしかるべきだろう。「理想的」デジタル組織がどのようなものか、平均的社員にわかるのだろうか、また彼らはその理想をどのくらい達成しているかについて、適切に判断しているのだろうか？　そうかもしれないし、そうではないかもしれない。デジタルトレンドへの「適切な」対応の要素を回答者が知っているかどうかについて、先述したように、実は普通の社員のほうが上層部よりも優れた洞察を示す可能性がある。デジタル化に向けた努力によって、細かいレベルでの仕事のやり方がどう変わっているのか（いないのか）、彼らのほうが知っているからだ。

　さらに、彼らが認識する理想と彼らの組織を比べるよう回答者に求めて、組織のデジタル成熟度ではなく――むしろ――デジタル未熟度を評価するように求めた。最高裁判事のポッター・スチュワートが猥褻性を定義できなかったように（判事は「それを見ればわかる」と述べた）、平均的社員がデジタル成熟度を定義できるとは限らないので、彼らがデジタル成熟度にもし気づいたなら、また気づいた場合に、それを見きわめるようにとだけ求めた。[3] 回答者は全般的に、自分の会社のデジタル成熟度に気づいてない。彼らはもっと多くのことが可能だと見ている。

　デジタル成熟度測定法のその他の長所としては、成熟度が組織内で均一に進んでいるわけではないことがわかる点だ。以前ある幹部教育セミナーで研究結果を発表したとき、参加者に自分の企業の成熟度を評価してもらった。同じ大企業に勤める三人はそれぞれ、初期、発展、成熟と答えた。この回答について三人にさらに尋ねたところ、社内のデジタル成熟度が均一ではないことが判明した。不動産部門では、建物利用率の特定と活用にアドバンスド・アナリティクス［データマイニングやアルゴリズムを使った分析などの高度な分析］を用いていた。採用部門は、人材の情報入手ルート管理に新手法を使い始めたばかりだった。その他部門では、テクノロジーの効果についてほとんど検討していなかった。組織のデジタル成熟度について個々人の経験を評価してもらう方法によって、その組織がデジタル的に成熟しているかどうか優劣を検討しなくても、わたしたちはデジタル成熟度に関連した組織の特徴を詳しく探ることができる。よって、本書で「デジタルに成熟している」組織について述べるとき、実際には、社員が仕事で関わる組織の特徴またはその組織の一部について述べることになる。

デジタル成熟度への主な文化的アプローチを分離しようとし、わたしたちの成熟度測定とはまったく無関係のある組織的特性に関して、「クラスター分析」という統計的アプローチを行った。その結果、本書で示した成熟度のグループ分けとほぼ完璧に一致する、三つのクラスターが現れた（この分析については第11章で詳述する）。つまり、この三つのグループがわたしたちのデータを読み解く最適な方法だという証拠を、独立したデータと分析が示したのだ。またこの三つのグループ分けは、わたしたちの発見を伝えたインタビューの相手やインタビューしたグループに好評だった。こうして、わたしたちの測定法および分類はデジタル成熟度の評価として完全ではないかもしれないものの、別個のデータ分析に裏づけられていることが判明し、多くの組織が直面するテクノロジー問題について話すときに役立つことも発見した。わたしたちの測定法と分類は、組織のデジタル成熟度の主な相違を述べる方法を提供し、組織がデジタル成熟度をどうしたら高められるか戦略を練るうえで有効である。

謙虚さの重要性

成熟度の分類の最後の特徴については、解説を加える必要があるだろう。デジタル成熟度は完結しないという見解と一致させ、環境の変化という性質を反映させて、最後のカテゴリーは「成熟した」ではなく意図的に「成熟」「成熟している」とした。組織が対応する変化のスピードは、今後見通せるかぎり弱まることはないだろう。テクノロジーは個人よりも速いスピードで変化を続けていき、個人は組織よりもすばやくその変化に適応していくだろう。実際に、本書で示すわたしたちのデータの興味深いトレンドに、おそらくみなさんは気づかれるはずだ。わたしたちはそのトレンドを四年にわたる調査で観察してきた。デジタル成熟度の高評価の回答の多くは、理想レベル8の付近で最高潮に達し、理想レベル9や10の評価はそれよりも少ない。調査対象者が少数であることをはじめとして、これについてはいろいろな理由が説明できるだろう。

その一方で、自分の組織が理想に少々届かない——そして今後もずっと届かないだろう——という健全な認識は、成熟の重要な要素である。進歩するテクノロジーの変化に敬意を示すことと、まだ改善の余地があるという認識をもつことは、むしろ成熟の極みかもしれない。デジタルに成熟している企業でも、やはりその成熟度を保つことには苦労する。デジタルの成熟を継続するためにリーダーが意識的に努力しなければならないなら、リーダー以外の者は同様のアプローチをとることで十分役に立てるかもしれない。したがって企業は、絶え間ない変化に適応できるようなプロセスを進めることが必要になる。こうした現実を反映させるために、わたしたちは現在進行中の変化と適応のプロセスを、「成熟した」ではなく「成熟」「成熟している」と表現した。リード・ホフマンは著書『スタートアップ！――シリコンバレー流成功する自己実現の秘訣』（日経BP）のなかで、人は「永遠のベータ版（未完成品）」であるべきだとして、同様の意見を述べている。これはつまり、人は常に実験を行い、こうした変化を環境に取り入れるために適応すべきだという意味だ。[4] デジタルの成熟には、ビジネスに影響を与えるテクノロジー環境の変化を考慮に入れて、組織を絶えず再調整し、戦略計画を更新することが必要になる。

脅威よりもチャンス

また、企業に謙虚さが欠けていることは、彼らがデジタルディスラプションをあくまでも楽観的にみなしがちなことからもわかる。企業がテクノロジーをどの程度チャンスまたは脅威と見ているのか、わたしたちは調査した。回答には著しい差異が見られた（図3-3）。回答者の八〇パーセント以上が、彼らの組織はテクノロジーをチャンスとみなしているとし、

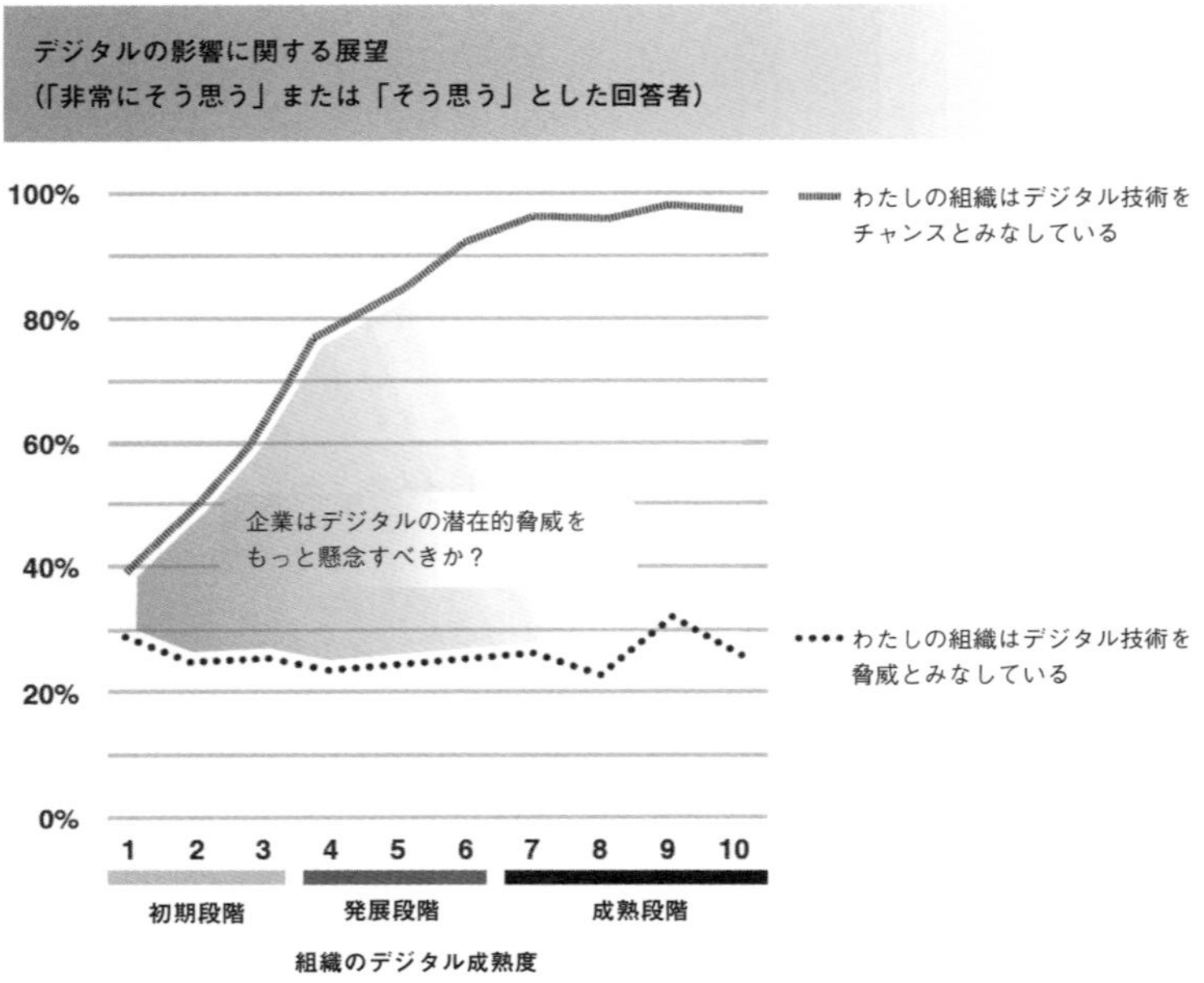

図3-3

脅威とみなしたのは二六パーセントだけだった。テクノロジーをチャンスとみなす傾向は、デジタル成熟度とともに上昇するが、脅威とみなす傾向は、成熟度のどのレベルでも一定している。この著しい差異は論理的に矛盾しているが、ビジネスリーダーに見られる甘い楽観主義を表しており、まるでヴォルテールの『カンディード』の主人公で、「自分は考えられるかぎり最善の世界に暮らしている」と信じる、哲学者パングロスを彷彿とさせる。だが、テクノロジーがあなたの組織にとってチャンスを意味するならば、あなたの競合企業にとっては脅威となり、その逆もまた真である。変化に積極的に対応しない理由としてこうした楽観的な見方をすることは、好ましくない。

同様の甘さは、わたしたちが収集したデータのいたるところに見られる。今後三年間のデジタルトレンドの影響から、自社の主力製品またはサービスの需要の増減をどのように予想するか質問した。回答者の三分の二以上が需要は増えると予想したのに対し、需要が減ると予想したのは回答者の一〇分の一しかいなかった。市場の拡大と購買力の向上により、デジタルの潮流がすべての船を押し上げることは確かに可能だろう。そんなふうに考える企業は、不思議な町レイク・ウォビゴンに本社を置いているのかもしれない。レイク・ウォビゴンでは「女性はみな強く、男性はみなハンサムで、子どもたちはみな平均以上」とされる〔小説『レイク・ウォビゴンの人々』に登場するレイク・ウォビゴンという町に由来する、心理学の「レイク・ウォビゴン効果」のことで、自信過剰により自分自身を高く評価してしまうこと〕。だが現実には、そのデジタルトレンドが同程度かそれ以上に競合他社の運を上向かせるという可能性を、このような回答者たちは単に過小評価しているだけだろう。デジタルに成熟したマインドセットは、デジタルディスラプションは自分の組織にとってチャンスでもあり脅威でもあることを認め、適切に対応する。

コラム4

アトランティック・マンスリー・グループの大至急の変革

組織の前進をめざしてよく練られた戦略や反復実験でも、市場状況に阻まれることは多々ある。伝統的な企業は不利な立場を競争優位に変えることを余儀なくされるのは、そのようなときだ。アトランティックのデジタル部門担当執行副社長で事業開発責任者のキンバリー・ラウによれば、一〇年前に彼女が入社する以前の同社は、主力の出版業が危機に瀕し、「デジタルに転換」せざるをえない、苦境に立たされたレガシーメディアカンパニーだった。「当時広く言われていたのは、五年以内に出版は立ち行かなくなるということだった」。そのため、デジタルの領域を緊急に模索することが老舗出版社にとっては避けられなかった。「上層部があんな収益状況をそのままにして逃げだすというシナリオはなかった」。『アトランティック・マンスリー』誌は二〇〇八年頃からブロガーとオンラインコンテンツによる実験を始めており、それが同社のブランドと現在のコンテンツを強化するために役立った、とラウは語る。

スピードの必要性が緊迫感を生み出し、同社にリスク回避の姿勢は見られなくなった。会社は早急に俊敏にならざるをえなかった、とラウは言う。実のところ、雑誌の印刷版は現在——規模は以前より縮小したが——売れ行きが好調で、メディア業界は有料サブスクリプションやマルチメディアのコンテンツへと移行してきている。

第3章のポイント

わかっていること（What We Know）

- デジタル成熟度は、動きが速く急激に変化するデジタル環境に適切に関わるなかで、組織がギャップにいかに適応しそのギャップを埋めているかを表す。
- デジタルの成熟には、組織の人、文化、構造、業務を噛み合わることが必要になる。そうすることで、組織はテクノロジーの進歩でもたらされたチャンスを社内外で活用できる。
- デジタル成熟度は動く標的で、テクノロジーとともに絶えず変化する。したがって、そのプロセスは絶え間なく進化していることから、わたしたちはデジタル的に最先端の企業を「成熟」段階に分類する。

実行できること（What You Can Do about It）

- 時間をとって（できたら同僚と一緒に）デジタル成熟度を高めた組織の姿を思い描く。本書や、あなたのデジタル「フィールドトリップ」、その他調査から得た知見を用いて、想像を刺激する。
- 組織全体を幅広く調べて、どの事業部や部、チームや任務がそのビジョンの実現に一番近いか、一番遠いか特定する。
- 遅滞している分野の現状打破に有効なアクションプランを考案する。アクションプランでは、変える必要のあるプロセス、人材、テクノロジー、運営方針と、変わらないままでいいことについて検討する必要がある。
- もっとも順調なことともっとも遅れていることの差が縮まるまで、組織内で遅滞している分野に取り組む。

第4章

不確実な未来のためのデジタル戦略

四年に及ぶ研究で浮き彫りになったのは、明確で一貫性のあるデジタル戦略が、企業のデジタル成熟度の唯一かつ最大の決定要因だということだ。自社がデジタルに成熟していると回答した人の八〇パーセント以上が、会社には明確で一貫性のある戦略があると主張した。これに対し、もっとも成熟していないと回答した人で、自社にそうした戦略があるとしたのは一五パーセントにとどまった（図4-1）。この結果から疑問が浮かぶ——デジタル戦略とは具体的にどのようなものなのか？

デジタル戦略を主題にした本は何冊も出版されており、その多くが良書である。MITのジョージ・ウェスターマンとアンドリュー・マカフィー、キャップジェミニ・コンサルティングのディディエ・ボネによる『デジタル・シフト戦略』（ダイヤモンド社）は、大企業が戦略的優位を獲得するためにどのようにテクノロジーを利用するかについて、よくまとまっている。彼らは「デジタルマスター」という用語で、この変革を表現している。[1] MITのマカフィーとエリック・ブリニョルフソンは共著で『プラットフォームの経済学』（日経BP）を

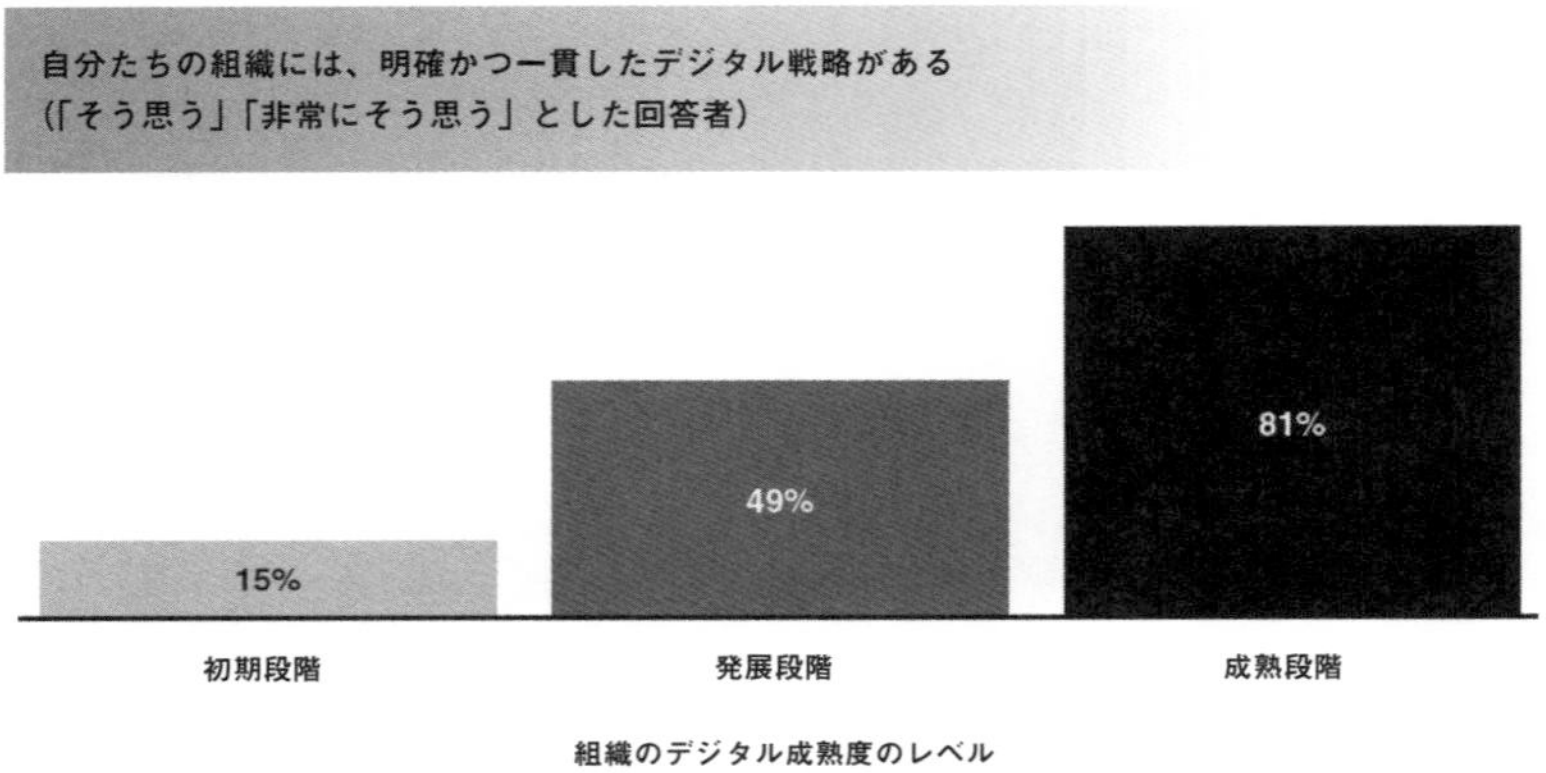

図4-1

出版し、ベストセラーになった。これは、人工知能、ソーシャルメディア、ブロックチェーンがどのようにビジネスに新しいチャンスを生み出すかについて述べている。[2]コロンビア大学のデイヴィッド・ロジャーズは、著書『The Digital Transformation Playbook』で、リーダーは思考を更新すべきだと述べた。デジタルの威力は、顧客、競争、データ、イノベーション、価値観という戦略の五つの主要領域をかき乱していると、ロジャーズは言う。これはマイケル・ポーターのファイブ・フォースを想起させるもので、最終的には企業がその価値命題をデジタル時代に適応させられるような、新しい考え方がデジタルディスラプションには求められる、とロジャーズは主張した。[3]ボストン大学およびMITのマーシャル・ヴァン・アルスタインと彼の同僚による『プラットフォーム・レボリューション』(ダイヤモンド社)は、プラットフォームビジネス向け戦略に関するものだ。彼らはフェイスブック、アップル、アマゾン、マイクロソフトのようなプラットフォームビジネスを、製品を市場に売り出すという典型的なサプライチェーン型のコンセプトに頼る、従来の流通経路型ビジネスと比較している。プラットフォームビジネスの経済ルールが、流通経路型のビジネスといかに異なるか、概略を示している。[4]

学部生向け教科書だが、ジョン・ギャラガーの『Information Systems: A Manager's Guide to Harnessing Technology』もお薦めできる。同書は、おそらくもっとも着実に最新知識を取り入れているデジタル戦略の考察だからだ——ギャラガーは毎年資料を更新しており、そのPDFファイルはオンラインで簡単に入手できる。ギャラガー（本書の著者の一人であるケインのボストン大学の同僚）は、デジタルビジネスの従来の見方にフォーカスし、グーグルやアマゾンなどの特定の企業が、なぜ、どのようにビジネス環境を作り変えたのか考察している。[5]

前述した書籍はどれも洞察にあふれ、優れた実績と高い専門性をもつ著者や著者チームにより、よくまとめられている。デジタル戦略への理解を深めようとするマネジャーに役立つだろう。以上の書籍には共通点がある——もっぱら過去を振り返って書かれていることだ。デジタル戦略の成功事例を検証し、その成功の理由を分析し、マネジャーが従うべき成功原則を示している。このような回顧的教訓は、アマゾンやフェイスブック、ザラやグーグルが直面したビジネスの問題にあなたの企業が直面しているときには、とても貴重な教訓となる。ケーススタディに示された戦略的課題とチャンスが自社でも同じなら、マネジャーはこの「学んだ教訓」から間違いなく恩恵を受けられるだろう。ちなみに、デジタル戦略に関する多くの本が世に出ているが（アマゾンは数千冊リストしているようだ）、わたしたちはその大半について、とくに核心に触れる内容だとも、また役に立つとも思っていない。

あなたの企業がデジタルディスラプションによって直面する戦略的課題やチャンスの多くは、企業や業種、地理、競争環境によって微妙に異なるだろう。この微妙な差異は共通点を凌駕し、結果としてデジタル戦略を「押し上げて動かす」機会は大幅に制限される可能性がある。この問題はデジタル戦略に限らない。マネジメントに関する文献には、成功した企業の研究と、それを見習うように熱心に説く記事や書籍であふれている。残念ながら、このような成功を収めた企業のなかには、業績不振に陥っているところもある。[6] こうした戦略の多くが当初うまくいく主な理由は、経営陣が他者よりも前にチャンスや課題を把握するからではないかと、わたしたちは考えた。もちろん、情報に基づいた意思決定をするために、リーダーは他者による過去の成功と失敗を検証する必要があるという主張には同意する。だが、デジタル戦略構築におけるより大きな課題は、それぞれの状況に固有の戦略的動きを積極的に考え、見つけ出すことだとわたしたちは考える。あなたは最後の戦いをしたいのではなく、次の戦いに備えたいはずだ。

組織が直面する重要課題は、変化する環境に適応することなので、企業のデジタル戦略は、環境の進化に伴い必然的に進化する。したがって、デジタル戦略は必ずしも、組織が頑なに固執し、何年もかけて実行する、ただ一つの長期計画とは限らない。むしろ、組織を目標に近づける短期構想を展開し、その後、短期構想から学んだことに基づいてその目標の性質を

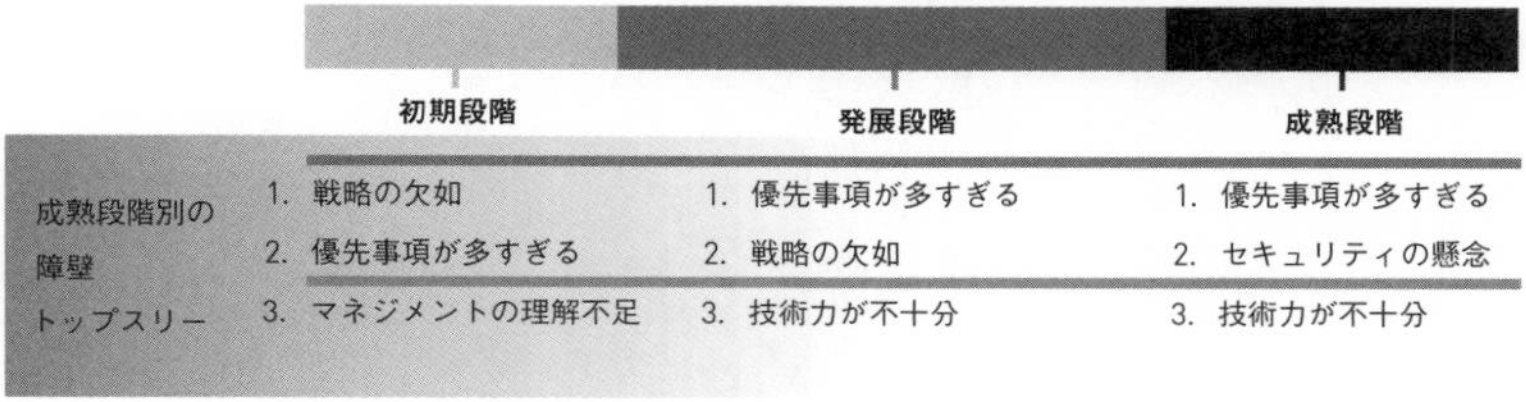

	初期段階	発展段階	成熟段階
成熟段階別の障壁トップスリー	1. 戦略の欠如 2. 優先事項が多すぎる 3. マネジメントの理解不足	1. 優先事項が多すぎる 2. 戦略の欠如 3. 技術力が不十分	1. 優先事項が多すぎる 2. セキュリティの懸念 3. 技術力が不十分

図4-2

再検討するという、デジタルビジネスの全体的目標を明確にする再帰的プロセスなのだ。

デジタルの成熟への大きな障壁となる戦略の欠如

わたしたちは調査で、企業をデジタルの成熟から妨げているものは何か、質問を投げかけた（図4-2）。回答者の挙げた障壁は、成熟段階により異なった。成熟段階にかかわらず大半の企業を悩ませていた最大の障壁はおそらく、優先事項がたくさんありすぎる、ということだろう。これは、発展段階の企業と成熟段階の企業にとって最大の障壁であり、初期段階の企業にとっては二番目に大きな障壁だった。とはいえ、これは基本的に戦略に関わる障壁でもある。組織に優先事項が多すぎるとき、戦略的焦点が実際は何なのかよくわからなくなる。

スタンフォード・ビジネススクールの伝説の教授ジェームズ・G・マーチは、既存のビジネス構想と新規ビジネス構想とのトレードオフを、探索（exploration）vs 深化（exploitation）と表現している。[7] 探索のプロセスとはイノベーションを目的とし、業績不振の短期的成果に終わる場合が多いのだが、この短期的成果は新しいプロセスを見つけるために必要になる。そして、その新しいプロセスに起因する、優れた長期的成果がもたらされることになる。対照的に、深化のプロセスでは、組織がなじみ深いやり方で行動することによって優れた短期的成果をもたらすが、組織は新しいやり方を探そうとしないので、長期的成果は全体的に芳しくない。探索・深化に関する文献の大半が、既存のプロセスと革新的プロセスのバランスをとるように提唱している。チャールズ・A・オライリーとマイケル・L・タッシュマンは、効果的に探索と深化の必要性のバランスをとっている組織を、「両利きの組織」と呼ぶ。[8]

その他の大きな障壁については、本書全体を通して取り上げる。たとえば、戦略の欠如は、初期および発展段階の企業にとって重大な障壁なので、次章ではデジタル戦略の構築について重点的に扱う。同様に、技術力不足は発展および成熟段階の企業にとって問題となっているので、第7章で取り上げる。初期段階の企業が悩む「マネジメントの理解不足」については、本書を通して取り組みたいと思う。本書が取り組まない障壁は、セキュリティ、デジタルの懸念だけである。これは成熟段階の企業で上位に入っている。この障壁については、デジタルに成熟すれば、発達段階の上位に行くほど、対処すべき新たな問題を招く可能性が高まることを裏づけるものとして、強調するにとどめる。

コラム5

ビジネス戦略に関するメットライフのデジタルレンズ

グローバルな金融サービス企業のメットライフは、グローバル企業やフィンテックの新興企業からの、緊迫した競争圧力に直面している。同社は、提供する金融サービスと、その競争力をテクノロジーで高める方法についての戦略を構築している。

「メットライフの戦略を構成する四本柱があるが、それ自体は本質的にデジタルではない」と、同社の執行副社長で、グローバル技術・運営部門代表のマーティン・リッパートは言う。「一つ目は、価値とリスクを最適化すること。二つ目は適切な顧客にふさわしい解決策を提供すること。三つ目はわが社の流通の強みを強化すること。四つ目は、オペレーショナル・エクセレンスを促進すること」。

カスタマーエクスペリエンス向上のために、また組織を可能なかぎり効率化・有効化するために、リッパートは組織に、この柱をデジタルマインドセットで考えてもらいたいと思っている。彼によれば、「デジタルは四本柱の真ん中に鎮座し、この四本を一つにまとめている」という。

会社にデジタルマインドセットを浸透させるため、リッパートはトップダウンとボトムアップの双方で取り組んでいる。デジタル思考を経営陣の間で強化しようと、リッパートは経営トップとその他最高幹部数人をシリコンバレーに連れて行き、メットライフが投資しているベンチャーキャピタルの幹部と会った。メットライフはテクノロジー企業、スタートアップ、大学とも提携しており、新しい発想とアプローチを役員にもたらしている。

アイデアをボトムアップで促すため、メットライフ・イグニッションという行事が毎年開催される。この全社的な集会で、メットライフが投資するベンチャーキャピタルの投資先企業は、イノベーションが取り組む課題を説明するなど、社員に向けてアイデアを発表する。この行事は、多数のアイデアを新たに生み出すきっかけとなる。これが概念実証（ＰｏＣ）へと移り、予備段階の結果が有効であれば、そのアイデアはやがて世界に向けて発表される。

デジタル戦略を構築するために異なる考え方をする

デジタル戦略を構築するには、実行に何年も要する遠大な構想を考え出す、賢くテクノロジーに精通した大勢の人々が必要だとは限らない。成功を収めた構想はビジネスの新たな可能性を生み出すことが多いので、デジタル戦略の構築は、三つのステップを繰り返す再帰的プロセスとなる。

・**異なる見方をする。**このステップでは、現在の環境で可能な行動をマネジャーが明らかにする。マネジャーは技術と組織の可能性のために環境を精査し、組織に最大の好影響を与える行動を一つ決定する。最大の影響を与える行動とは、効果的なデジタル戦略を妨げる障壁を壊すことかもしれない。マネジャーが定めたその行動は、プロセスの次のステップを推進する戦略目標となる。

・**異なる考え方をする。**前段階の短期構想から、一つの戦略目標が現れるかもしれないし、現れないかもしれない。もし現れた場合は、この目標に向かって努力したら新たな可能性が見込めるかどうか、リーダーが検討する必要がある。戦略目標が確認できなかった場合は、リーダーは時間をとってその理由をつきとめ、その理由がデジタル戦略構築のその他の取り組みにどのように影響するか、見きわめる必要がある。目標が確認できるまでこのステップを繰り返す。

・**異なる行動をとる。**このステップでは、戦略目標に向かって有意義な進展を遂げられるように、組織は六週から八週の構想を計画する。この短い期間で組織が異なる働き方ができるように、かなりのリソースがテコ入れされる。

・**繰り返す。**リーダーは最終段階で深めた知識を受け入れ、この新知識に照らして組織のチャンスを再評価する。このサイクルを繰り返す。

デジタル戦略を練るこのプロセスは、地図とコンパスを使ってある場所からまた別の場所へと行く、オリエンテーリングを思い出させる。参加者はその過程で常に、周囲の特徴から現在の位置を確認し、その位置に基づき目的地まで最良の道筋を計画する。しかし、オリエンテーリングとの大きな違いは、デジタル戦略ではめざす目標が絶えず動いているという点だ。したがって、実のところ効果的なデジタル戦略とは、この進化する目標に向かって組織を動かし続ける、進行中の戦略化プロセスのことなのである。

長期的視点で考える……さらに長期的に考える

デジタル戦略を絶えず再考する必要性は、組織を短絡的思考にとどめることにはならない。実はまったく逆だ。どこをめざしているのかよく理解していなければ、短期目標はわたしたちを間違った方向に導く恐れがある。デジタル戦略について考えるとき、ほとんどの企業は十分先のほうまで見越していない、とデロイトのジョン・ヘーゲルは嘆く。企業はデジタル戦略のタイムフレームとして、たいてい一年から三年を設定するが、この短期目標に加えて、一〇年から二〇年のタイムフレームを用いるべきだと、ヘーゲルは提唱する。[9] わたしたちの調査で、自分の会社はデジタル戦略をこのような幅広い期間で考えていると答えたのは、回答者のわずか二パーセントで、五年かそれ以上を考えていると答えたのは一〇パーセントだった。

このような長期間の戦略計画を立てるのはおかしいと思われるかもしれない。今後数年間でどのようなデジタルトレンドが席巻するのか、正しく予測できる人はほとんどいないのに、今後数十年ならなおさらだろう。ＩＴバブルさえ起きていない一九九〇年代半ばに、いったい誰がモバイルやソーシャルメディアのツール、分析ツールの現状を予測できたというのだろうか。だが、具体的結果のなかには――こうしたトレンドによってどの企業が勝者となるか、など――予見できないものもあったとはいえ、当時始まったトレンドは、概して予測可能な道筋に従い展開してきた。予想より少ない数の企業がこのトレンドから恩恵を受けた一方で、多くの企業はこのトレンドにより破壊された。

このような長期的視点が必要だと認識するリーダーは、ますます増えている。たとえば、前章で紹介したように、ウォルマートがあれほど長期的なデジタル戦略を構築していると知り、わたしたちは驚いた。ウォルマートは、デジタルトランスフォーメーションに今取り組む必要があることを理解している。一〇年後に顧客が望むものは、現在望むものとはすっかり変わっているからだ。デジタル戦略を構築する際に五年かそれ以上先に目を向けている成熟段階の企業は、初期と発展段階の企業のおそらく二倍ほどになるだろう。この長期的ビジョンをもてば、リーダーは未来像との関連から現在の環境が見えやすくなる。未来の環境に備えて異なる行動をとるために、着手すべきもっとも生産的な方法をマネジャーが見つけやすくなる。だが、企業はこのプロセスにどのように取り組んだらいいのだろうか?

エモリー大学の経営学者ベン・コンシンスキーは、まず「未来をリバースエンジニアリングする」ことから始めるよう組織に勧める。つまり、現在の技術で可能になる次の戦略的ステップを検討するのではなく、未来のテクノロジーのインフラストラクチャーがどのようなものか思い描いてから、その未来にたどり着くために次のステップの構想を練るといい、と言っているのだ。さもなければ、短期的構想はわたしたちを間違った方向に導くかもしれない。

コラム6

シスコ――デジタルディスラプションの先を行く

ネットワーキング企業のシスコは、デジタルディスラプションの先を行っている。テクノロジー企業をディスラプター（破壊者）とみなしがちになるが、テクノロジーのトレンドシフトに伴い、彼らも破壊される恐れがある。テクノロジー業界がやはりディスラプションの影響を受けやすいことを理解するには、かつて巨大企業だったディジタル・イクイップメント・コーポレーションやワング・ラボラトリーズ、ノーテルネットワークスの例を見るだけでいい。フェイスブックのメンロパークの本社はかつてサン・マイクロシステムズの本社があったところで、物事の移り変わりの激しさを社員に思い起こさせるため、フェイスブックはサン・マイクロシステムズ社の看板を今なお保有している。

シスコはまだ高い利益を上げていたが、世界が変化していることに経営陣は気づいていた。シスコ・デジタイゼーション・オフィスのシニアディレクター、ジェームズ・マコーレーは言う。「シスコは、変革が必要だという意見に急に飛びつく会社ではない。しかし、いずれ必要になるとみなわかっている。激しい競争環境を見れば、いずれそうなることがわかっているし、わたしたちは一〇年後には今と同じように成功を、いや過去一〇年間よりもさらに成功を収めるつもりだ。テクノロジーの消費に関してもっと柔軟性が欲しいと、わが社の顧客ははっきり言っている。彼らは今までと異なるタイプのビジネスの成果を望んでいる。顧客自身も、デジタルディスラプションによって、この新たな競争圧力に直面している。彼らは途方もなく大きな緊迫感を抱いている。顧客の期待に応えるために、今後数年の間にビジネスモデルと経営方法を変える必要があることを、わたしたちは心得ている」。

「歴史的に見て、シスコはハードウェアの会社としてよく知られているかもしれない。世界には今なお多くのハードウェアが必要とされているが、一方で、顧客は異なる方法で消費したい、場合によってはサービスとして消費したいと思っていることも、わたしたちは承知している。現在シスコで推進している最大の変化は、実はわが社のビジネスモデルをめぐるものだ。反復的な収益モデルへ移行しようとしているのだが、品ぞろえの観点から、ハードウェアという中核事業を拡大して、ソフトウェアとサービスを混合させた幅広い収益を含めようとしている」。

「それは、顧客の製品購入やテクノロジーの消費など、わが社の顧客のカスタマーエクスペリエンスを変えるということだ。ビジネスモデルや市場へのルート、そして納品や販売、サポート、顧客のテクノロジーの保守に伴う全業務を変えるということだ」。多くの企業は、今後一〇年間の競争環境の変化についてシスコのように考える必要があり、その変化に備えるためには、今自社の事業を見直す必要がある。

長期的戦略思考のための思考訓練――自動運転車

思考訓練（exercise）をすると、デジタルトレンドの長期的戦略計画を立てることの有効性がよくわかる。[10] この長期のタイムフレームをどのように、なぜ採用するのかを示す好例として、自動運転車（自律走行車）の市場が挙げられる。これは、今後一〇年ほどの間に主流になる可能性が高く、自動車以外にも、損害保険から医療、不動産にいたるまで、幅広い産業に戦略的影響を与える。自動運転車が厳密にいつ、どのように主流になるのか、正しく予測することは難しいかもしれない。だが、今後一〇年から二〇年の間にはこのような未来が現実のものになる、とは言えるだろう。自動運転車がいたるところで走るようになれば、多様な産業に影響を及ぼすことになる。

1. **自動車ディーラー**――自動運転車の普及で、自動車ディーラーは重大な影響を受けるはずだ。自動車が自ら運転できるなら、所有者がハンドルを握るのを待つ必要がない。オンデマンドで配車して客を乗せる、ウーバーのようなサービスにも利用できるだろう。個人は必ずしも自動運転車を所有する必要はない。それでも、資本要件の管理と自動車修理という既存の能力のおかげで、ディーラーは地域の自動運転車のネットワークを維持・運営する、中心的存在として位置づけられるだろう。このような変化によって、ディーラーには販売から運営へと、戦略と能力の大きな転換が求められる。

2. **自動車メーカー**――自動車産業が個人向けに量産販売しなくなれば、車の設計も変わる。設計は、顧客の好みよりも実用性の重視に移行する可能性がある。そうなった場合、個人や家族、その荷物を乗せるのに最適な設計ではなくなるかもしれない。一人用の車、大量輸送にカスタマイズ可能な大型車、運搬用の小型車などが大々的に開発されることが予想される。

3. **自動車保険**――リバティ・ミューチュアルのような保険会社にとって、自動車保険は事業のかなりの部分を占める。自動運転車は、保険の必要性を変化させるだけではなく（たとえば自動運転車の場合、事故発生率は減少するかもしれない）、誰が保険を必要とするかについても変えることになる（たとえば、事故の責任は技術製作者にあるとされるかもしれない）。リバティ・ミューチュアルをはじめとする自動車保険会社の多くは、新しく現れたこの破壊をすでに認識しており、イノベーションに投資すると同時に、様変わりした未来の市場に備えて、異なる経営モデルに投資を始めている。

4. **政府**――自動運転車への移行は行政サービスに影響を与える。自動運転車はセンサーでデータを収集できるので、このデータがクラウドにアップロードされ、経路の決定と交通の流れを最適化するため車に戻される。これは公共交通機関への依存に一石を投じるかもしれない。自動運転車をオンデマンドで利用できるのに、バスや電車を待つ必要があるだろうか？　プラットフォームは需要パターンのデータを利用して、人気のルートで自動運転車に乗車できるようにする。これはまさにウーバー・エクスプレス・プールがめざしていることだ。経路や速度、目的を車同士が直接意思疎通できる世界では、交通標識の必要性は少なく、多様な種類の交通管理システムが必要になるかもしれない。

5. **小売業と飲食業**——小売店は輸送のインフラとして自動運転車を利用するようになるかもしれない。レストランのデリバリー注文を扱うオロという会社は、最近自社のディスパッチ・プラットフォームを拡大し、レストランとウーバーのソフトウェアを統合して、オンデマンドの配達ドライバーを実現させた。[11] このソフトウェアはまた、食事の質を最適化するために、配達範囲や調理スケジュール、料金をデリバリーシステムによって調整できる。このような状況になれば、自動運転車はあらゆるビジネスで利用できるようになるし、店の設計や配置にも影響を与えることになる。オロは最近アマゾンと提携して、このようなサービスを提供している。[12]

6. **不動産**——自動運転車は不動産の評価にも影響を与えるだろう。多くの都市部は、状況によっては駐車がアクセスの妨げにならなくなるので、ますます価値が上昇する可能性がある。都市部の駐車場はこれまでよりも有益に利用される。逆に、交通が減少し、通勤時間を運転以外の作業にあてられるので、郊外の価値も上がるかもしれない。こうした変化は、企業のオフィスの選択肢に影響を与える。

さらに列挙することもできるが、要点はわかってもらえたと思う。自動運転車導入による戦略的影響は大きく、複数の産業に及ぶだろう。このようなトレンドが実際に訪れるのだろうか？　確かなことは誰にもわからないが、前述した内容のいくつかは、またそれ以外のことでも、起きる可能性は高いように思われる。だが、この思考訓練から疑問が浮かび上がる。自動運転車（または他のテクノロジー）が会社のビジネスモデルをめぐる競争環境をどのように再編するかについて、あなたの会社は同様の思考訓練を行っているだろうか？　前述した思考訓練は、単に一つのテクノロジーが一般社会にもたらしうる影響をいくつか示したにすぎない。このような影響とは違う形で、自動運転車はあなたの産業に影響を与えるかもしれない。その他のテクノロジーの場合も――大きなものを挙げれば、3Dプリンター、AR、VR、IoT、ブロックチェーン、AIなど――同じような影響は避けられないし、あなたのビジネスにさらに大きな影響を与えるかもしれないのだ。こうした戦略的不確実性に直面したとき、マネジャーはどうすべきだろうか？

産業をリバースエンジニアリングする

もう一つの生産的アプローチは、多様なテクノロジーのトレンドがあなたの業界をどのように再編しそうか、とことん考えることだ。このアプローチの長所は、最近わたしたちが出席したヘルスケアIT会議で明らかになった。ほかのプレゼンターたちは、最新の電子医療記録（EMRつまり電子カルテ）の導入を踏まえた次段階への推進策を考えていた。これに対し、わたしたちは参加者に、今後一〇年ほどの間にこの業界に起きる情報技術の影響に関して、前述したような思考訓練を行うように勧めた。彼らがEMRを業界に普及させる頃までに、医療業界は様変わりする可能性が高いことが、すぐに明白になった。非構造化データとAIによって、彼らが取り組んでいるEMRシステムは、それが完成する頃には時代遅れになっているかもしれないのだ。ITインフラは非常に高額なので、大勢の医師が必要だと言う参加者もいた。しかし、ブロックチェーン技術なら、データを組織全体に流すことが可能であり、組織の間で一貫した治療が可能になる。よって、大勢の医者がデータ管理と一貫した治療提供をする必要は、なくなるかもしれないのだ。

その医療ワークショップの参加者たちは――みな頭が良く献身的で、洗練された人たちだ――組織を現在のデジタルインフラに適合させようとして、戦略的思考で間違いを犯していたのだ。彼らが現在の環境への適応を終えた頃、彼らが適応していたデジタル環境はまったく違ったものになっているとは、考えなかったのだ。

アメフトのクォーターバックやサッカー選手、ホッケー選手、スキート射撃選手はみな、標的を倒したいなら、動く標的に先んじる必要があることを知っている――標的が現在いるところではなく、標的がこれから動く場所を狙うのだ。プロのアイスホッケー選手ウェイン・グレツキーの本質を突いた発言は、よく取り上げられる。「わたしはパックがある場所ではなく、パックがこれから行くところに向かって滑る」。また、「ショットを打たなければ一〇〇パーセント外れる」とも。グレツキーと同様に、デジタルに成熟した企業は、テクノロジーを動く標的だと認識しており、自らの組織を未来のインフラに適応させるようになる。

第4章のポイント

わかっていること(What We Know)

- 明確で一貫したデジタル戦略の存在と社会化は、企業のデジタル成熟度にとって唯一最大の決定要因である。
- 一般的に、技術的スキル不足とマネジャーのデジタルトレンドについての無理解は、デジタル戦略成功の最大の障壁ではない。これよりも大きな障壁となるのは、マネジメントやリソースのその他優先事項とのせめぎ合いである。

実行できること(What You Can Do about It)

- 時間をかけてデジタル戦略を考案し文書化する。そのプランに描かれる現実では、今とはどのように異なる行動をとることになるのか、個人個人が理解できるように留意すること。「ここからあそこへ」の戦略的側面が確実に把握できるように記す。
- 「未来のストーリー」を創造し、共有する機会を社員に与える(つまり、戦略に描かれた現実が実現したらどのようになるか、ということ)。
- 顧客とエコシステムのパートナーに、戦略とストーリーの耐圧試験に参加してもらう。戦略の描く現実が現れた場合、あなたとの相互作用がどのように変化するか、彼らが理解できるように気をつけること。
- 戦略の成功にとって大きな障壁となるものを評価し、対処して乗り越えるために必要な具体的アクションを見つける。

第5章

デジタル戦略に対するダクトテープ的アプローチ

デジタル戦略とは、持続可能な競争優位に導くようなやり方で、変化する環境に組織を適応させることである。アフォーダンスというアカデミックな概念は、デジタル戦略のこの先を見越した視点にとって好都合だ。アフォーダンスとはもともと心理学の分野でジェームズ・J・ギブソンが提唱した概念で、人間またはその他の動物が周囲の環境と相互作用できることを意味する。アフォーダンスは、動物や環境を互いに分離したものとして扱うのではなく、緊密に絡み合ったものとして扱う。環境が動物のとれる行動を決定し、動物（とくに人間）は、その行動能力を変えるような方法で、環境を変えることができる。たとえば、電球の主要なアフォーダンスは、人間が夜間にものを見られるようにする力だ。このアフォーダンスは一方で、別の動物の行動、とくに夜行性動物の行動を制限する。

のちにコーネル大学教授となったギブソンは、第二次世界大戦中、アメリカ陸軍航空隊の研究所長として、飛行機の操縦が視覚に与える影響について研究した。彼は「アフォーダンス」という用語を、一九六六年出版の『生態学的知覚システム』（東京大学出版会、二〇一一年）

をはじめとする、多くの著作で使った。一九七九年に出版された『生態学的視覚論』（サイエンス社、一九八六年）では、アフォーダンスの定義を次のように示した。「環境のアフォーダンスは、環境が動物に与えるものであり、良かれ悪しかれ環境が提供するものである。アフォード（afford）という動詞は辞書に記載されているが、アフォーダンス（affordance）という名詞は記載されていない。これはわたしの造語だ。既存の用語が表さないような形で環境と動物に言及する何かを、この言葉に込めている。アフォーダンスは、動物と環境の相補性という意味を含む」[1]。

後年、アフォーダンスの概念は、人とテクノロジーの相互作用を説明するために、コンピュータ科学と情報システムの分野で取り上げられた。情報技術は、その技術がなければ不可能だった行動を可能にする機会を生み出し、特定の環境における人間と組織の行動を変化させた。この場合もやはり、アフォーダンスの視点は、人間と情報技術が根本的に深く絡み合っていることを示す。テクノロジーが人間と組織の実行可能な行動を変えるだけではなく、人間と組織によるテクノロジーの利用方法が、実際にテクノロジーの影響を変えるのだ。

最近になって、この視点は組織レベルにまで広がってきた。テクノロジーは、それが用いられる組織の環境を変化させることができ、一連の新たなアフォーダンスを可能にする。企業が新たなデジタルアフォーダンスを学び採用するにしたがい、組織はそれに応じて変化する必要があるだろう。その証拠に、ハーバード・ビジネススクール教授のカーリス・ボールドウィンと共著者のキム・クラークは、過去一世紀にわたり、組織はその時代に優勢なテクノロジーのニーズを満たすよう設計されてきたと、大胆にも指摘している。[2] デジタル戦略に関してアフォーダンスの視点が主に示唆するのは、テクノロジーの特徴から、人と組織の新たな戦略的行動をテクノロジーがいかに関わらせることができるかへと、焦点が移るということだ。

ダクトテープとデジタル戦略

根本的には、テクノロジーを所有し用いるだけではビジネスに優位性をもたらすには不十分だということを、アフォーダンスの視点は示唆する。これは一見明白に思われるかもしれないが、そうではないかのごとき組織の行動が多くて驚かされる。最新のテクノロジーを導入するだけで事業展望が良好になると、彼らは考えているのだ。あるいは、テクノロジーの可能性から恩恵を受けるためには組織の変化が必要になるのだが、その変化を起こす時間やリソースを投入せず、テクノロジーの導入だけに全労力をつぎ込んでいるのだ。

複数の機能をもつ非デジタル物体の恰好の例は、ダクトテープだ。ダクトテープは一九四〇年代に、ジョンソン・エンド・ジョンソン社の科学者によって開発された。戦時中のさまざまな用途に対応できるように、耐久性と柔軟性を備えたテープを開発することが目的だった。もともとの色はアーミーグリーンで、撥水加工を施してあったことから、アヒル（ダック）にかけて、ダックテープと呼ばれていた。第二次世界大戦後、金属のダクト（導管）

をまとめるなどの用途で、建築工事に使われるようになった。その後、テープの色は灰色になり、「ダクトテープ」という名称に変わった。[3] ダクトテープが民間で利用され始めたばかりの頃は、文字通りダクトを密封するために使われていたが、今では驚くほど多様な用途で知られている。たとえば衣類の装飾品として、財布を作る材料として、宇宙飛行の問題解決のために使われ、ベトナム戦争時にはヘリコプターの回転翼を固定させるために使われたりした。水を運ぶ容器を作るためや、さらにはイボの治療など、ほかにも実にさまざまな用途がある（実を言うと、この例のほとんどはウィキペディアのダクトテープの項を読んで拝借したのだが、この項目はとても興味深かった）。

アマゾンで「ダクトテープ」と検索すると、家の修繕、工作、治療、チーム作りのゲームなど、さまざまな可能性を秘めたテープの用途を紹介する本が何十冊もあることがわかる。[4] 最初に挙げられていたのは、『子どもの工作　ダクトテープで作ろう――おサイフ、カバン、お花、帽子まで作れちゃう（A Kid's Guide to Awesome Duct Tape Projects: How to Make Your Own Wallets, Bags, Flowers, Hats, and Much, Much More!）』という本だった。ある著者など、ダクトテープの利用法についてシリーズで九冊（！）も出版していた。テレビ番組「怪しい伝説（Mythbusters）」では、ダクトテープを取り上げた回もある。ダクトテープの〝正しい〟用途は一つしかないと断定するのはバカげたことだ。必要性と興味次第でいろいろな使い道が見つかる。

これと同じように、特定のテクノロジーの〝正しい〟用途が一つしかないと断定するのは、やはりバカげたことだ。デジタルの世界でダクトテープに相当する一つの例としては、ツイッターが挙げられるだろう。企業はこのプラットフォームに対し、自らのニーズに応じて、驚くような使い方をするようになった。なかには——多くの大手系列放送局のように——自分たちのコンテンツを広める手段としてツイッターを使う企業もある。ほかの企業でも、たとえばデルタ航空やジェットブルー航空、サウスウエスト航空などは、顧客サービスに有効なツールとしてツイッターを利用し、流動的なサービス環境で顧客サポートを提供できるようにしている。また、ビジネスインテリジェンスツールとして利用している企業もある。医療保険会社であり医療機関も運営するカイザー・パーマネンテは、事業運営で改善すべき点をつきとめるために、ツイッターで収集した顧客のデータを利用している。同社は、駐車場不足が顧客の不満のなかでもっとも多いと知り、ジオタグ（位置情報のメタデータ）を用いてどの設備に大きな問題があるのかをつきとめた。自動車メーカーの日産は、自社の販売キャンペーンの告知にツイッターを役立てている。日産は大きなモーターショーでスーパーカーのGT－Rを発表するようすを、ペリスコープというツイッターの動画配信アプリでライブ配信した。ツイッターで投稿されるファンからのリアルタイムのフィードバックにより、新車のデザインでもっとも興味を引いた点を知り、その後日産は、このときの情報を販売キャンペーンの企画に利用した。[5] アメリカの赤十字とアメリカ地質調査所は、キーワードを使ってモニターし、従来のルートを利用するよりもすばやく自然災害をつきとめている。

　アメリカでは、ツイッターが政治ツールとしても浮上するのをわたしたちは目の当たりにしている。政治家は思想やメッセージをリアルタイムで伝えられるし、自動化された膨大な数のアカウントは、特定の見解が実際よりも広範に支持されていると思われるように、特定のメッセージを増幅できる。すべてのテクノロジーがツイッターのように多種多様な戦略的アクションをとれるわけではないが、ここで重要なのは、事業目標を支援するテクノロジーの〝正しい〟使用方法は複数ある、ということだ。したがって、ツールやプラットフォームがどのように自分たちの役に立つのか見つけることが、組織にとっての課題となるだろう。

隠れたアフォーダンスを見つける

アフォーダンスの視点が組織のテクノロジーについてもう一つ示唆しているのは、テクノロジーがもつとされる戦略的意味合いは一目瞭然ではない可能性があるという認識である。アフォーダンス関連の文献では、これを「隠れた」アフォーダンスと呼んでいる。効果を発揮する可能性はあるが、それがすぐには気づかれないアフォーダンスのことだ。隠れたアフォーダンスの潜在的な戦略行動は、組織がそれを使い始め、その可能性を以前にも増して意識するようになったとき、はじめて明白になる。アフォーダンスの視点が示しているのは、デジタル成熟度を高める道のりは、テクノロジーと組織の環境が時間とともに相互に影響する反復的プロセスであり、直線的な前進ではない、ということである。

テクノロジーはそれまでと異なるやり方で働く機会を生み出し、異なる働き方は、テクノロジーを業務プロセスに注入する新たな機会を生み出す。ビジネスの優位性のために新しいテクノロジーをいかに使えばいいか、こうした活動の新たな可能性を促進するためにそのプロセスと構造をいかに適応させたらいいか見つけ出すには、組織に時間が必要になることが多い。たとえば、わたしたちがインタビューしたある企業は、専門知識をもつ人物を社内で見つけ出す専門家特定ツールを導入した。このツールは、社員が作成したデジタルコンテンツを分析し、知識のプロファイルを自動的に作成する。このテクノロジーの目的は、社員がどんな知識をもっているのか社内の人たちに気づかせることだった。ところがそれ以上に大きな影響は、自分たちのどんな知識が他者にとって大きな価値があるのか、社員が理解するのに役立ったことだ。これは彼らの本来の役割とはかなり異なるか、非常に有益だと彼らがみなしていることとは、かなり異なる場合が多い。企業がこのテクノロジーで気づいたもっとも価値ある戦略的優位性は、テクノロジーが導入された当初には考えもつかなかった。社員が仕事をするうちに隠れたアフォーダンスをつきとめる可能性もある。新しい使用事例が判明したら、リーダーはそれを取り上げて組織のほかの人たちに知らせることができる。

コラム7

ＫＬＭによる進んだツイッター利用法

隠れたアフォーダンスの概念を詳しく説明するために、再びツイッターの例に戻ろう。オランダの航空会社ＫＬＭは、ツイッターの技術をどんどん利用するにつれ、思いもよらなかった使い方を考えついた。その他多くの航空会社と同様に、ＫＬＭは当初ツイッターを、ソーシャルメディアマーケティングのプラットフォームとして利用していた。

二〇一一年、アイスランドの火山の噴火により、ヨーロッパ中で数日にわたり飛行機の旅行に支障が生じた。だがそのとき、ツイッターが、運行の乱れを打開する同社の計画を伝える、強力な顧客サービスのツールになるのではないかと、ＫＬＭは気づいた。結果として、顧客の助けとなる効率的かつ効果的な方法だとＫＬＭの経営陣が実感して、顧客サービスにツイッターをさかんに利用するようになった。

顧客サービスに利用し始めると、セキュリティチェックを通過したあとの乗客に遺失物を届けるため、ツイッターが遺失物取扱いシステムとして非常に役立つかもしれないと気づいた。乗客が遺失物を受け取るためにセキュリティを戻ることは認められていない。しかし社員なら、セキュリティを通り抜けて遺失物を顧客に届けられる。ＫＬＭがツイッターを一つのビジネス目的で使ったところ、別の利用法も明らかになったのだ。

加えて、常時利用により気づいたこうした可能性から、顧客に対する組織の障壁も判明した。たとえば、顧客サービスの手段としてツイッターとその他ソーシャルメディアに大いに頼るようになるにつれて、世界的な航空会社として、ＫＬＭはいくつもの時差を超えて多言語でサポートする必要があることに、経営陣が気づいたのだ。テクノロジーによって可能になった新たな活動に適応するため、同社はさらなるリソースを開発する必要があった。

進行するアフォーダンス——走る前に歩く

隠れたアフォーダンスの概念から、組織は効果的なデジタル戦略に向けて成長する必要があることがわかる。わたしたちの調査によれば、デジタル戦略の目標は成熟の段階によって異なる。初期段階の企業は主に、顧客サービスと顧客エンゲージメントの向上を重視する。これらに加えて、発展段階の企業はイノベーションとビジネスにおける意思決定を重視する傾向にある。一方、成熟段階の企業は、こうした戦略目標に事業変革が加わる傾向が強い。実のところ、最高のデジタル成熟度に達すると、このすべての目標が関わるようになる。

こうした調査データからいくつか読み取れることがある。一つ目は、テクノロジーを用いて走る前に歩けるようになる必要がある、ということだろう。顧客サービスの向上と効率化という基礎をまだ習得していないならば、初期段階の企業がいきなり事業変革に取りかかろうとしてはいけない。基礎に重点的に取り組むことで、組織はテクノロジーを活用できるようになり、その影響を最大限にするために必要な組織的変化を起こせるようになる。その後、こうした基本的能力を足場にして進むとき、テクノロジーの活用により、隠れたアフォーダンスやイノベーションの可能性、意思決定が現れるようになる。新たなイノベーションとデータ駆動型の意思決定を習得した頃になると、企業はもう事業変革を検討する準備ができているはずだ。初期段階の組織には、変革を行う知識はまだ備わっていない。

二つ目は、成熟レベルは漸進的に高まるのではなく、種類が違うのかもしれないということだ。成熟段階の企業は、初期や発展段階の企業とは著しく異なる方法で機能する。次の段階に進むためには、デジタル的な取り組みが得意になるだけでは十分ではないのかもしれない。成熟の次の段階に達するには、企業はこうした取り組みに対してそれまでとは違うアプローチが必要になるのかもしれない。現段階に到達するためにしたことと同じことをしても、次の段階に行けるわけではない。

三つ目は、デジタルに成熟している企業と成熟していない企業との差は大きく開いていく、ということだろう。もっとも成熟した企業はなお、異なるやり方でその優位を利用しようとしている。デジタルトランスフォーメーションにいたる本当の道は、企業が成熟段階に達した時点で、ようやく始まるのかもしれない。武道では、黒帯は専門技能の象徴ではなく、その武道の基礎を習得したという成熟の象徴だ。「あなたは基礎を習得したので、本当の訓練を開始する準備ができている」という意味だ。[6]

成熟段階の企業が達成しようとするも決して実現することができない、成熟の四番目の段階が仮にあるとすればどんなものか、わたしたちは幾度となく考えを巡らせてきた。だが、デジタルに成熟している企業が抱く、このプラトン的理想の実現という目標は、さらなる向上心と新たなビジネス努力を彼らが継続するには十分である。これについては第15章で取り上げる。

誤ったアフォーダンス――デジタル〝プラシーボボタン〟

デジタル戦略のアフォーダンスの視点は、誤ったアフォーダンスの可能性も浮き彫りにする。誤ったアフォーダンスとは、現実にはまったく機能しない行為のことだ。誤ったアフォーダンスの恰好の例は、いわゆるプラシーボボタンだ。歩行者横断用の交差点の信号の押しボタンは実は何の役目も果たしていないという記事が、最近『ボストン・グローブ』紙に掲載された。[7] しかし、自分の行動が記録されていると思えば、人は信号が変わるまで待つこともいとわないだろう。同様に、急いでいるとき、エレベーターの動きが速くなるわけでもないのに、何度もエレベーターのボタンを押しがちになる。それにたいていの場合、エレベーターの「閉」ボタンにドアを閉める効力はない。[8] デジタル戦略はとくに、この誤ったアフォーダンスの影響を受けやすい。誤ったデジタルアフォーダンスは、組織の効果的な機能に実際には何の貢献もしていないのに、デジタルに成熟しているという認識を組織に与える。マネジャーは、組織のビジネスを実際に変えるかどうか検討せずに、「すごい」と思わせる派手なツールに惹かれがちである――これは、デジタルにおける信号の押しボタン、またはエレベーターの「閉」ボタンに相当する。

二つの衣料品ブランドを比較することで、この趣旨はもっとも明確になるだろう。[9] ある高級衣料品店のマンハッタンの旗艦店は、派手なテクノロジーに投資した。たとえば、デジタル試着室やRFID［かざすだけでRFタグ（非接触ICチップを使った記憶媒体とアンテナ埋め込んだタグ）内の情報を読み書きできるシステム］、顧客が選んだアイテムに合う商品を推薦する高度なソフトウェアなどだ。このテクノロジーは高額だったうえに、顧客に真の価値を提供するというよりも、単に目新しさが勝るものだった。価値よりもトラブルが上回ることが判明し、結局このテクノロジーによるサービスは中止された。

対照的に、ザラ――世界的に急成長を遂げている企業の一つ[10]――は、人気のあるデザインからヒントを得て、数日のうちに服を市場に届けることによって、「ファストファッション」の提供にITインフラを利用していると、高い評価を受けることが多い。だがこのような優位性を促進するITインフラは、テクノロジーの視点からすれば、わりと初歩的なものだ。小売業界のほかの多くの企業が苦戦しているなかで、ザラがテクノロジーにかける費用は業界平均のおよそ二五パーセントだが、現在も成長を続けている。二社の比較から、先端テクノロジーの獲得と展開は強力なデジタル戦略の代わりになるものではないことが明らかになる。テクノロジーよりも、テクノロジーによって可能になる戦略のほうが勝るのだ。

確かに、デジタルに成熟している企業は成熟していない企業と比べて、戦略について異なる考え方をする（図5-1）。初期段階の企業は、デジタルビジネスについて何か行動を起こすよりもそれについて論じるほうが多い、と調査で回答した。発展段階の企業においては、デジタル戦略は中核事業にほとんど影響を及ぼさない単発構想とみなされているという。これと対照的に、デジタルに成熟している企業は、デジタル戦略は組織のビジネス戦略の中核

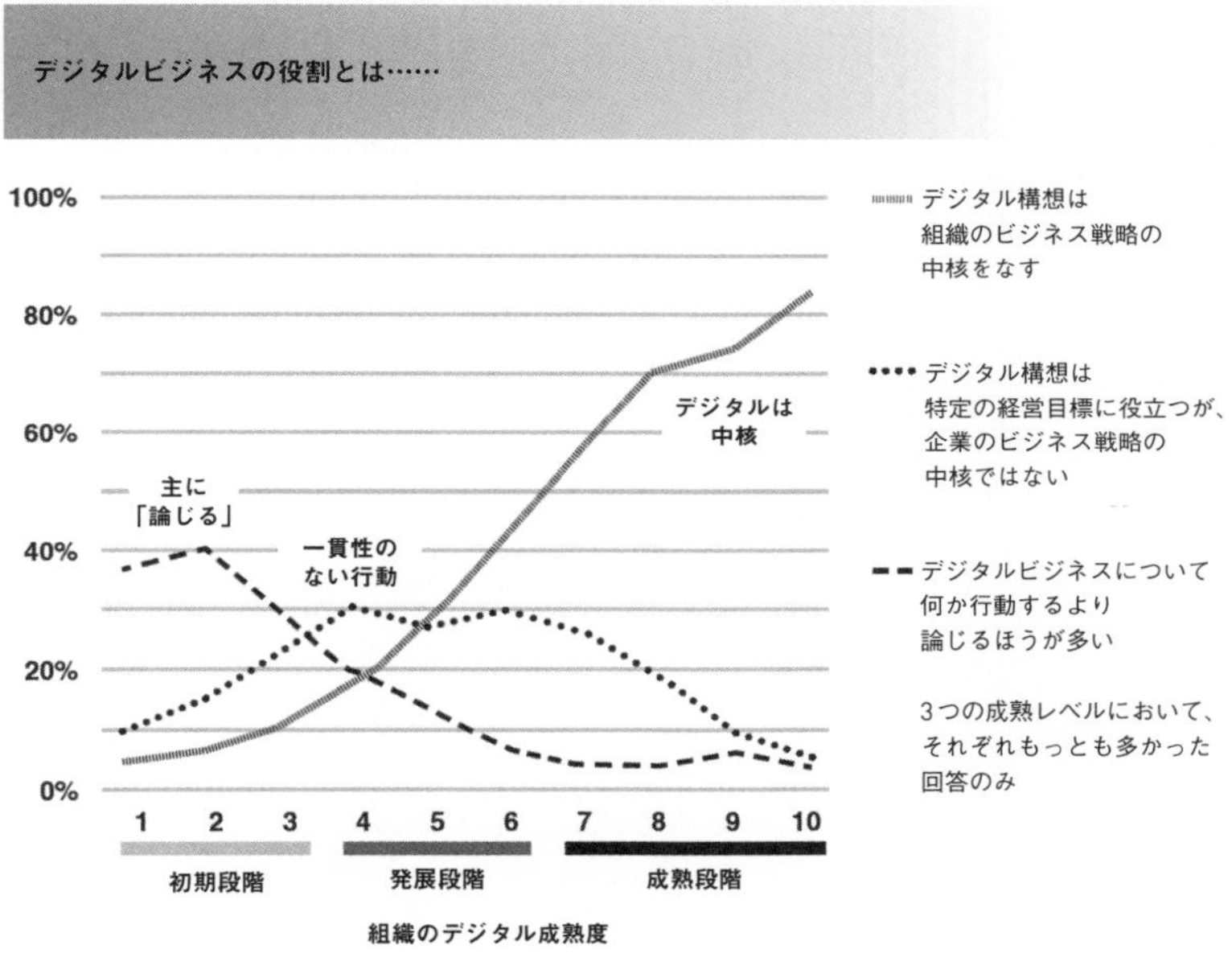

図5-1

をなす、ときっぱり回答した。

この回答によって、何年にもわたる研究のなか調査を通じて明らかになったわたしたちのテーマは、さらに継続する。デジタル戦略とは、組織が同じ方法でもう少し効率的にビジネスを実践できるように、新しく構想を練ることではない。むしろ、組織の内外のあらゆるビジネストレンドを踏まえて、いかにビジネスを実践するか根本的に再検討することを意味する。新しいサービスや収入源、社員と触れ合う方法を見つけることを意味する。

集合的アフォーダンス

アフォーダンスに関する多くの論文で、個人と環境の関係が取り上げられている。利害関係者全員が著しく異なるやり方でテクノロジーを利用している場合、組織は効果的に機能しない可能性が高くなる。カリフォルニア大学サンタバーバラ校のポール・M・レオナルディ教授は、テクノロジーによって可能になる行動を、組織内のその他ユーザーと一致協力しながら、あるいは相互に補完しながら組織が活用するべきだとして、集合的アフォーダンスという概念を提唱する。[11] 新しいテクノロジーを用いて共通のアクションを起こす集団は、各自それぞれ異なる方法でテクノロジーを利用する集団よりも、実績を上げていた。[12]

集合的アフォーダンスの必要性は、デジタル戦略を効果的に実行するために、経営陣と社員間の強固なコミュニケーションの重要性を高める。新しいテクノロジーを実行するだけでは十分ではない。可能な用途や何がもっとも有益な用途なのかは必ずしもはっきりしないので、そのテクノロジーを用いて何をするのか社員も理解すべきである。コミュニケーションには、明確なリーダーシップと、デジタル戦略のビジョンを社員に理路整然と伝えていくことが必要になる。また、そのビジョンが現実の世界でどのように実行されているか、社員の情報に耳を傾け、テクノロジーが実際に使われている方法を考慮して、ビジョンを修正することも必要になる。

社員は、デジタル戦略への意図せぬ障壁やデジタル戦略の影響を感知する、有効なセンサーとしての役割も果たせる。彼らがこうした問題を報告すれば、経営陣はそれに応じた戦略を採用できるようになる。役付きでないリーダーは、デジタル戦略の実行中に発生した予期せぬ問題に対処する貴重な第一対応者になれる。したがって、戦略を彼らに伝えた時点で、問題をつきとめた際に行動できるように、彼らにある程度の自由裁量を与えるべきである。実際わたしたちの調査でも、デジタルに成熟している企業は、組織がデジタルトレンドに迅速に対応できるように、意思決定を組織階層のはるか下方にまで認めていることがわかっている。これについては、第12章で掘り下げる。

第5章のポイント

わかっていること(What We Know)

- アフォーダンスの視点からすると、テクノロジーの価値は、単にそれを所有することだけではなく、そのテクノロジーがビジネスにもたらす新たな可能性にある。ダクトテープのように、一つのテクノロジーが数多くの戦略的な動きを引き出す可能性がある。
- 隠れたアフォーダンスとは、導入当初は明白でない、テクノロジーがもたらす戦略的な動きを指す。それはテクノロジーを活用するにつれて現れる。
- 進行するアフォーダンスとは、次の能力に取り組む前に、ある種の能力を習得しなくてはいけないということを示す。組織は多くの場合、効率性／カスタマーエクスペリエンスの改善から、イノベーション／意思決定の改善、さらに事業改革へと進む。

実行できること(What You Can Do about It)

- テクノロジーの事例、とりわけ、想定されていないテクノロジー利用の事例を用いて、全社で共有するプロセスを開発する。他者の成功と失敗から組織が学べるようにする。経営会議とコミュニケーションの場でこれを必ず取り上げること。
- 得た教訓を全社で共有する取り組みを、第2章のポイントで取り上げたパイロット版学習の必須要素にすべきである。

第2部

デジタル時代のリーダーシップと人材を再考する

第6章

デジタルリーダーシップは魔法ではない

リーダーシップ。「リーダーシップ」という言葉は、わたしたちに力強い印象を与える。わたしたちはその概念を、戦士や政府の役人、官僚から政治活動家、CEOまで、実在であれ架空であれ、さまざまな種類の人物と結びつけている。その人だったら、いついかなるときでも、どこへでもついて行こうと思えるリーダー像を、誰もが抱いている。それが個人的経験や事実に基づく場合もあるが、多くは一個人についてできあがった虚像で、時間とともに尾ひれがついたものだ。アマゾンを見てみれば、リーダーやリーダーシップについて書かれた本がゴマンと見つかる。その多くは、リーダーシップについて知られざる秘密を伝えると謳っている。たとえば、『アッティラ王が教える究極のリーダーシップ』（ダイヤモンド社）や、『「最高のリーダー」の秘訣はサンタに学べ』（文響社）まで、このジャンルの本は多岐にわたる。最近その生涯がミュージカルになりブロードウェイでヒットしたアレクサンダー・ハミルトン［一七五五―一八〇四　政治家、思想家。アメリカ建国の父の一人］のリーダーシップについてまとめたオーディオブック『ハミルトンのリーダーシップの秘訣――アレクサンダー・ハミルトンと建国の父

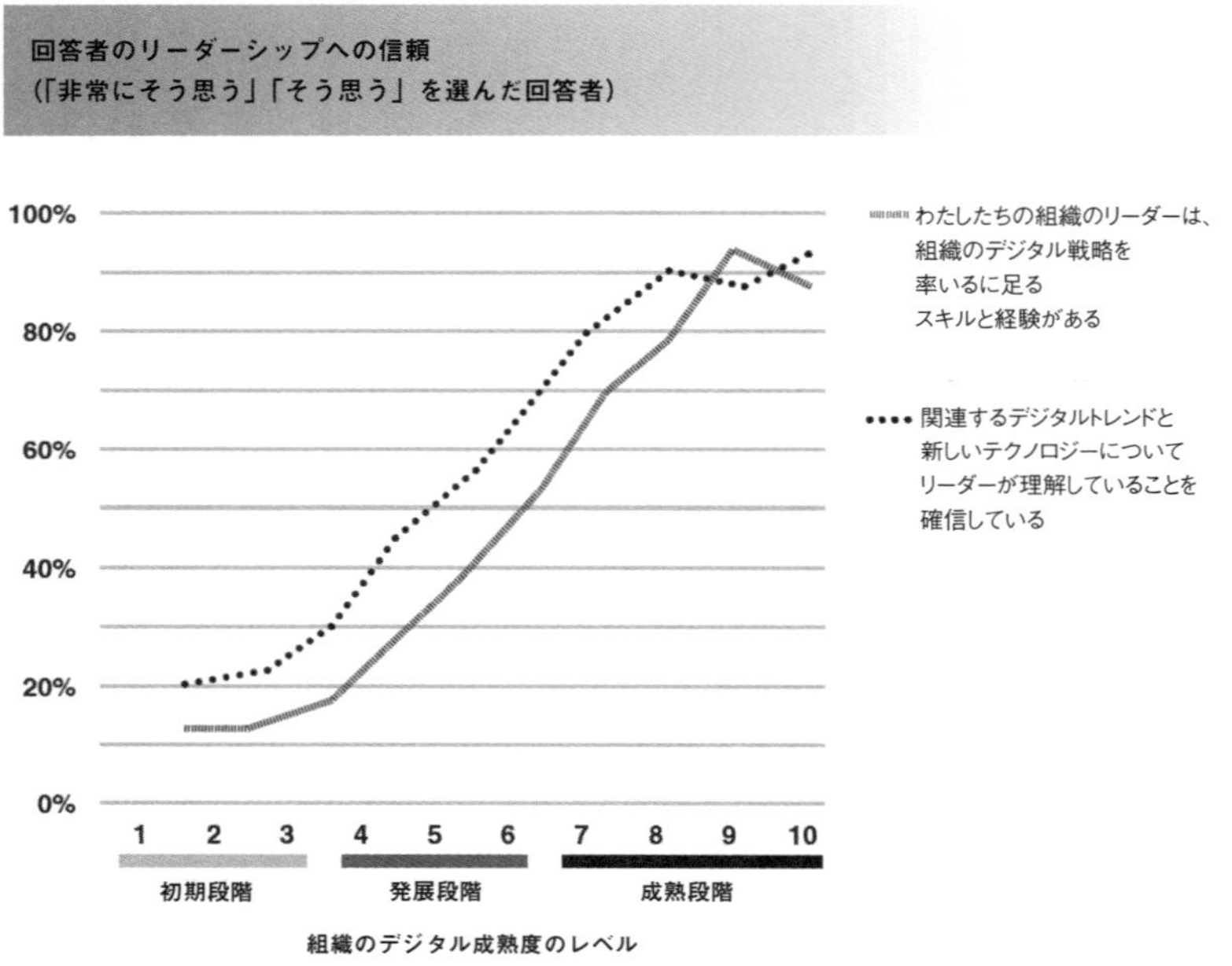

図6-1

たちの革新的リーダーシップのための七つのステップ（The Leadership Secrets of Hamilton: 7 Steps to Revolutionary Leadership from Alexander Hamilton and the Founding Fathers）』も、このジャンルに含めるに値する。

わたしたちがリーダーシップに強い興味を抱くのも驚くには当たらない。破壊と急激な変化の時代に、忍耐力を引き出し成功へと導いてくれるリーダーに、人は憧れるものだ。騒然としたビジネス環境で組織が足場を探すとき、組織を新しい現実に導くずばぬけたリーダーが必要になる。リーダーには、人が集まるビジョンを生み出すことが求められるだけではない。最高の人材を引きつけ、そのなかでも最高の人たちを取り込むことによって、デジタル面の成熟を可能にする状況を作り出すことも求められる。だが、わたしたちにヘンリー・フォードやマハトマ・ガンジー、ウィンストン・チャーチル、はたまたフィル・ジャクソン〔一九四五－　バスケットボール指導者、元選手〕――自分の好きなリーダーでかまわないのだが――が必要なのかどうか、ぜひとも知りたいところだ。

効果的なリーダーシップが、デジタル成熟度に関してもっとも重要な要因であることが、わたしたちの調査で判明した。自分の組織のリーダーにデジタル戦略を率いるうえで十分なスキルと経験があると信頼を示したのは、成熟度が初期段階の企業では、二〇～三〇パーセントだった（図6-1）。対照的に、成熟している企業のおよそ九〇パーセントが、リーダーシップを信頼していると答えた。では、デジタル成熟度が初期段階の企業は、効果的なリーダーシップの特徴について、成熟している企業からどんなことを学べるだろうか？

デジタルリーダーシップの課題

デジタルディスラプションに関わる急激な変化は、リーダーシップの性質についてわたしたちが抱く概念に疑問を抱かせ、混乱を引き起こしかねない。多くの人は、時代が異なれば異なるタイプのリーダーが求められると、固く信じている。戦時中は、平和時と異なるリーダーが国家に必要になる、好景気には、経済危機のときとは異なるリーダーが国家に必要になる、という具合に。たとえば、ハーバード・ビジネススクールの助教授ゴータム・ムクンダが『フォーチュン』のブログに寄稿した、「ジェファーソンとリンカーン――異なる時代には異なるリーダー」という記事を読むといい[1]。わたしたちの中に深く根づいた「異なる時代には異なるリーダー」という信念は、デジタル環境のリーダーシップの議論にも影響を与える。なかには、「デジタル時代にすべてのルールが変わった。リーダーシップの手引書をすっかり書き換える必要がある」と言う人もいる。かつて成果を上げたリーダーは、この時代にはもう成果を上げられないという結論に、多くの人が飛びつく。

だが、本当にそうだろうか？　リーダーシップの本質はデジタル時代に変わるのだろうか？　本当にリセットボタンを押す必要があるのだろうか？　あるいは、高まる不確実性のせいで、わたしたちは本質的要素を忘れて、最新のきらびやかに輝くものに目を奪われているのだろうか？　異なるものより同じもののほうが多いというのに、現状への脅威に大きな警鐘が鳴らされているせいで、異なるものにフォーカスしているということがありはしまいか？　最高マーケティング責任者や最高人材責任者といった役割の人たちは、急速に変化するテクノロジーに手広く対処したことがないにもかかわらず、デジタル時代の指導者として責任を負う。この事実が、効果的なデジタルリーダーシップに関するわたしたちの見方を複雑にしているのではないだろうか？

デジタルディスラプションで求められるものと緊密に結びつく特徴もあるが、とりあえず、効果的なリーダーシップの特徴の一部は変化していないと仮定してみよう。問題となるのは、どっちがどっちなのかということだ。効果的なリーダーシップのどの原則がデジタルディスラプションに左右されないのか、そしてどの原則がこれに適応する必要があるのか？　今までうまくいっていたことを堅持すべきときはいつか、そしてリーダーシップの教則本を更新すべきときはいつなのか？

コラム8

スケーラブルな学習の世界のリーダーシップ

変化のスピードが加速し、多くのことが新しく未知なデジタル時代においては、学習が不可欠になる。デロイト・センター・フォー・ジ・エッジの共同所長ジョン・ヘーゲルは、さまざまな組織の最前線にいるワークグループについて研究を重ね、彼らがもたらす希望について述べている。[2]こうしたグループは三人〜一五人と少人数で、密接に関連して切り離すことのできない仕事を一緒にし、それに大半の時間を費やしている。彼らは保安要員から救急病棟担当まで多岐にわたり、主にボトムアップで形成され、その場で臨機応変に対応し、仕事をしながら考案する。彼らはほかのワーキンググループよりもすばやく学び、その過程で新たな知識を生み出しながら、次々とパフォーマンスを改善する。しかし、こうした環境が発展し、グループが前進するためには、ある種のリーダーシップが必要になる。

組織（とリーダー）は従来、スケーラブルな効率性にフォーカスしてきた。そうした環境にいる強いリーダーの特徴を、ヘーゲルは次のように表現する。「過去の効果的なリーダーシップのモデルは、あらゆることに答えることができ、行くべき方向とすべきことを正確に知っており、何をすべきか明言できる人だった。どんな問題であれそのリーダーが答えを出してくれるものだと、誰もが期待する。答えがないと言うことは断じてない。それは弱さの表れだ。もしそうなれば、その人物は用済みとなり、答えをもつ誰かほかの人に置き換えられる」。

組織はデジタル環境において、「スケーラブルな効率性」から「スケーラブルな学習」の世界へと変化しなくてはならない。つまり、リーダーシップも変化する必要があるということだ。ヘーゲルは次のように述べる。「未来のリーダーシップは、どんなことにも答えを出せるのではなく、適切な質問――影響力のある相手を奮起させる質問――をしかける能力に基づくものになる。その場合リーダーは、『わたしには見当がつかないが、これは実に重要な問題だ。もし解明できたら、すばらしいことができるだろう』と言う」。これは従来とは異なるリーダーシップのモデルである――速く学べるように意欲を引き出し、グループで協力して答えを見つけるように促す環境作りに、重点を置くモデルである。

ウィルヘルム・ヨハンセン――遺伝子型と表現型

効果的なリーダーシップの特徴のなかで、どの特徴が時代を超えても変わらず、どの特徴がデジタル環境に適合する必要があるか、それに答えるために役立つ方法を生物進化論が示してくれる。進化論の世界では、チャールズ・ダーウィンが重鎮として存在感を放っている。自然淘汰や適者生存のような説は、一八五九年に出版されたダーウィンの有名な『種の起源』で最初に発表された。だが、ウィルヘルム・ヨハンセンの名を知っている人ははるかに少ない。ヨハンセンはデンマークの植物学者で、一九世紀後半から二〇世紀初頭にかけて植物研究を行った。彼は、同一の遺伝子をもつ種から大型または小型の植物を作り出すことが可能だと、結論を下した。この現象を説明するために、「遺伝子型」と「表現型」という用語を画期的な論文（とのちに出版された著書）で発表し、これは遺伝学の基礎を説く教科書となった。

ヨハンセンは、生物がもつ遺伝子を表現するために、「遺伝子型」という用語を使った。遺伝子型は生物の遺伝学的設計図である。受精時に確定し、生物の一生涯にわたり変化することはない。これと対照的に、表現型は生物の物理的特徴を表し、その特徴は遺伝学的設計図と環境の相互作用に起因する。環境次第で、同じ遺伝子型がまったく異なる表現型の特徴をもたらす可能性がある。たとえば、長身の遺伝子をもっている人物でも、その身長は、食事や気候、病気、ストレス、その他環境的要因にも影響を受ける。[3]

これは、デジタルリーダーシップの性質を理解するにはうってつけのたとえである。ただし、わたしたちは決して個人の遺伝子に言及しているのではなく、優れたリーダーの特質に言及しているという点に気をつけてもらいたい。本書の一貫したテーマとして、力強いリーダーシップとは学習可能な特質であり、もって生まれたもの、生来もち合わせているものではないと、わたしたちは考える。遺伝子型あるいは設計図は、効果的なリーダーシップのために目的を授ける、社員を鼓舞する、コラボレーションを促すなどの一連の特徴で構成される。こうした特質は、どんなときも優れたリーダーシップの本質であり、優れたリーダーシップの設計図を今後も定めるだろう。しかし、こうした基本的な特質は、デジタル環境においては、従来の環境とは異なる形で表現されることになる。

リーダーシップの基本（fundamentals）

リーダーシップに関する書籍は、スティーブン・R・コヴィーの『7つの習慣』（キングベアー出版）から、ジョン・C・マクスウェルの『リーダーシップ人間力の鉄則――部下の心に火をつける21の資質』（ダイヤモンド社）まで、数多く世に出されている。すでに利用できる豊富な文献やリソースに、わたしたちが取って代わろうとしているわけではない。ただ、今の時代にとくに重要なリーダーシップの中心的能力についてお伝えできると思う。そのうちのいくつかについては、本章と本書のほかのところで詳細に取り上げる。

・**方向性――ビジョンと目的を授ける。**ビジョンを抱き方向性を定めることは、いつの時代もリーダーシップの基本である。だがデジタル環境において、この能力は新たな意味を帯びる。わたしたちの研究では、これがリーダーシップでもっとも重要なスキルとして挙げられている。現代のビジネス環境は不確実性と未知の可能性に直面しており、リーダーは組織について、長期・短期の展望が備わった変革ビジョンをもたなくてはいけない。

・**ビジネスの判断――不確実な状況で意思決定を行う。**いつの時代でも、リーダーは健全な経営判断を示して、商業的見識と知恵を証明する必要がある。ますますデジタル化が進む環境では、これまで以上にすばやく決定を下し、不完全もしくは不確実な情報しかないまま、決定を下さなくてはならないことが多い。リーダーはもはや、投資利益率（ROI）の分析や早期のパフォーマンス測定を待っていられないかもしれない。

・**実行――異なる考え方をするように力づける。**どんな時代でも、リーダーは他人が結果を出すことを当てにするしかない。デジタル環境で効果的に結果を出すためには、リーダーは部下に対して、より創造的に考え、協力して仕事に取り組み、起業家のマインドセットに順応し、自らリーダーになるようにと力づけなくてはならない。

・**人の気持ちをかき立てるリーダーシップ――人がついてくるリーダーになる。**デジタルトランスフォーメーションやデジタルの成熟は、大きな変化である。ほかの人たちを導いて変化と不確実性を切り抜け、ビジョンを支えるためには、リーダーは人の気持ちをかき立てなくてはならない。強いられてついていくのではなく、ついていきたいと思わせなくてはいけない。

- **イノベーション——実験する状況を作り出す。**競争を望む組織にとってイノベーションは重要である。しかしイノベーションには、実験や継続的学習、それに——何よりも——リスクを冒すことが求められる。ほかの章で後述するが、失敗を恐れることは、多くの組織において実験とイノベーションの大きな妨げになる。リーダーはこの障害を克服し、心から実験したいと思わせる環境を生み出さなくてはいけない。
- **人材育成——継続的な自己能力の開発を支援する。**人材開発は、いつの時代でもリーダーシップの中心となる特質である。能力育成のために継続的学習が欠かせない環境では、リーダーは自己能力の開発を認め、実現できるようにしなくてはならない。これには、新たな挑戦の機会を社員に与えること、組織の外部での自主学習を支援することが含まれる（第8章と9章を参照のこと）。
- **影響力——ステークホルダーを納得させ影響を及ぼす。**後述するが、組織図に実線で示された階層構造はやがてなくなるだろう。それどころか、組織はピアツーピアのネットワークに見えるようになる。一人の支配者による権力はほとんど存在しない。むしろ、影響力と説得力が支援を築き、物事を達成するためのカギとなる。
- **コラボレーション——境界を越えてコラボレーションさせる。**第13章で取り上げるが、コラボレーションはデジタル成熟度の高い組織の中核をなす特質である。組織の内部では、部門の垣根を取り払い、クロスファンクショナルチームを増やすことによって、外部ではパートナーシップを拡大し、組織の境界を曖昧にすることによって、リーダーはコラボレーションを促進し実現させなくてはならない。

デジタルリーダーシップの性質を理解するときに犯す間違いを診断する

遺伝子型と表現型を用いた遺伝学のたとえは、デジタルリーダーシップについてリーダーが犯しやすい、次の三つの間違いを明確にするために役立つ。

1. 前述したように、成功するリーダーシップの遺伝子型はデジタル環境では根本的に変化する、優れたリーダーシップの中核はデジタル時代に直面する課題とデジタル機能のせいで以前と大きく異なる、と多くのリーダーが誤解していることだ。この誤解のせいで、リーダーたちは実証済みのリーダーシップの多くの教訓と経験をないがしろにし、それとはまったく異なるやり方で試そうとする。異なる環境で形成されたというだけで、これまでのキャリアで磨いたリーダーシップの有益な素質をないがしろにすれば、優れたリーダーでも誤った判断を下す恐れがある。
2. これは一つ目の間違いの反対で、優れたリーダーシップの表現型はデジタル環境でも変わらないと、リーダーが考えることである。優れたリーダーシップはやはり優れたリーダーシップのままだとはいえ、まったく新しい環境では、必然的に異なる形になるはずだ。カーボン紙やタイプライター、加算器がもう現代のオフィスで使われないように、ドットコム時代に構築されたリーダーシップのアプローチは、更新する必要がある。

3．多くのリーダーが、デジタル環境を利用してリーダーシップを示すという形式を、デジタル環境における優れたリーダーシップの表現型が発現されたものだと、勘違いすることだ。デジタルに物事を行うことが、自動的に人を有能なリーダーにするのではない。たとえば、デジタル環境で有効なコミュニケーションにはデジタルプラットフォームの利用が含まれるかもしれないが、こうしたプラットフォームを利用するだけで自動的に良質のコミュニケーションがとれるわけではない。それどころか、こうしたプラットフォームはあらゆる種類の情報伝達を容易にするので、優れたリーダーシップのみならず、お粗末なリーダーシップも増幅しかねないのだ。

同じままでよいものは何か？

わたしたちのデータに話を移そう。マネジメントの主な特徴のなかで、デジタルディスラプションでも変わらない特徴と、新たな重要性を帯びた特徴を明確にするデータがある。幹部クラスにわたしたちの調査の話をすると、「自分たちのこれまでのやり方とどう違うのか？」と聞かれることが多い。違わないと答えることも多いのだが、リーダーたちがデジタルディスラプションに直面すると、優れたリーダーシップを見失いがちになることには驚かされる。構想が失敗に終わった回答者の多くがこうした問題を報告していることからも、重要な教訓は繰り返すに値する。

①デジタルリーダーは構想の事業価値にフォーカスし適切に投資する

デジタルディスラプションでも変わらないリーダーシップの重要な特徴の一つは、デジタル構想の価値にフォーカスすることの重要性である。この教訓は言わずもがなだと思われるかもしれない。だが、リーダーはテクノロジーの側面に集中するあまり、そもそもなぜそれに取り組んでいるのか——つまり、自分たちの会社のやり方を改善するためだということを忘れてしまう。テクノロジーは、デジタルトランスフォーメーションの目的のほんの一部にすぎない。デジタルトランスフォーメーションの目的となるのは、そしてさらに重要なことは、新しいテクノロジーを用いて、新しいビジネス戦略、あるいはより効果的なビジネス戦略を実現させることだ。そうしたテクノロジーに投資するのはいったいなぜか、どんなビジネスの目的にそれが役立つのか明言できないのに、モバイルに、アナリティクスに、人工知能（ＡＩ）に、その他新たなテクノロジーに関わる必要があると、リーダーたちは思いがちだ。デジタル構想の価値を理解することは、組織に見込まれる価値を確認するための実験を妨げるものではない。こ

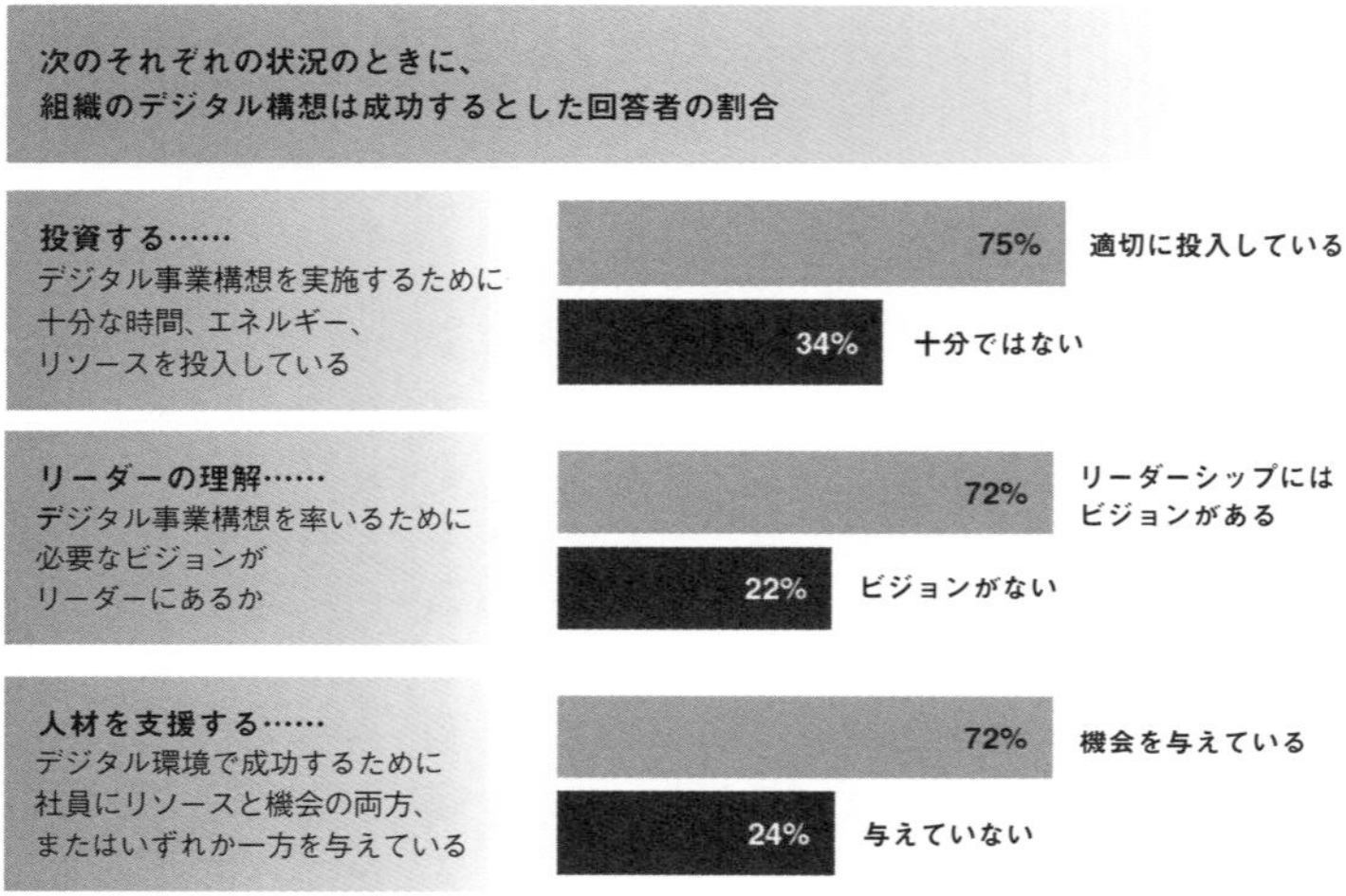

図6-2

れは第14章のテーマとなる。研究開発は実際、デジタル環境での成功を可能にする重要な要因である。ともあれ、それが学習用のパイロット版を意図したものであったとしても、なぜその構想に着手したのか、そのための事業目標は何か、必ず心得ておくようにはしなくてはいけない。

この場合当然ながら、構想を成功させるためには十分な投資をすることを忘れてはいけない。驚いたことに、リーダーたちは、財政支援やリソースを適切に投入しなくてもプロジェクトがうまくいくと思いがちである。わたしたちは調査でこの傾向を裏づける明確な証拠を見つけた。調査対象者に、彼らのデジタル構想は一般的に成功しているかどうかと質問した（図6-2）。当然かもしれないが、適切な投資が成功の主な要因であることが、調査からわかった。デジタル構想に適切な投資が行われているとした回答者の七五パーセントは、その構想が成功したと答えた。対照的に、会社は時間やエネルギー、リソースを十分に投入していないと答えた人のうち、その構想が成功したと答えたのは、三四パーセントしかいなかった。

投資には、適切になものに投資することも含まれる。システムが実行され機能した時点で投資が完了すると考えるふしが、リーダーにはある。一方で経営学者は、テクノロジーの導入は、そのツールの利用者の仕事のやり方もともに変えることを、以前より認識していた。[4]わたしたちが本書で主張するように、デジタルトランスフォーメーションが本質的に人と組織に関する問題ならば、デジタルトランスフォーメーションへの本当の投資に、テクノロジーが占めるのはほんの一部である。人間が新しいテクノロジーを使えるようになるのにも、組織が仕事とコミュニケーションのプロセスに適応するのにも、時間がかかるものだ。

憂慮すべきことに、適切に投資しているリーダーと企業、そうでないリーダーと企業との間のギャップは、広がり続けているようだ（図6-3）。企業がデジタル構想に十分に投資していないとした回答者は、その企業が近い将来に投資を増やすことはなかった。対照的に、すでに十分に投資しているとした回答者は、企業が投資を増やす可能性が高い。

②デジタルリーダーは最前線で指揮する

経営陣の支援も、デジタル成熟度の重要なカギとなる。新しいテクノロジーの調達や構築

デジタル投資計画
――初期段階の企業は追いつけるか？

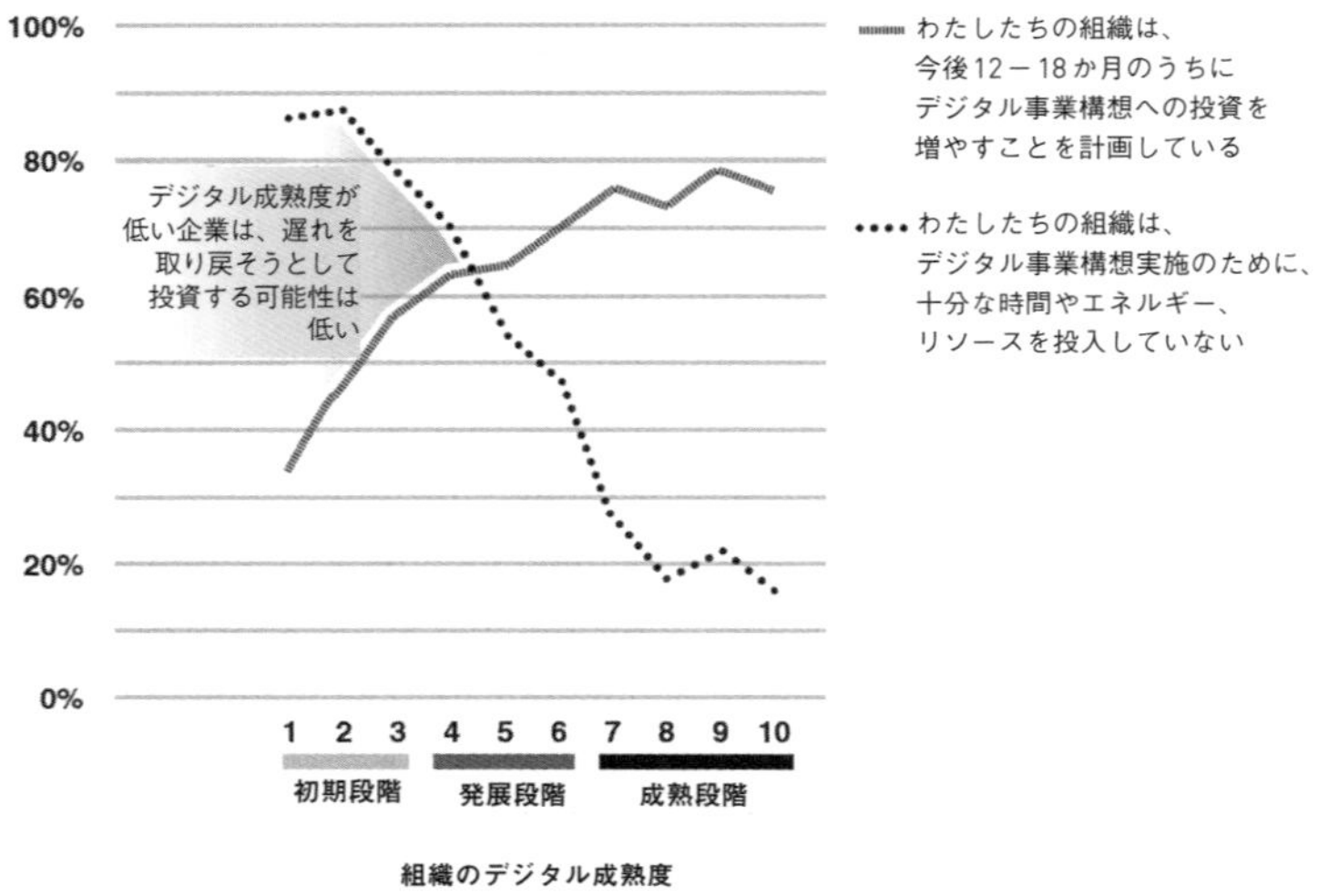

図6-3

に直接関わっていないリーダーは、自分たちを〝デジタル〟リーダーではないとみなす傾向にある。だが企業がデジタル事業に大いに力を入れるとき、すべてのリーダーはデジタルリーダーにならねばならない。テクノロジーの導入に直接関わっているにしてもいないにしても、デジタル構想の価値を理解していなくてはならない。また組織のその他の側面も目標達成のために足並みをそろえる必要がある。

企業幹部がデジタル事業の責任を技術者に一任しているならば、ほぼ間違いなく失敗する。経営陣のデジタル事業

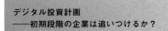

構想への関与と直接の支援は、その事業が重要だというメッセージを企業に伝える。さらに、組織のその他の側面をこうした目標に一致させられる。デジタル戦略を率いるために必要なビジョンがリーダーにあるとした回答者のうち、七二パーセントは構想が成功していると答えた。これに対し、リーダーはビジョンに欠けているとした回答者の二二パーセントしか、構想が成功していると答えた者はいなかった。幸い、デジタル事業の取り組みを効果的に率いるために必要なリーダーシップの経験と戦略的知見を技術者に授けることに比べれば、デジタル事業について知るべきことを幹部に教えるほうが、はるかに容易である。

③デジタルリーダーは社員が成功するために必要な力を身につけさせる

これは、常に変わらない優れたリーダーシップの三つ目の側面となる。社員が成功できるように、リーダーは社員に力をつけさせなくてはならない。だがデジタル構想は、トップが強力な指令を下したからといって成功できるようなものではない。企業が新しいテクノロジーを導入したのだから、社員は新しいプロセスに取り組むようになると期待するなら、あなたは失望することになる。社員は取り組まない。一般的に、既存の仕事の責任に当てはめて、臨機応変に新しい働き方を見つける時間やノウハウが、社員にはない。リーダーは社員に成功の機会を与えなくてはならない。この対比は、前述した投資よりも際立っているが、ビジョンに関する隔たりと似ている。デジタル環境で成功するためのリソースと機会を組織が提供するとした回答者の七二パーセントが、組織のデジタル構想は成功したと答えた。ところが、組織は機会とリソースを提供しないとした回答者のうち、デジタル構想が成功したと答えたのは、二四パーセントしかいなかった。

このような機会にはさまざまな形が考えられるだろう。テクノロジーに関わり、それをプロセスに効果的に結びつけられるように、社員は適切な研修を受けるべきである。従来のクラス形式の研修である必要はない。社員の学習にふさわしいリソースを、オンラインで確実に入手できるようにする（そして、それを社員に確実に知らせる）だけでいいかもしれない。また、同僚から別のやり方を学べるように、社員の他部署への異動を増やすという方法もある。新しいテクノロジーに適応するための時間と空間を社員に与えるべきだろう。社員は、安全で慣れ親しんだ既存の方法に固執する傾向が強い。仕事の新しいやり方を模索し学ぶためには、十分な時間と認知資源が必要になる。

デジタルリーダーシップは魔法ではない

SF作家アーサー・C・クラークは、高度な先端技術は魔法と見分けがつかないと語った。[5]同じことがテクノロジーにも言える。その背後にある基本原則を単に理解できないために、多くのリーダーが、テクノロジーを高度な魔法のようなもの（あるいは詐欺）とみなす。ところが、どのように魔法が行われているのかカーテンの陰をのぞいてみると、リーダーが以前から使っていた、昔と同じ古いノブとレバーを何人かで引いているようすが目に入る。確かに、そのノブとレバーは少々違って見えるし、それを動かしたときの効果にはなじみがないかもしれないが、デジタルリーダーシップが根本的に異なるわけではない。いくらか新しい環境にあるとはいえ、デジタルリーダーシップはデジタルリーダーシップだ。その原則は魔法ではないし、有能なリーダーなら、理解するのはさほど難しくない。

第6章のポイント

わかっていること(What We Know)

- 強力なリーダーは、デジタルに成熟している企業には欠かせない。そのような企業の回答者の90パーセントは、彼らのリーダーには指導に必要なスキルが備わっていると答えた。一方、初期段階の企業で、リーダーにスキルがあると答えたのは25パーセントしかいない。
- 優れたリーダーに不可欠な、リーダーシップのコアとなるスキルがある。しかし、デジタルに成熟している環境(たとえば、組織・人のネットワークの管理)では、別のリーダーシップのスキルも必要とされる。

実行できること(What You Can Do about It)

- 本書で説明した原則から着手し(たとえば、従来の構造的な階層制ではなく、活動的なチームのネットワークを指導する)、デジタルに成熟している環境で、効果的リーダーシップにとって必要だと思う能力のリストを作成する。
- 一番重大な欠点を見つけることを目的として、自分自身を評価する(同僚にも同じことをするように頼む)。また、360度評価[上司だけではなく、同僚や部下、仕事で関係のある他部門の関係者など複数の人が、対象者を評価する方法]を行う。
- 欠点に取り組むための行動計画の作成をリーダーに依頼する。この計画を、目標設定と評価プロセスに組み込む。
- こうした能力があるか(あるいは育成できるか)、新しいリーダーシップが必要か見きわめることを目的に、現在のリーダーを選別する。

第7章

デジタルリーダーシップに違いをもたらすものは何か？

当然のことながら、優れたデジタルリーダーシップにおいて多くのことが変わらないからといって、何も変わらないという意味ではない。組織の環境が変わるにつれて、優れたリーダーに求められるスキルもいくらか変わるだろう。ただ、その特徴がデジタル環境でどのような形で現れるかについては、それが前の環境でどのような形で現れていたかによって異なるかもしれない。

たとえば、前章で述べたように、優れたリーダーには並外れたコミュニケーションスキルがあり、他者の気持ちをかき立てることができる。とはいえ、有能なリーダーが現在の環境で用いるコミュニケーションのツールとプラットフォームは、ほんの数年前に使われていたツールとはかなり異なる。わたしたちは現在、スラック、フェイスブックの企業向けSNSであるワークプレイス、ヤマー、ジャイブの世界に生きている。一〇年前なら、質問や議論への迅速な対応として通用したことが、ひどくのろいとみなされるようになる。効果的なコミュニケーションをする人は、コミュニケーションの目的にふさわしい、利用可能な最高のツールを用いる。現在の環境で効果的コミュニケーションを図るために、マネジャーはメールの使い方も再考する必要もあるだろう。[1]

ほかに挙げるとすれば、信頼だろう。ご存じのように、社員、顧客、その他ステークホルダーとの信頼の確立は、優れたリーダーシップの重要な特徴の一つである。だが、徹底的な透明性が期待されるデジタル環境でリーダーが築く信頼のプロセスは、かつて用いられていたプロセスとはまったく異なる。少し前までは、問題に公式にあるいは非公式に対処して、組織はある種のタイプの情報を適切にコントロールできた。古代ローマ時代の作家プブリウス・シルス、ロシアのエカチェリーナ二世、アメフトのコーチだったヴィンス・ロンバルディなど、多方面の人物が残した的確なアドバイスとして、リーダーは「人前でほめて、誰もいないところで批判する」というものがある。とはいえ、現在の情報化社会では、どんな情報であれ隠したままにしておけると思ってはいけない。リーダーはあらゆる状況に公式に対処できるように備えるべきだ。つまり、リーダーたちは異なるやり方を用いて、かつて生み出していた信頼と同じような信頼を生み出さなくてはならないのだ。[2]

デジタルリーダーシップには需要がある

デジタルリーダーシップを構成する要素が何であれ、わたしたちの調査から確かに言えることは、デジタルリーダーシップには大きな需要があるということだ。デジタル時代に成功

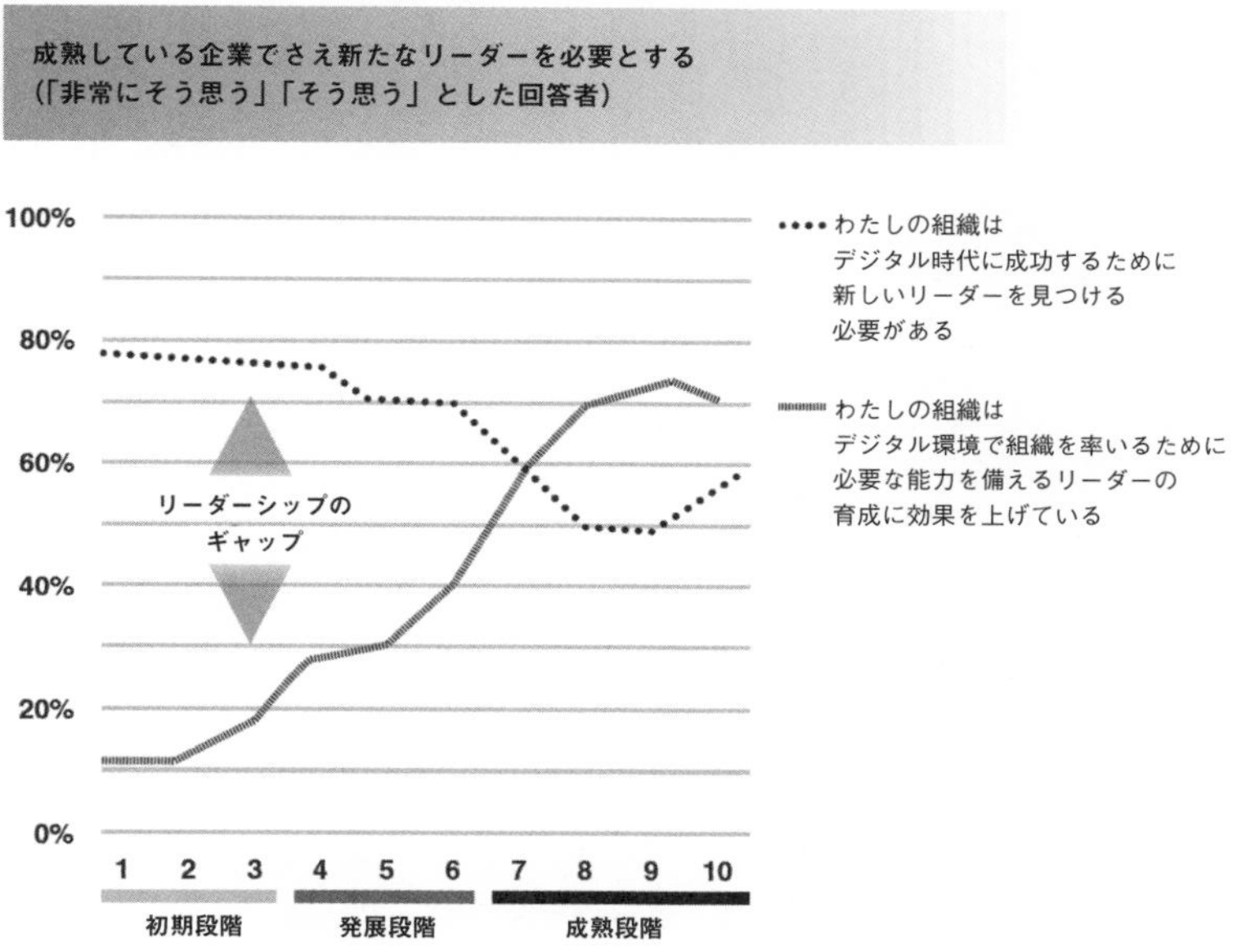

図7-1

するために組織に新しいリーダーが必要かという質問に対し（図7－1）、実に回答者の六八パーセントが、組織が競争に生き残るためには新しいリーダーシップが必要だと答えた。さらに印象的だったのは、各成熟度の間で回答にほとんど差がなかったことだ。初期段階の企業の七七パーセントに対して、成熟段階の企業の五五パーセントが、新しいリーダーが必要だと答えた。言い換えれば、デジタルに成熟している企業の半数以上が、やはりリーダーシップが足りないと言っているのだ。ほとんどの組織で本物のデジタルリーダーシップが不足していることを嘆くよりも、デジタルリーダーシップは間違いなく困難な課題だと認めるほうが賢明だろう。周囲の環境が絶え間なく変化するとき、リーダーは絶えず新たな問題に直面し、組織と自らのリーダーシップのスタイルをその新しい環境に適応させなくてはならない。こうした問題にうまく対処するには、過去には必要なかった新たなスキルと能力がリーダーに求められる。

コラム9

オーストラリア・ニュージーランド銀行が抱くリーダーシップの展望

オーストラリア・ニュージーランド銀行（ANZ）の経営幹部でデジタルバンキング担当のマイレ・カーネギーは、二一世紀のリーダーシップはこれまでとは違って見えると認識している。彼女のグループは、階層的な指揮統制型の組織運営に必要なリーダーシップのスキルは、アジャイルで分散型の組織運営に必要なスキルとはまるで異なると認識していたので、優れたリーダーシップの定義の根本的な付け替えに着手しなくてはならなかった。そのスキルには次の二つが含まれる。

1. **技術的習熟**。カーネギーは次のように語る。「わたしたちが求めている二つの重大なスキルは、技術的習熟とリーダーシップだ。技術的習熟については、ソフトウェアのエンジニアがもっと必要になる。ツールを使いこなせる人、技能のある人、熟練の技能がある人を、わたしたちは必要としている。残念ながら二〇世紀のほとんどの企業では、実際に仕事をせずに、仕事をする人を管理する人によって、成功が定義されていた。かつては優秀なマーケターだった人、優秀なデータサイエンティストだった人、優秀なソフトウェアエンジニアだった人が昇進して、仕事で自分の技能を使わなくなる。だから最初にフォーカスすべきは、卓越した技能を発揮できる仕事に人々を戻すことだ——彼らが技術的に習熟したことに」。

2. **リーダーシップ**。「今の時代に即した優秀なリーダーに必要な二つ目のスキルは、生来好奇心旺盛であることだ。現代のリーダーは、指揮統制ではなく、影響力で率いる必要がある。リーダーシップという弓につがえる矢として、指揮統制という一本の矢しかもっていない人にとって、これはきわめて難しい」。

カーネギーによれば、ANZでのこのようなタイプのリーダー育成のプロセスは、募集から始まるという。すべての職務が空席にされ、全行員が仕事に再度応募しなくてはならない。リーダーの職務について、彼らが最初にふるいにかけた基準は、文化とリーダーとしての可能性だという。カーネギーはこう続けた。「わたしたちが新しいアジャイルな世界で求めていたすべての特性を、誰もが備えていたわけではない。けれども、適切な文化的価値観とリーダーシップをもっている人ならば、比較的すばやくほかのスキルも身につけられる」。

大半の企業が直面している困難に対処できる有能なデジタルリーダーは、すべての企業に行き渡るほど大勢はいない。だが、デジタルに成熟した企業が、成熟していない企業と自らを差別化している点がある。デジタルに成熟している企業は、効果的なリーダーシップの不足に対し行動を起こしている。デジタル環境で会社を率いる能力をもつリーダーの育成に、企業は効果を上げているかと質問したところ、回答にかなりの差が現れた。成熟している企業の六三パーセントが、必要なタイプのリーダーの育成に効果を上げていると答えたのに対し、同じ回答をしたのは、発展段階の企業では三三パーセント、初期段階の企業ではわずか一三パーセントほど(!)しかなかった。すべてのタイプの企業が、デジタルディスラプションの只中でも成果を上げられるリーダーの不足に直面しているが、成熟している企業のほうが何かしらの行動を起こし、リーダーの育成をさかんに行っていると言える。

コラム10

フォーチュン100企業でデジタルリーダーを育成する

さるフォーチュン100企業の最高デジタル責任者は、必要なデジタルリーダーシップをグループ内でどのように開発したのか話してくれた。まず、彼は主に社内の人材育成にフォーカスした。「わたしたちの成功の多くは人材育成に基づいている。ディレクターとわたしのチームの上位の者、合計五〇人を超える全員を、クロスファンクショナルなリーダーシップスキルを磨き、最高のリーダーの育成をめざす研修に参加させている。これは何日にもわたる研修で、終了後にコーチングが行われ、率直な評価が下される。とても濃密で厳しい研修だ」。

さらに、彼が社内のリーダーに身につけさせようとしているスキルの多くは、必ずしも、デジタルリーダーと聞いたとき最初に思い浮かべるようなスキルではない。彼の人材育成モデルは、リーダーにデジタル関連のスキルを授けることが目的ではない。そうしたツールが優勢な環境で、有効な活動ができる能力を備えさせることが目的である。「リーダーシップのスキルというのは、他者といかに関わり刺激するかということだ。共通のビジョンをどうやって作り出すのか？　職場の枠を超えて、どのようにプログラムを管理しやり遂げるか？　目的の優先順位が一致しないとき、どうやって対立を解消するか？　わたしたちはインタラクティブなリーダーシップのスキルと呼んでいるが、この種の総合的なリーダーシップのスキルが、わたしたちの仕事では非常に重要なのだ。わたしは現に、デジタルスキルについてあなたに何も言わなかった。総合的な、インタラクティブなリーダーシップが肝心だからだ」。

デジタルリーダーのスキル

デジタル環境でどのスキルと能力が重要なのか理解するために、わたしたちは調査対象者にその質問を投げかけた。ある調査では、「組織のリーダーがデジタルワークプレイスで成功するために身につけるべきスキルとして、もっとも重要なスキルは何か？」と質問した。自由形式で記入できるように、回答用紙に空白スペースを設けた。三七〇〇人の調査対象者のうち、三三〇〇人が質問に答えた。単語数個の回答もあれば、文章からなる回答もあった。わたしたちの調査チームは、全三三〇〇の回答を類似のグループに分類した（図7-2）。

回答から、リーダーはテクノロジーを理解する必要があることがうかがえたが、テクノロジーのスキル自体は、効果的なデジタルリーダーシップにとって必須の条件ではない。デジタルリーダーシップは、デジタルディスラプションがもたらした新たなビジネス環境のなかで指揮を執るが、テクノロジーに精通することが中心ではない。変化指向型や変革ビジョンといった特徴がテクノロジーの精通よりも重要だと、調査から判明した。さらに、この回答を綿密に検討したところ、こうした特徴は相互に影響しながら構築されていることが明らかになった。すべてをまとめれば、効果的なリーダーシップがデジタル環境でどのように見えるのか、説得力のあるモンタージュ写真が描き出される。

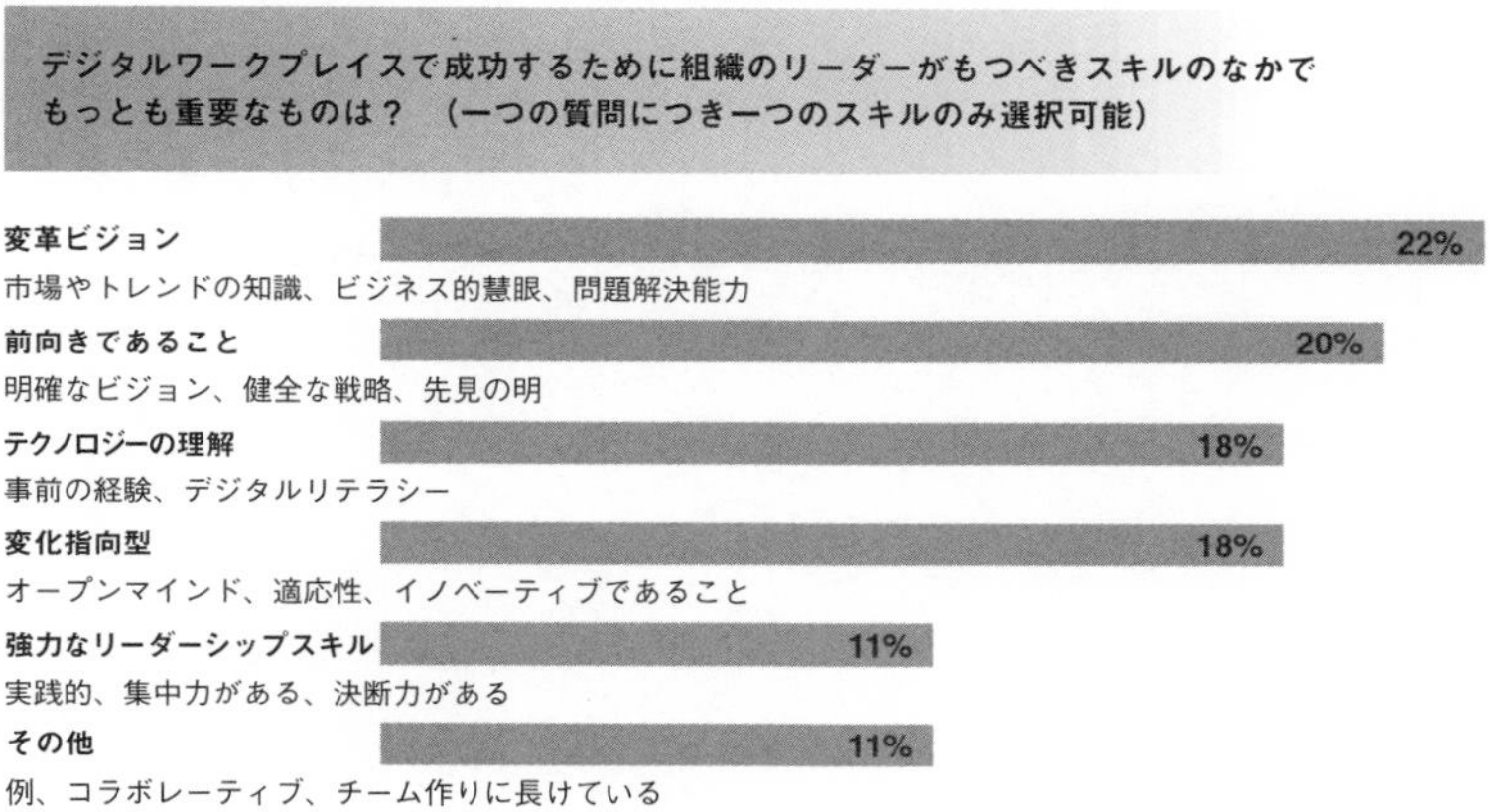

図7-2

変革ビジョンと前向きな展望

ビジョンと方向性を授けることは、従来よりリーダーシップにとって不可欠な要素である。だが、この二点はデジタル環境において未来の変化に重きを置いた新たな重要性を帯びる。わたしたちの調査で、回答者が一番重要なスキルとして選んだのは、変革ビジョンを構築することだった（二二パーセント）。これには、市場とトレンドの知識、ビジネス的慧眼、高い問題解決能力などが含まれる。二番目は、前向きであること（二〇パーセント）で、明確なビジョン、健全な戦略、先見の明などが含まれる。こうした一連のスキルは明らかに互いに関連している。二番目のスキルは、テクノロジーによるビジネストレンドの進化を理解することであり、一番目のスキルは、こうしたトレンドに対応して企業を導く能力だと、わたしたちは解釈している。ビジョンとは、必要とされる変化に、目的と方向性を与えることだ。この変革ビジョンは、求められる変化の大きさを考えると重要である。サーナー社の公衆衛生担当上級副社長ジョン・グレイザーは、不確実な未来のビジョンを考える方法について、次のように語る。「起こりうるさまざまな未来に関連しそうな物事に取り組むこと。患者が自分の健康管理をするのは良くないことだという未来があるなら、教えてほしい。わたしにはそのような未来がまったく見えないからだ。今後の展開はわからないかもしれないが、考えられるかぎりほぼどんな状況でも、物事には関連性があるものだ」。

デジタルリテラシー

テクノロジーの理解は、重要なスキルのなかでようやく三番目に入っている。これについて理解するには、回答内容を綿密に検討する必要がある。回答者によれば、リーダーに必要とされるのは先行する経験と、一般的なデジタルリテラシー(プログラミングやデータサイエンスなどの本格的なテクノロジーのスキルではなく)だという。言い換えれば、テクノロジーの仕組みに関する一般原理、およびこのテクノロジーに備わる能力(と可能性)の領域を理解することが、リーダーにとって大事だということになる。

リーダーのデジタルリテラシーは二つの点で有益である。一つは、前述した最初の二つのリーダーシップのスキル、すなわちビジョンを抱くことと、前向きであることというスキルを維持するためには、デジタルリテラシーが欠かせないということだ。新しく現れたトレンドが組織と社員に新たな価値をどうやってもたらすか理解しなくてはいけないのに、デジタルリテラシーがないリーダーは、新しいトレンドと発展に遅れずについていくことができないだろう。たとえば、あるＣＥＯは最近こんなことを言った。「ネットフリックスのようなストリーミングサービスが今のように優勢になるなんて、一〇年前に理解できただろうか？」。ところが、わたしたちはまさにそのコンセプトを、ほぼ一〇年前に、学部生向けのビジネススクールの授業で教えていたのだ。このＣＥＯの戦略的失敗は、デジタルリテラシーを備えていなかったために、新たなトレンドの出現を予測できなかったことだ。

もう一つは、テクノロジーがどのように機能するか（あるいはしないか）一般原理を把握することで、リーダーはいっそう優れた、情報に基づく意思決定ができるようになるということだ――これは、不確実な環境だからこそ、重要になる点だ。幸いにも、このような基本知識を身につけることは難しくない。効果的なリーダーシップに必要な戦略的知識を技術者に教えるよりも、すでに地位を確立したビジネスリーダーのデジタルリテラシーを高めるほうが、はるかに容易で効果がある。この場合のデジタルリテラシーとは、特定のテクノロジーがビジネスへの適用にふさわしいかどうか、リーダーが理解できるということだ。政府指導者のデジタルリテラシーの欠如が、二〇一八年にマーク・ザッカーバーグが議会で証言したときに露呈した。フェイスブックのビジネスモデルと価値提案についての基本的・実践的知識が、議員たちには明らかに欠けていた。ニュースメディアは議会の知識不足を嘲笑したが、これは多くの企業の取締役のデジタルリテラシーの水準を反映しているのではないかと思う。

この趨勢がとくに重要な理由は、リーダーのデジタルリテラシーは組織のデジタル成熟度とも関連していると、わたしたちの調査が示しているからだ。自分たちのリーダーはデジタルトレンドを把握していると回答したのは、初期段階の企業のおよそ一〇～一五パーセントだけだったのに対し、成熟段階の企業はおよそ八〇～九〇パーセントだった。米国がん治療センターのクリスティン・ダービーは、この見方に同意する。「もし明確なビジョンをもつスキルがあり、モバイルとデジタルが体験を変えられることを理解しているならば、患者に共感できる。それこそがまさにわたしたちの求めていることだが、それを見つけることがとても難しい。でも、そうしたスキルをサポートするためのテクノロジーがいつか現れる。文化的な適合、一貫したビジョン、そしてテクノロジーの素養が本当に求められている」。

テクノロジーがもたらすチャンスと脅威をリーダーが深く理解している場合、デジタル成熟度を高めるために、リーダーは組織に必要な変化を起こす可能性が高い。当然ながら、この相関関係が因果関係を示唆しないと指摘することには、慎重にならなくてはいけない。もしかすると、デジタルリテラシーの高いリーダーがデジタルに成熟している組織を作り出すのではなく、むしろ、デジタルに成熟している組織はデジタルリテラシーの高いリーダーを積極的に探し出すものなのかもしれない。

デジタルリテラシーがなぜ重要かといえば、回答者が明らかにしたほかの重要なスキルに必要な条件だからだろう。どのように、なぜ環境が変化するのかリーダーが理解できなければば、また組織の対応能力を理解できなければ、彼らが変革ビジョンを抱くことは難しい。未来がどうなるのかまったく感じとれなければ、前向きになれないし、トランスフォーメーションを可能にするツールの実用的知識がなければ、変革ビジョンを抱くことはできない。

変化指向型

三番目の特徴はもう一つあり、回答者のやはり一八パーセントが、これをもっとも重要な特徴として挙げた。リーダーは変化指向型であるべきだというものだ。これには、オープンマインド、適応性、イノベーティブなどの特徴が含まれる。これも、前述したスキルと関連する。オープンマインドが重要であるのは、テクノロジーと市場環境が予期せぬ形で展開した場合でも、リーダーは平静を保ちながら、流動的な環境に適応し、進路変更する準備をしなくてはならないからだ。

この変化指向型のマインドセットは、デジタルリーダーに必須となる知識にも当てはまる。デジタルリーダーの知識の〝蓄え〟は、テクノロジーの変化に応じて絶えず更新する必要がある。リーダーが知識を定期的に更新する適切なプロセスが組織になければ、リーダーたちのデジタルの知識は次第に時代遅れになるだろう。規定の継続学習、社内教育、世代を超えたリバース・メンタリング（逆メンター制度）、豊富なオンラインプログラムなど、多様な実践の機会を通して、リーダーは知識の蓄えを補充することが可能だ。

強力なリーダーシップスキルで実行する

リーダーシップの四番目の特徴は強力なリーダーシップスキルである。人を動かすという実行面にフォーカスしたこの特徴には、実践的、集中力、決断力といった特質が含まれる。リーダーがデジタルリテラシーを備え、変革的で前向きなビジョンを抱き、変化指向型のマインドセットになったなら、組織を未来に向けて果敢に導くことができるはずである。

フェイスブックのモバイルへの移行がその好例となる。二〇一二年、フェイスブックはプラットフォームをモバイル環境に適応させられるのかと、識者たちは疑問を呈した。フェイスブックの広告収入のおよそ八五パーセントがモバイルからもたらされるという事実が示すように、現在、この問題はもちろん解決済みである。だがこの結果は、予想をはるかに上回るものだった。二〇一〇年代初頭、フェイスブックがコンピュータを利用したインターフェイスをモバイル環境に適応させようとしていたとき、プログラミング言語としてＨＴＭＬ５を選択した。だが、ネイティブアプリケーションの開発がトレンドだということが明らかになったとき、同社のエンジニアリング部門は、設備を一新して新しい環境に適応しなくてはならなくなった。フェイスブックは、テクノロジーの環境が予期せぬ方向に変化していることを認めるほどオープンマインドで、それに応じて必要な方向転換ができるほど適応力があった。

リーダーはさらにどんな特質を身につける必要があるか？

組織がデジタルトレンドを乗り切るためには、リーダーにさらにどんな能力が必要か質問した（図7-3）。いささか驚いたことに、成熟度のレベルにかかわらず、同じような特質が挙げられた。[3] ここでは上位四つの特質だけ紹介する。

・**ビジョンと目的を提供する。** ビジョンと目的の提供は、デジタルリーダーにもっとも求められる特質だった。野心的なビジョンと目的は、社員を導く羅針盤の役目を果たす。社員が分散型の環境で仕事をしている場合は、意思決定に大きな自由裁量が与えられているので、とくにその傾向が強くなる。だが、そうしたビジョンを抱くだけでは十分でないだろう。リーダーはそのビジョンを実行する機会も提供しなくてはならない。MITのジョージ・ウェスターマンはこう話す。「デジタルトランスフォーメーションを推進するには、どこをめざしているのか、どのように変化するのか、非常に力強いビジョンが必要になる。次に、社員にそのビジョンをしっかりもたせて、ビジョンを具体化させたいと考える。しかしその次の三つ目のステップとして、非常に強力なガバナンスが必要になる。トランスフォーメーションを何度も繰り返し推進するためには、どんな能力を開発すればいいのだろうか？」。

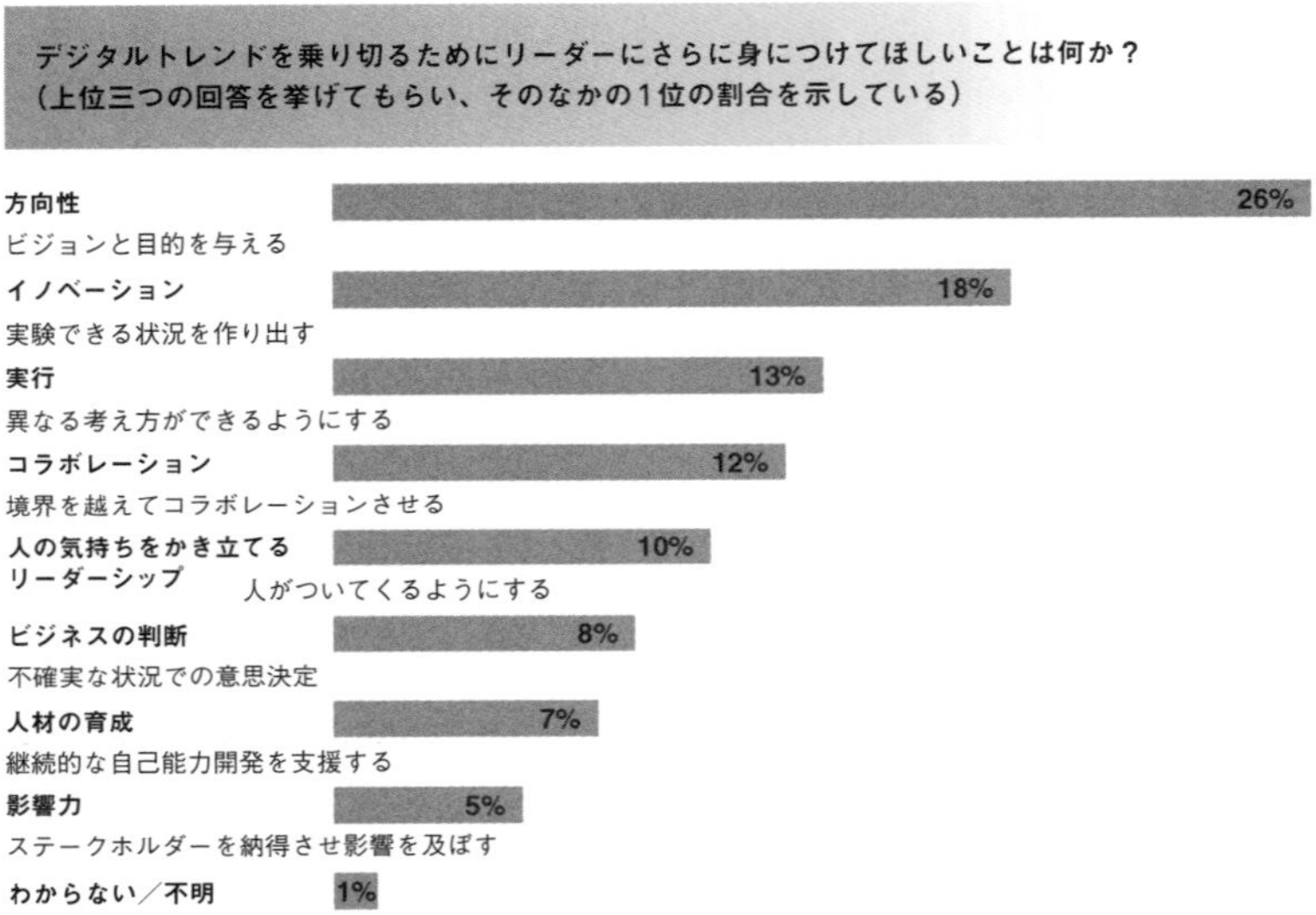

図7-3

・**実験できる状況を作り出す。**これは、回答者が挙げたなかで、二番目に多かったものだ。コンサルタントのエド・マーシュは、ある大手食品加工会社でこのような状況がどのように作られているか説明した。「まず、リスクに耐えられる人を雇い、選び出す必要がある。次に、知的試行が成功しなくても大丈夫な状況を、しかもそれに対して組織が報酬さえ与えるかもしれない状況をどうやって作り出すかが、問題になる。最後に、大学や起業家などの第三者も含めて、新しいアイデアとビジネスモデルで遊んだり試したりできるプラットフォーム——バーチャルかフィジカルな——の導入を考える」。

・**異なる考え方ができるようにする。**

三番目に望まれる特質は、ほかの人たちが異なる考え方をできるようにすることで、必要なことを実行する力だった。異なる考え方をすることには、社員が可能だとみなすことを把握するだけではなく、顧客が期待することを理解し、それに応じる態勢を整えることも含まれる。シスコのジェームズ・マコーレイによれば、「顧客は異なる消費の仕方を望んでいる。さらなるコストバリュー、エクスペリエンスバリュー、プラットフォームバリューを望んでいる。……わが社はタイプを変えなくてはいけない」と同社は気づいているという。

・**境界を越えてコラボレーションさせる**。最後に、境界を越えてコラボレーションさせるという回答も多かった。この質問とは別に、組織のコラボレーションにとって最大の障壁は何かと質問したとき、文化やマインドセット、サイロ化など、主に組織的なものが挙げられた。わたしたちがインタビューした人々は、境界を越えたコラボレーションについて広く考えていた。ベス・イスラエル・ディーコネス・メディカル・センター（ＢＩＤＭＣ）のジョン・ハラムカは、イノベーティブな組織とのコラボレーションについて、カーディナルヘルスのブレント・スタッツは、パートナーとのコラボレーションについて、スタンフォード大学のメリッサ・ヴァレンタインは、ロボットとコラボレーションを学ぶ必要性について語っていた。ヴァレンタインはこれを「コボット」、つまりコラボレーティブロボットと呼んでいた。デジタル世界に必要で実現の可能性があるコラボレーションの性質は、単なる組織間コミュニケーションを超えている。

分散型リーダーシップの文化を創造する

デジタル時代のリーダーシップには、もう一つ大きな違いがある。組織のどこでリーダーシップが見られるかという点だ。二〇世紀の階層的企業では、組織図のトップにしかリーダーシップは求められなかった。物事のスピードが変化した今、それはもはや現実的ではないし、効果的なリーダーシップが見つかる場所としては、必ずしも現実的ではない。本書でリーダーシップについて言及するとき、わたしたちは組織のあらゆるレベルのリーダーシップについて述べている。とはいえ、リーダーシップをどの程度まで下位の職級に移譲しているかに関する企業の発言と、それが実際にどの程度行われているかという現実との間に食い違いがあることにも、わたしたちは気づいている。CEOの五九パーセントが、意思決定のレベルを引き下げていると思っているのに対し、それが実践されていると答えたのは、バイスプレジデントおよびディレクター級の回答者のおよそ三三パーセントしかいなかった。

幹部が決定権のレベルを引き下げようと思いながら実行に移していないのか、下位の職級の社員がその意思決定の責任を引き受けようとしていないのかは、定かではない。アライド・タレントのチップ・ジョイスは、この食い違いについて一つの考えを提示する。「組織の中間——マネジャーの第一級か第二級レベル——にいる者は、上級管理職とは著しく異なる感情を組織に抱いていることが多い。そこに信頼はない。組織のなかにチャンスがあるとは信じていない。事業戦略の明確化と、企業が成功に必要な資質を備えているかどうかについては、組織の下方に行くほど揺らぐようになる」。

デジタルに未成熟の企業の特徴の一つは、リーダーシップが組織の上位に閉じ込められているという点だ。これはたいてい、デジタル戦略は口先だけだという見方を会社全体にもたらすことになる。どれほど入念に、明確に、専門的に構築されていても、戦略が――実際には――企業幹部クラスの域を出ることがないからだ。変化を起こすには、企業はあらゆるレベルで効果的なリーダーシップを利用しなくてはならない。あとに続く章で論じるが、デジタルに成熟している組織ほど、階層的ではなく、下位に意思決定を委ねている。そのほうが、迅速に、多くの情報を得たうえで決定できる。

トランスフォーメーションしようとする意志

トランスフォーメーションしようとする意志は、デジタルリーダーシップのパズルの最後の一ピースだ。組織は意識してトランスフォーメーションに努め、この努力を優先しなくてはいけない。わたしたちの調査によれば、デジタルトランスフォーメーションが経営上の最優先事項かどうかが、組織のデジタル成熟度を予測する大きな材料となる――最優先事項だと回答したのは、成熟段階の企業の八六パーセントに対し、初期段階の企業では三四パーセントだった。また回答者は、デジタル成熟度への主な障壁は単に、相容れない優先事項が組織に多すぎることだとも言っている。指導力あふれるデジタルリーダーは、適応するために必要な変化を見定め、それに猛然と取り組む。

乗り出すのは今だ。デジタル能力と組織経営とのギャップは、日々広がっている。従来のビジネスモデルが機能していないことを示す証拠が市場に現れるまで組織が待てば、手遅れになる恐れがある。力強いリーダーは不安定なトレンドを事前に察知し、それに対処しようと意識的に行動を起こす。デジタルトランスフォーメーションが成功を収めたとしても、これは継続する反復的な取り組みであり、一度限りのプロジェクトではない。これには柔軟なマインドセットと、企業が対応できるような組織構造が必要になる。強力なデジタルリーダーシップとは、長期間にわたり何度も反復することを通して、組織がビジョンにフォーカスし続けるようにすることなのである。

第7章のポイント

わかっていること(What We Know)

- 優れたデジタルリーダーシップは、デジタル成熟度のどの段階でも必要とされる。リーダーシップは組織の各レベルで見られるものであり、各レベルで育成されるべきである。
- ビジョンと目的を提供し実験できる状況を作ることは、ほかの人たちが異なる考え方をできるようにし、境界を越えてコラボレーションさせることに加えて、マネジャーが改善できる重要な領域である。
- デジタルリーダーシップは、指揮統制型のこれまでの組織の階層構造を超えて、高度な自主性をもって行動できる活力あるネットワークの構築へと向かう。

実行できること(What You Can Do about It)

- 第6章のポイントで示したプロセスを組織の各レベルで繰り返す。
- インタビューを行い、下位レベルのマネジャーに重点的にインタビューする。彼らがデジタルに成熟した方法で指導するために役立つと考えていることを理解することが目的だ。
- こうした発見に対しどんなアクションがとれるか見つけ出す(たとえば、組織とプロセスの変化、新たなテクノロジー、研修の機会など)。
- 目標設定と評価プロセスによって、デジタル成熟度の高い企業にふさわしいリーダーシップの特質を強化できるようにする。

第8章 デジタル人材のマインドセット

「社員がもっとも重要な資産だ」。それを聞くとわたしたちは天を仰ぐ。これは企業のリーダーがよく口にする善意の言葉だが、ありふれた決まり文句になってしまい、本来の意味と重要性がほとんど失われている。[1] とはいえ、秀逸なデジタル戦略にはまず秀逸な人材が必要となる。変化が加速度的に生じる世界では、組織にとって最善の戦略は、組織が変化の海を乗り切れるようなインフラを確立することだ。それはもっとも有力な資産から着手される――社員である。

テクノロジーは現れては消える。参入の障壁が低くなっているので、テクノロジーはもはや持続的な競争力をもたらさない。組織はアジャイルに行動し、異なる考え方をする必要がある。組織はクリエイティブになりイノベーションを行う必要がある。新たなバリューモデルを予想し、対応し、創造する必要がある。それは適材適所によってのみ可能になるので、組織は人材をいかに引きつけ定着させるべきか、戦略的に考えて行動しなくてはならない。また、組織は大規模にコラボレーションできるように、どのようなインフラやプロセス、メカニズムを導入すべきか理解する必要がある。人材が組織にもたらす価値の大半は、個人が交流するときに明らかになるからだ。

デジタル人材を確保できないことが、実はデジタルディスラプションが引き起こす重大な脅威の一つであることが、わたしたちの調査でわかっている。だが、価値ある人材を確保する方法について述べる前に、デジタルワークが進む環境で成功するためにはどのような人材とスキルがもっとも重要なのか、明確にしなくてはならない。

ハードスキル、ソフトスキル、ハイブリッドスキル

テクノロジーが急速に変化する世界では、テクノロジーに関するスキルと能力は重要で、今後の仕事とキャリアにとって必須条件となりつつある。これは何も新しい問題ではない。六〇年前、ソビエト連邦が人工衛星スプートニクの打ち上げに成功すると、アメリカに衝撃が走った。アメリカより数か月も早いソ連の成功は屈辱的だった。この出来事は、「アメリカの科学教育に待ち望まれていた改革を実行するきっかけとなった。科学教育に新たな方針が必要だと長年推進してきたアメリカの科学界は、この国家的な機運の高まりをとらえ、カリキュラムを刷新した[2]」。

わたしたちは現代版スプートニク効果を経験している。実際、過去二〇年間におけるSTEM（科学Science、テクノロジーTechnology、エンジニアリングEngineering、数学Mathematics）

教育への投資の増加は、こうした分野が個人間、組織間、地域間競争において重要な役割を果たすという認識を裏づけるものだ。プログラムや新構想、ガールズ・フー・コード（Girls Who Code）［一〇代の少女に無料でプログラミング講座を提供する、アメリカの非営利団体］のような団体が定期的に登場し、こうした分野に進むように子どもたちに促す。さらに、プログラミングキャンプやロボティクスキャンプ、K－12STEMスクール［K－12（幼稚園から高校まで）の教育課程が一貫して受けられる、STEM教育に重点を置いた学校］までもが、子どもの将来を考える親の要望に応えている。テクノロジーはアメリカでもっとも急成長を遂げる職種なので、説得力あるデータがSTEMへの投資を後押しする。連邦労働統計局は、二〇一二年～二二年の間にこの分野の雇用は九〇〇万人まで増えると見込んでいる。[3] 多くの組織が、プログラミング、データサイエンス、データアナリティクスなどのテクノロジー関連のスキルを、もっとも需要のあるスキルとして挙げていることが、わたしたちの調査からもわかる。本格的で深いテクノロジーのスキルは重要であり、将来のために必要な能力ではあるが、必要となる唯一のスキルではない。それどころか、必要とされるスキルのなかでもっとも重要なスキルとは言えないかもしれない。

STEMの分野に、人類学、心理学、社会学などのソフトサイエンスを含める人もいるが、これまではエンジニアリングやプログラミング、数学などのハードサイエンスに圧倒的に重点が置かれてきた。それでも、従来のSTEMの分野にアート（Art）を加えることを提唱するSTEAMという運動が起きているように、創造性がイノベーションで重要な役割を担うことが、ますます認識されつつある。企業は現在、ハードスキルとソフトスキル、テクノロジースキルとビジネススキル、この両者のバランスを図ろうとし始めている——すべてを同じ一人の人に求めようとしている。これを、多くの組織が多様なテクノロジーで作ろうとしている山にも似た、スキルの〝山〟とみなすといい。現在、このようなハイブリッドな役割が組織で増えている。

ボストンを拠点するアナリティクス企業バーニング・グラスは、市場で求められるスキルの調査分析に重点を置いている。同社のダン・レストゥシアはこの現象について、次のように語る。「企業は、テクノロジースキルとソフトスキルのバランスがとれた人を探している。ある分野（テクノロジー、ビジネスなど）で深い知識をもつ人が、コミュニケーションやストーリーテリングなどの基本的なスキルも備えることが期待されている。たとえばデータサイエンティストでも、ビジネスを理解する必要があり、その知見を説明するためにストーリーを語れる必要がある。特定のスキルや役割はなくなり、誰もがこうしたスキル（たとえばソーシャルメディアなど）をもつことが期待される」。レストゥシアによれば、たとえばユーザーエクスペリエンス・デザイナーのような、テクノロジーとリベラルアーツの両方の背景が必要な仕事が登場しているという。「この仕事の一部はデザイナーであり、一部は心理学者だ。企業がユーザーエクスペリエンス・デザイナーを探すとき、心理学か人類学の学位をもつ志願者を求める企業も多いだろう」。

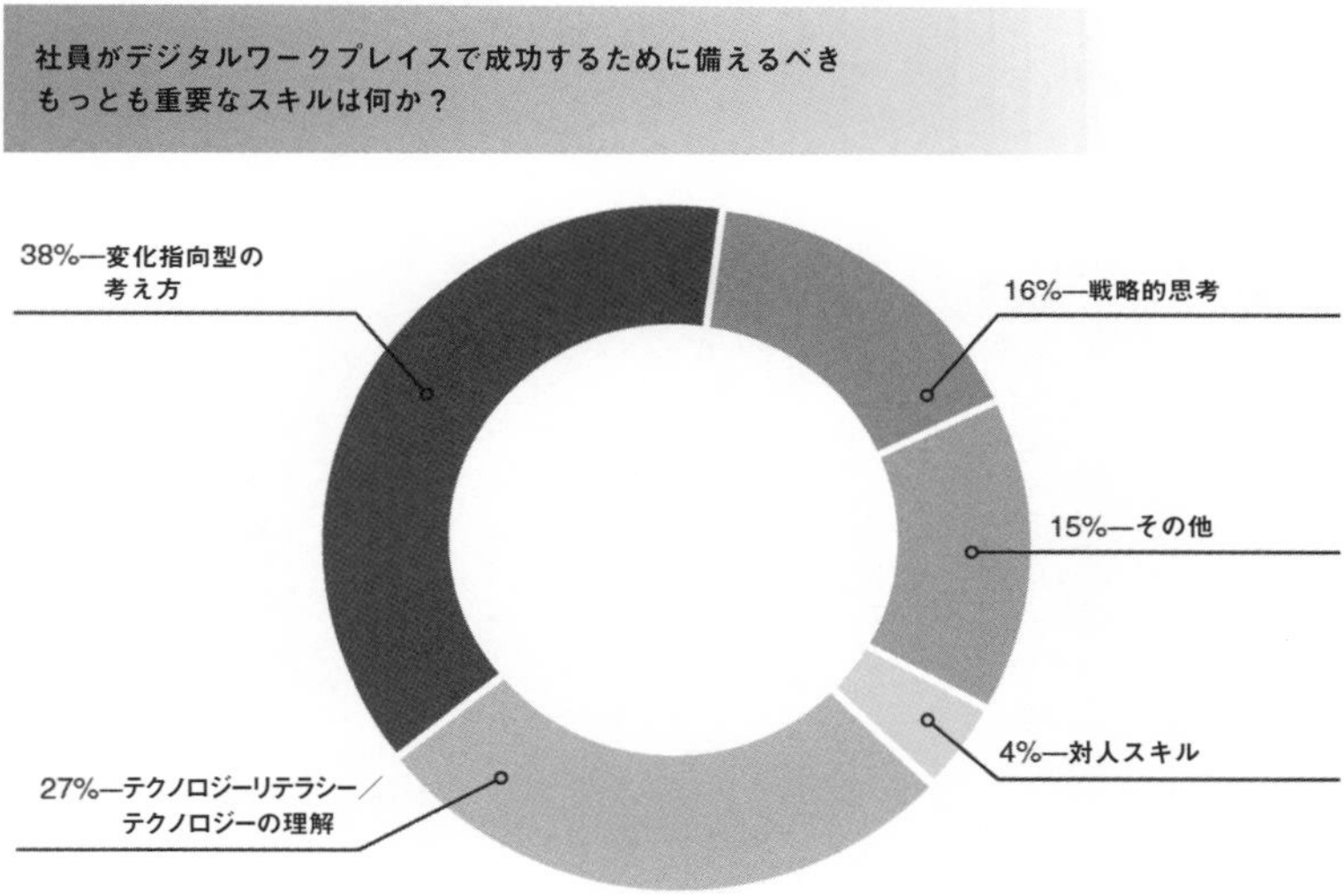

図8-1

スキルを越えてマインドセットへ

自らが変化し成長できる人で、組織にも迅速に変化と成長を起こせる人を、企業は必要とする。わたしたちは調査で、社員がデジタルワークプレイスで成功するために備えるべきもっとも重要なスキルについて、自分の言葉で記入するように求めた。こうして自由回答形式で得た三三〇〇の回答を、カテゴリーとサブカテゴリーに分類した（図8-1）。回答者の約四〇パーセントが、「変化指向型」であることが社員の備えるべき最重要スキルだと指摘した。このカテゴリーのおよそ半数の回答が、「変化指向型」であること、とはっきり指摘しており、「～に「開かれている」」

という、さまざまな考え方に開かれていることを示すフレーズが、記述に含まれた回答が多かった。これに関連するほかの特徴には、適応力、柔軟性、アジャイル、イノベーティブなどがある。大手企業の回答者は変化指向型であることをとくに重視した。本書の第6章と7章で述べたように、変化指向型であることは、組織のすべてのレベルにおいて、なかでもリーダーにとって重要になる。

変化指向型がこれほど重視される理由の一つは、かつてない速さでスキルが劣化するさまを、人々が目の当たりにしているからだろう。フォーチュン500企業のあるデジタルリーダーは、次のように指摘した。「わたしたちの業界の多くの領域では、専門技術の半減期はおよそ一〇年から一二年だ。だから、何かを学ぶ場合——たとえばかつて販売の仕事をしていてその後販売を離れた場合、一〇年か一二年後に販売の仕事に戻っても、以前の知識の半分は、まだその仕事の日常業務に使うことができるだろう。デジタルの領域では、半減期は一八か月ほどしかないのではないだろうか。この領域の変化は非常に速いからだ」。社員は仕事のスキルの半減期が短くなっていることに気づいている。デジタル環境で効率よく仕事をするためには、どのくらいの頻度でスキルを更新する必要があるか質問した（図8-2）。四五パーセント弱の人が、「継続的に」スキルを更新する必要があると答えた。そう答えた人の割合は、どのデジタル成熟度の企業でもほとんど変わらなかった。四五パーセントを超える人が、毎年かそれ以上の頻度でスキルを更新する必要があると答えた。言い換えれば、回答者の九〇パーセントが、スキルを毎年更新する必要があると感じていた。自分のスキルを

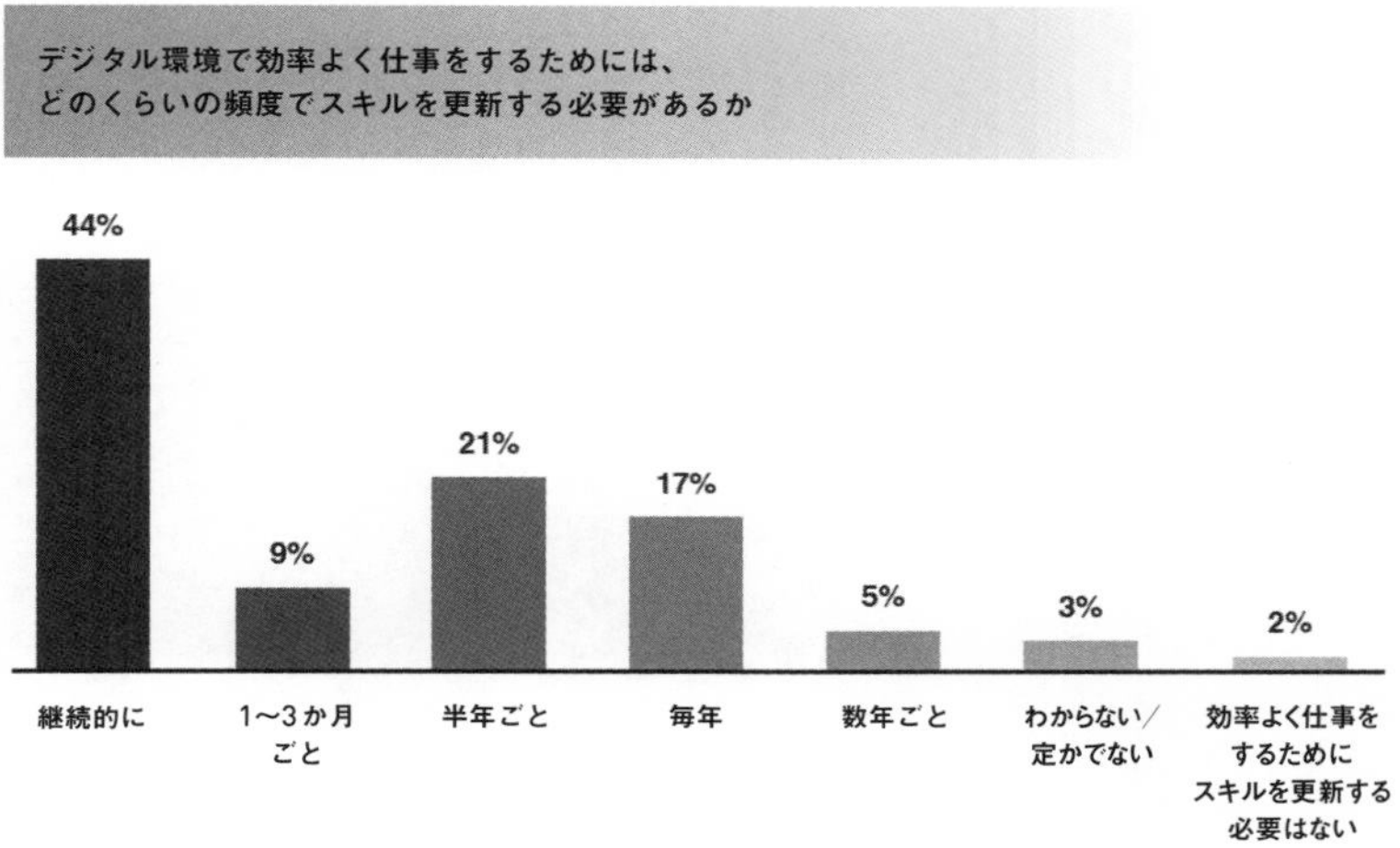

＊数字を丸めているのでパーセントの合計は100にならない。

図8-2

最新の状態にしておくことが喫緊の課題であることを、社員は理解しているのだ。

シュマッカー・クリニカル・パートナーズのクリス・コテリアは、デジタル人材の課題を総体的にとらえていた。次に紹介する彼の発言から、多くの組織とリーダーが直面する人材問題がうかがえる。つまり、特定のスキルや経験があるだけでは十分ではない、ということだ。「わが社に十分な人材がいるのかといえば、答えはノーだ。さらなる人材を探しているのかと聞かれれば、答えはイエスだ。人材を見つけるのが難しいかと問われれば、本当に優れた人材は難しい。どんな人材を探しているのかというと、ビジョンは大切だし必要だが、それだけでは十分でない。戦略を立て実行する力も備えていなくてはならない。それはつまり、いわく言い難い何かを備えていなくてはならないということだ。わたしが求めているのは情熱だ。たいていの場合、テクノロジーについては教えられるし、借りられるものだ。自分の頭で考えられる人材を探している」。だが、適切なスキルを備えるだけでは十分ではない。現代の人材は、変化を受け入れ、変化を乗り越えなくてはならない。仕事でのこうした変化に対処し、新たな課題に立ち向かい、現れたチャンスに取り組むために、組織には適切な性質とマインドセットをもった人材基盤が必要になる。

継続的学習のマインドセット

ベイエリアでトップのベンチャーキャピタル会社のパートナーに、シリコンバレーで成功するヒントになるような、おススメの本について尋ねた。彼は、キャロル・S・ドゥエックの『マインドセット「やればできる!」の研究』（草思社）を挙げた。ドゥエックはマインドセットの二つのタイプを対比させている。「しなやかマインドセット（a growth mindset）」と、「硬直マインドセット（a fixed mindset）」だ。[4] もって生まれた才能よりも、マインドセットのほうが成功するうえではるかに大きな役割を果たしていることを、ドゥエックの研究は明らかにした。硬直マインドセットの人は、知能は（才能や人格、その他の特質と能力とともに）変わらないものだと思っている。それが備わっているにしろいないにしろ、変えるためにできることはほとんどない。しなやかマインドセットでは、知能（才能や人格、その他の特質と能力）

は成長させられるという、核となる信念が起点になる――知能は固定されてもいないし、あらかじめ決まっているわけでもない。しなやかマインドセットの人がフォーカスするのは、プロセスと結果である。何をどのように学び、何がどのように進展するのかに対して影響を与えるので、プロセスと努力は非常に重要となる。デジタルリーダーシップが学んで身につけるスキルであるように、デジタル組織で社員が効率よく働く能力も、やはり学んで身につけるスキルである。

　マインドセットにおけるこの違いは、デジタル人材にとって成功のカギを握ることが多い。また、硬直マインドセットは組織と組織内の個人を言い表せると、わたしたちは考える。多くの企業に硬直マインドセットを裏づける証拠がたくさんある。硬直マインドセットをもつ人の特質の一つは、自分自身（と他人）に、ＩＱテストのスコアや初期の業績や結果に基づいて、賢い、愚か、才能がある、勝者、敗者などのレッテルを貼りたがることだ。したがって、デジタルスキルが不足した硬直マインドセットの人は、自分自身に対しても同様のレッテルを貼る傾向がある――「わたしはデジタル人間ではないから」とか「わたしはテクノロジーがわからないから」と。

　デジタル人材開発で要となるのは、しなやかマインドセットを育成することである。もちろん、しなやかマインドセットをどれほど育てたとしても、組織の誰もが、ハドゥープ（Hadoop）のような分散処理技術や機械学習といった、高度なテクノロジースキルを身につけられるわけではない。だが、誰もがデジタルリテラシーを高め、変化にうまく適応できるようになり、クリティカルに思考するようになる――このいずれも、わたしたちの調査回答者が、成功のためにもっとも重要だとみなしたスキルである。急激に変化する環境で働くために必要なスキルと知識を社員が継続的に育てる能力に、しなやかマインドセットは欠かせない。このマインドセットをもつ人はたいてい、難題を忌避せずに受け入れ、逆境にもくじけず、努力を熟達にいたる道とみなし、批評とフィードバックから学習し、他人の成功に教訓を見出して励みとする人たちである。

アドビのドナ・モリスは、これこそ彼女が雇いたいタイプの人材だと語る。「一歩引いて見れば、わたしたちの業界は変化がすべてだ。それだけは変わらない。わが社は、絶えず学習する人に注目して雇用してきた。わたしたちはそれをラーニングアジリティ(学習機敏性)と呼んでいる――彼らはラーニングアジリティが高いことを証明した。彼らは知的好奇心が強かった」。かつてハーバード大学で最高デジタル責任者を務めたペリー・ヒューイットは、「わたしは日頃、スキルよりもアジリティで雇用すべきだと言っている。過去の実績よりも好奇心と理解力だと」と語る。[5] 個人のスキルや経験、実績でさえ、もはや将来の成功を示す手がかりにはならない。

〝タレント〟とは、生まれもった才能や素質と定義される。皮肉なことに、デジタル人材《タレント》とは、個人の素質や生まれもった才能、現在の実力よりも、むしろマインドセットや学習能力や伸び代に基づいた、将来できるようになることを意味するのだ。しかしこの種の学習は、教室や研修プログラムなどでよく見られる、制度化された学習とは異なる。制度化された学習というより、必然的に自主独立型の学習となる。制度化された学習や形式化された研修だけでは、変化のスピードやテクノロジーの進歩についていけない。違ったタイプの学習が必要になる。継続的で、経験的で、探索的な学習が必要になる。つまり、ほぼすべてにおいて発見的、模索的学習が中心となり、常に成長している状態にあるということだ。

テクノロジーはミレニアル世代だけのものではない！

デジタル成熟度をミレニアル世代と結びつけたいというビジネスリーダーの先入観ほど、しなやかマインドセットの欠如が浮き彫りになるものはない。ミレニアル世代は、デジタルの必要性や能力が、生まれつき、または自然と染みついていると、世間では信じられている。ところが、四年に及ぶわたしたちの調査から、デジタルに対する見方や欲求を予測する材料として、年齢は驚くほど当てにならないことがわかっている。図8-3を検討してみよう。デジタルリーダーのために仕事をすることの重要性についての質問では、年齢層による差はおよそ一〇パーセントである。

調査対象者の最年長の回答者と最年少の回答者の間には、確かにいくらか差が見られるが、世間の人が予想するほどの大きなずれはない。六〇歳以上の何と七二パーセントの人たちでさえ、デジタルリーダーのもとで働くことは重要だと答えた。このトレンドは、わたしたちが投げかけた質問すべてにわたって大体一貫していた。回答者間の差異は、必ずしも年齢や

デジタルを実現できる組織、またはデジタルリーダーである組織のために仕事をすることはどれほど重要であるか？ （「非常にそう思う」「そう思う」とした回答者）

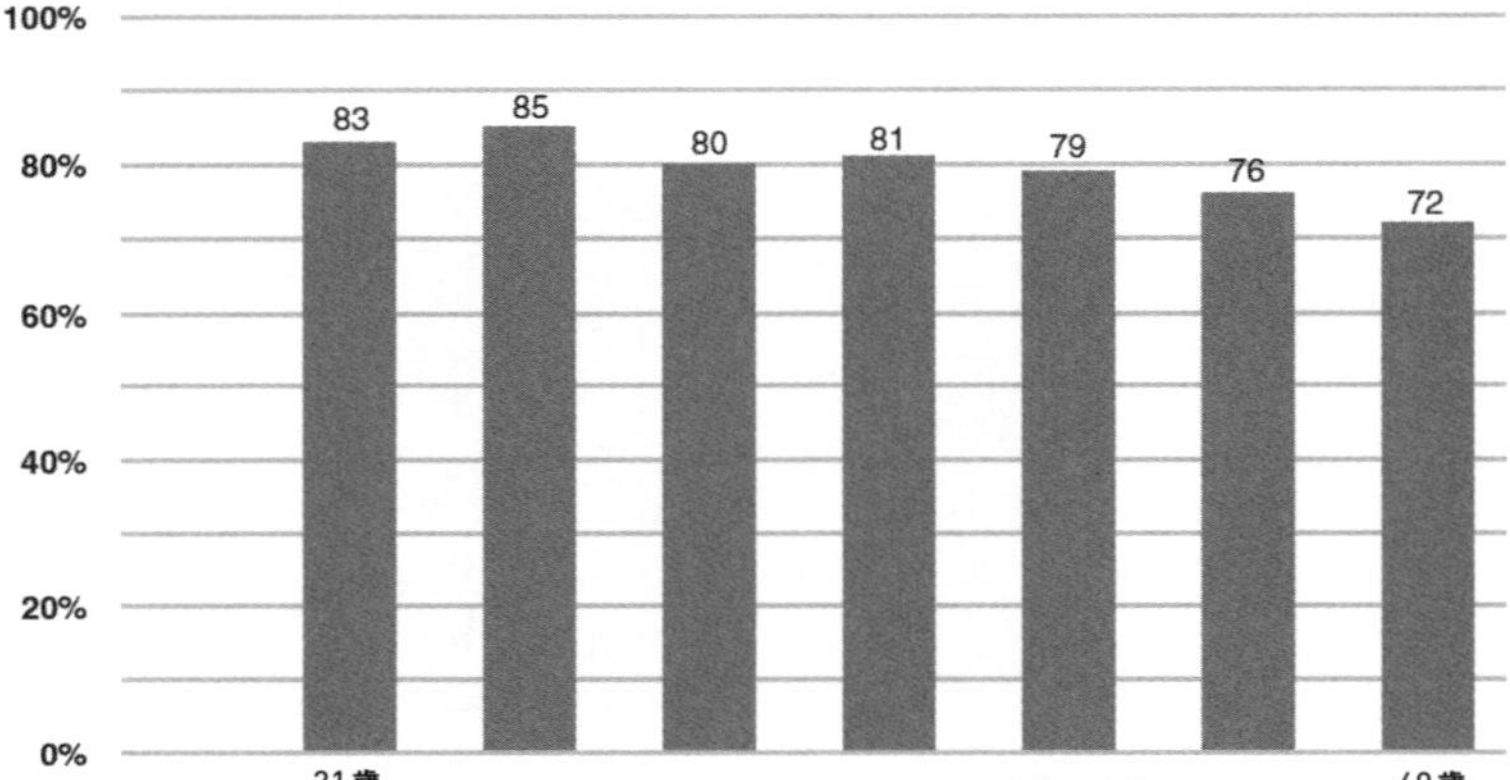

年齢	21歳以下	22歳〜27歳	28歳〜35歳	36歳〜44歳	45歳〜52歳	53歳〜59歳	60歳以上
回答者数	24	234	536	1,024	1,144	893	743
全体*に占める割合	1%	5%	12%	22%	25%	19%	16%

全体*＝4,598

図8-3

生まれ育った環境に関係がないと思われる。その違いはむしろ、彼らが現在所属する社会的環境を反映している可能性があり、彼らが成熟するにつれて、その違いは変化するかもしれないのだ。確かに、デジタルディスラプションに関するこの調査は、デジタル志向の集団に魅力的に映るかもしれず、その点に関してはわたしたちのデータにいくぶんバイアスがかかる恐れがあるだろう。それでもなお、一〇年以上にわたり学部生や大学院生、

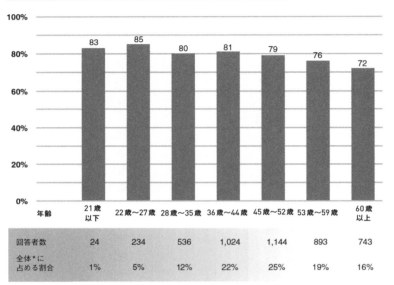

企業幹部を教えてきたわたしたちの経験からすると、デジタルリテラシーや理解力を予測する材料として、年齢は、一般に信じられているよりもはるかにあてにならない。

実際、年齢の高い働き手に対し、彼らの成功に必要なデジタルリテラシーを教えるほうが、若い働き手に対して、彼らが必要とする組織に関する知識を教えるよりも、わたしたちとしては教えやすいことが多かった。若い生徒は、テクノロジーの〝手続き的な〟適用に優れている傾向がある。つまり、さまざまなアプリやプラットフォームを使いこなすことを得意とする。一方、年長の生徒は、テクノロジーの〝戦略的な〟適用に優れていると言える。彼らがテクノロジーの能力をよく知るようになれば、若い生徒よりもすばやくビジネスへの適用を理解する傾向がある。

ここでカギとなるポイントは、少なくとも組織に関する意味では、ミレニアル世代は生まれながらのデジタル型ではないということだ。彼らは個人的にはテクノロジーを取り入れてきたかもしれないが、企業をテクノロジーや変化に適応させるにはどうしたらいいのか、本能的にわかったりはしないはずだ。彼らが大学を出るとき年長者の働き手よりもデジタル志向だったとしても、テクノロジーは絶えず変化し続けるのだから、継続的に学習せずに、しなやかマインドセットを身につけなければ、その強みはすぐに衰えるだろう。年長の働き手も途方もなく不利というわけではない。本格的なデータサイエンティストになるための時間や意欲はないかもしれないが、年長の働き手は、デジタルに成熟している組織に生産的な貢献をするために必要なデジタルリテラシーを獲得できる。ミレニアル世代は確かに、テクノロジーについての知識は豊富だが、一方で組織とビジネスについて学ぶべきことも多い。組織でしなやかマインドセットを育てるということは、社員の年齢にかかわらず、彼らのデジタル能力の育成に長期的に役立つ。

デジタル戦略と連携した組織のしなやかマインドセットを育てる

組織に所属する人たちのみならず、組織自体もしなやかマインドセットを育てられる。会社が硬直マインドセットの特徴を示している場合、社内の人たちの考え方を変えて、デジタル組織での成功に必要なスキルを身につけさせるために、まずそのレッテルを変える必要があるかもしれない。調査で見られた興味深い傾向として、社員を「だまして」デジタル構想に引き込む必要があると、何人かの幹部が言っていたことが挙げられる。彼らがトランスフォーメーションの取り組みをデジタルの観点から話すと、社内で硬直マインドセットが優勢になる――社員はデジタル人間ではないので、自分たちが、または自分たちの組織が、その取り組みを達成できるとは信じていないのだ。そこで、デジタル的側面の明言を避けて、カスタマーサービスの向上やつながりの新手法を探るといった観点から話す。組織とその内部の人々は、硬直マインドセットに陥っている。

社員が居続けたくなるような環境を、組織は作らなくてはいけない――だが一方で、それは理想を実現できる環境でなくてはならない。変わりゆくスキルとスキルの急速な陳腐化を考慮すると、個人も組織も継続的に学習する文化を築き、しなやかマインドセットを育成し促進する必要があるだろう。これが、絶え間ない進化と適応のカギとなる。しなやかマインドセットの組織は、組織としても個人としても学習を重視する。彼らは実験とパイロットプログラムを奨励し、創造性とイノベーションを育てる。しなやかマインドセットの組織と、イノベーションやコラボレーションの向上、およびリスクテイキングの増加を関連づける研究もある。[6]

しなやかマインドセットの企業の特徴は、成熟段階のデジタル組織の性質と一致する。上司は社員を肯定的に評価する傾向がある。「社員はイノベーティブで、コラボレーティブで、学習と成長に熱心な態度を見せている。経営に関わるだけの潜在能力がある。……控えめに言っても、しなやかマインドセットの企業では、社員の満足度が高く、イノベーティブでリスクテイキングの文化がある。……しなやかマインドセットの組織は、社内の人材を活用する傾向が高い。硬直マインドセットの組織は反射的に社外に人を探す」[7]（また、硬直マインドセットの企業は、望ましい社員の特徴としてとくに経歴を重視する）。しなやかマインドセットの採用の例としてはグーグルが挙げられる。同社は「最近、大学の学位をもたない人材を以前より多く雇用するようになり、彼らが有能で自主性のある学習者であることが裏づけられた」[8]。研究で裏づけられているように、マインドセットが習得できるという事実は、組織にとって朗報である。

コラム11

ベス・イスラエル・ディーコネス・メディカル・センター（ＢＩＤＭＣ）のデジタル人材開発

ＩＴ業界で働くとき、移り変わりの激しい最新のテクノロジーについて行くことは、厳しいがやりがいはある。ＢＩＤＭＣのＣＩＯジョン・ハラムカは、資金不足にもかかわらず、最先端でイノベーティブなチームを築き育て上げてきた。ハラムカは、チームメンバーのスキルと能力開発のためにさまざまな戦略を見つけ出している。

１．**既存のメンバーを育てる**――人材開発には、社内外の研修コース、短期集中講座、会議、および社員の成長のために新たな機会を与えることなどが含まれる。たとえば、ハラムカの下には、従来のウェブ開発に重点を置いたウェブチームがあった。だが、ＢＩＤＭＣのソフトウェアアプリケーションへのアクセスの八〇パーセントがモバイル機器からだったので、彼らは転換を迫られた。「調査の結果、コニーというプラットフォームが、アンドロイドとｉＯＳのアプリ開発を可能にし、その他複数のＯＳでそのアプリの転用が可能になる、アプリケーション開発プラットフォームだとわかった。そこでわたしたちはその使用を許可した。しかしその一方で、多数のサービスも認可し、社内で短期集中講座を開き、社内ハッカソンやそういった類のことを実施して、一人も新規採用することなく、ウェブチーム全体をモバイルチームに改造した。……チームの数人は、全体的に見ればこれはすばらしいチャンスだ、飛び込もう、と言った。うーん、どうだろう、でも付き合うよと言って、やって来た人もいた。さらには結局やって来なかった人も、参加しなかった人もいた」。

2. **地元の大学との共同プログラムを設ける**――「頭脳明晰な若者を、インターンシッププログラムを通して招き入れ、彼らを職場で育てて、卒業後に雇用する場合も多い。これは社内採用モデルの変型のようなものだと言える」。

3. **コラボレーティブパートナーシップから学ぶ**――「わたしは、ITエクスプローラーションセンター、略してエクスプローラーITなるものを作った。これは基本的に、グーグルがかつて採用していた二〇パーセントルールによく似たものだ。実力に基づいて優秀な人たちを選び、勤務時間の二〇パーセントを、本業以外のことに投資するようにしてもらう。グーグルがこんなクールなことをしていると知って、グーグルが協力してくれるかどうか見てみよう……と始めた。興味深い教訓をたくさん学んだ。そういうものだろう。わたしたちは、基本的にこの種のコラボレーションが認められたセンターを作った。グーグルであれアマゾンであれフェイスブックであれ、その他サードパーティとのコラボレーションを確立すれば、実にすばらしい継続する相乗効果が得られる」。

4. **対象とするスキル獲得のために外部から採用する**――「スキルをもった人を探すため

に求人サイトを利用することは、ほとんどない。だがときに、一からオラクルを教えるというような、途方もなく困難なことがある場合には——相応の地位や給与を用意して、別の組織から誰かに来てもらうことになる」。

研修だけで終わらず、学習の機会を設ける

しなやかマインドセットの組織は、組織は単に研修を受けさせるだけではなく、社員が将来必要になるスキルを身につけさせるべきだと提案する。将来の活躍に必要なスキルは、どんな年齢の人でも学べて、どんな年齢の人にも教えられることに、わたしたちは気づいた。さらに、内発的動機づけ要因はきわめて強力で、人間は自主性や成長、仕事の意味を必要とすることが、研究でわかっている。[9] 言い換えるなら、人は学び成長したいのだ。わたしたちの調査によると、デジタルに成熟している企業は、専門職が将来の活躍のためにスキルを習得できるようにリソースや機会を与えることで、この必要性に取り組んでいるという。デジタルに成熟している企業は、人材への投資と慎重に培った文化を通して、自分たちに必要なスキルと能力を開発することが可能であり、同時に社員のニーズと内発的動機づけ要因を満たす状態も作り上げている。

望ましいスキルが、テクノロジーのスキルとソフトスキルの混合である場合、コーディン

グやデータアナリティクスのようなテーマを扱う規定の研修講座は、解決策になりそうにない。もっとも、その一端にはなるかもしれない。デジタルに成熟している企業はむしろ、こうした社員たちが重要だと訴えるような特徴やスキル――オープネス、適応力、柔軟性、アジリティ、イノベーション――が習得できる、多様な環境を提供する。ウォートン・スクールのプラサナ・タンベ教授は、学習は「研修に勝る」必要があるとして、その違いを強調する。「テクノロジーの変化のスピードを考えると、こうしたさまざまなテクノロジーの研修を考案し、再編し、運営することは難しい。その多くは仕事中に行われるので、学習環境が重要になる。企業は、働き手が自ら学べる環境と、働き手が時間を過ごしたくなる物理的環境を作り出すことを重視している」。

タンベによれば、一部の企業では、社員が勤務時間中にオープンソース・ソフトウェア・コミュニティに参加することを認めるようになってきているという。オープンソースコードに貢献することで、働き手はいくつかの恩恵が得られる。まず、オープンソース・ソフトウェア・コミュニティで、スキルと信頼性を継続的に得られる。次に、それを組織に持ち帰り、進行中のプロジェクトに伝える。また、継続的なスキル開発が可能になるので、社員がスキルの習得や向上をめざして離職する可能性が低くなる。雇用する社員をこのようなオープンソースコミュニティで活動させることは、デジタル成熟化の観点から建設的な見返りが得られることに、多くの企業が気づいている。

デロイト・センター・フォー・ジ・エッジのジョン・ヘーゲルは、テクノロジーがこうしたスキル開発を実現する要因にもなると示唆する。「もっとも効果的な学習は、他者がすでにもっている知識を入手することによってはなされない。効果的な学習は、研修室ではなく職場での実践を通して、かつて直面したことのない課題とビジネス状況に取り組むことによって、新しい知識の創造を促すことである。それは学習に対してまったく異なったアプローチだ」。この種の環境を作る組織の好例は、セールスフォース・ドットコムだろう。同社が構築したトレイルヘッドというプラットフォームで、社員同士が教え合い、学び合うことができる。社員は、特定のスキル開発を説明する学習モジュール（単元）に参加したり、モジュールを作ったりできる。このプラットフォームは彼らが利用した学習機会を記録し、その記録は業績評価に織り込まれる。また、一番利用されたモジュールを開発した社員がプラットフォームで発表されるので、開発者は誇らしく思う。

デジタル成熟が高い組織のリーダーは、入社希望者にいつも投げかける質問に、二つの質問を追加するべきだろう。一つは、デジタルに成熟している組織で有能な社員になるために、最近どんなことを学んだか。もう一つは、その人たちがデジタルに成熟している組織で有能な社員になれるように、彼らの学びにどのように協力したか。現在のビジネス環境では、この両方に納得のいく答えを出せない人物を雇う余裕はない。

第8章のポイント

わかっていること(What We Know)

- デジタル環境で成功するためにもっとも重要なスキルは、戦略的思考、変化指向型、しなやかマインドセットである。
- 関連するデジタルスキルの習得のために組織が提供する機会に、ほとんどの回答者は満足していない。
- 継続的学習のトレンドは、単にミレニアル世代によって引き起こされているのではない。全年齢層の社員が、デジタルスキル習得の機会を継続的に与えてくれる、デジタルに成熟している企業で働きたいと回答している。

実行できること(What You Can Do about It)

- 人材マネジメントのプロセスに学習計画を埋め込む。その学習は必ず、規定の研修プログラム(ジョブローテーションなど)の枠に当てはまらないものにする。
- 他人の学習を手助けする機会を見つけ出し、効果的学習を実現させた社員に報酬を与える。
- 採用と評価の明確な基準に、学習能力と他者の学習を支援する能力を含める。

第9章 人材を引きつける組織にする

一九七一年、アリス・ウォーターズと幾人かの友人たちは、シェ・パニーズというビストロを地元に開店した。この店名は、マルセル・パニョルがマルセイユの海辺での生活を描いた、一九三〇年制作の映画三部作の登場人物で、寛大で人生を愛するオノレ・パニーズに由来する……この古典的な映画のもつ情趣や喜劇的要素、うちとけた雰囲気への敬意を表して。――「シェ・パニーズについて」

シェ・パニーズは創業以来、地元の農家や牧場、酪農場と直接関係を結んで供給網を築き、テクニックよりも素材を重視してきた。このレストランが長年営業を続けていることは、すばらしいと思う。ミシュランの星を獲得したり、『グルメ』誌にアメリカ最高のレストランと評されたりするなど、数々の賞も受賞している。料理のイノベーションの最前線に居続けることは、なおさら称賛に値する。だがもっとも特筆すべきは、アメリカで最高の調理人を引きつける力だろう。

シェ・パニーズの歴代シェフのリストは、スポッテッド・ピッグのオーナーシェフとして有名なエイプリル・ブルームフィールド、スターズのオーナーでカリフォルニア料理の〝考案者〟ジェレミア・タワーなど、さながら有名シェフやレストラン・オーナーの名士録の様相を呈する。[1] ダートマス大学教授のシドニー・フィンケルシュタインは、著書『SUPER BOSS（スーパーボス）』（日経BP）で、アリス・ウォーターズをはじめ、ファッション業界の革命児ラルフ・ローレン、オラクル創業者のラリー・エリソン、映画監督のジョージ・ルーカス、サタデー・ナイト・ライブの製作者ローン・マイケルズ、伝説のアメリカンフットボールのコーチ、ビル・ウォルシュ、ヘッジファンド・マネジャーのジュリアン・ロバートソンなどのストーリーを紹介している。彼らの共通点は、「業界全体を変革した愛弟子を、伝説に残るほど大勢生み出したこと」である。[2] デジタルに成熟したいと望む組織は、人材を引きつける組織となる必要がある。フィンケルシュタインの著書に書かれた、ウォーターズをはじめとするアイコンたちが率いる組織のように。このアイコンたちはどんなことをしているのか？　彼らは高い達成基準をもち、並外れた指導欲がある。他人に対する指導から自分も利益を得ることを心得ており、賢明なリスクを進んで冒す。複雑な活動を、学習と習得ができる要素に分解する能力がある。

前章で、デジタルに成熟している企業はさほど成熟していない企業と比べ、社員のデジタルスキル育成という仕事を、はるかに上手にこなすと説明した。既存のデジタルスキルの習得は必要だが、残念ながら、それだけでは将来の競争に対して十分ではない。現在の人材を訓練するだけではなく、新しい人材を引きつけ（アトラクション）定着（リテンション）させなくてはいけない。この不足していて流動性の高い労働力セグメントの取り込みに対処しないという、善意から出ているとはいえ主に象徴的な行動にとらわれずに、組織はこの課題に取り組まなくてはいけない。

デジタルに成熟しようとする企業の大半にとって、どうやらデジタル人材の不足が問題となっていることを考えると、企業は人材の獲得を大きなリスクとみなしているのではないかと思われる。だが、デジタルディスラプション対応で直面する最大のリスクについて質問すると、その点を挙げる回答者はほとんどいない。ふさわしい人材を見つけることは一つの課題であるが、その人材を維持することも同じように困難を伴う。企業全体の戦略でデジタルビジネスが果たす重要な役割について、組織が社員に正しいメッセージを送っていない場合は、とくに困難を伴うだろう。したがって本章では、人材を引きつける組織になるために何が必要かについて、わたしたちの見解を述べることにする。

まずは、今いる人材をうまく活用する

デジタルに成熟している企業はさほど成熟していない企業と比べて、今いる人材を上手に育成していることが、わたしたちの調査からわかる。図9-1は、次の三つの質問への回答の間に強い関連性があることを説明するものだ。

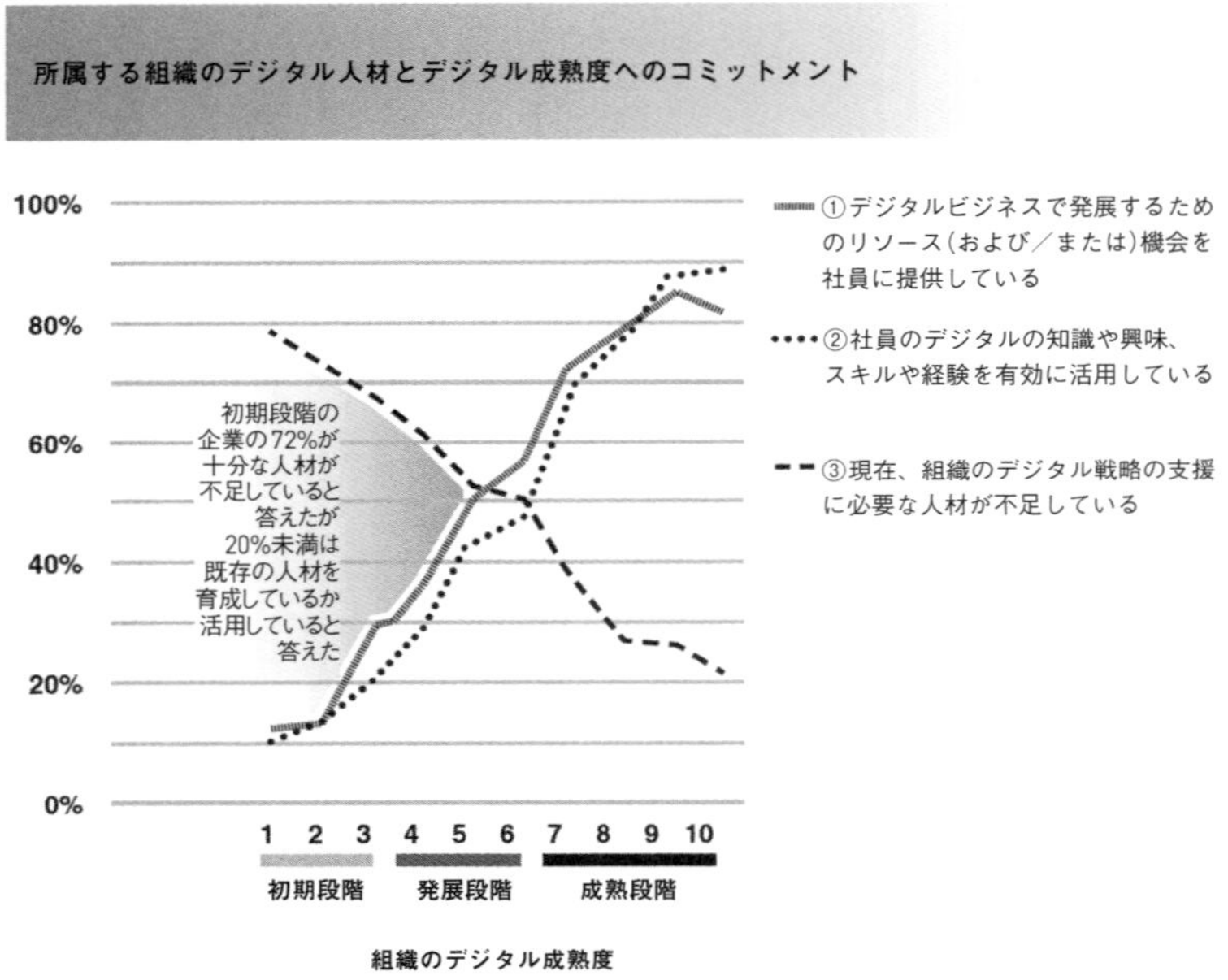

図9-1

①あなたの会社は社員に、デジタルビジネスで発展するためのリソースおよび／または機会を提供しているか？　②あなたの会社は、社員のデジタルの知識や関心、スキルや経験を有効に活用しているか？　③あなたの会社では、組織のデジタル戦略の支援に必要な人材が不足しているか？

この三つの質問の回答は、ほぼ誰もが予想した通りの内容だったが、その成熟度により大きな違いが出た。発展と社員のスキルの有効活用のために、企業はリソースを提供していると回答したのは、成熟段階の企業が八〇～九〇パーセントだったのに対し、初期段階の企業は二〇～三〇パーセントにすぎなかった。同じように、デジタル戦略を支援するために必要な人材が不足していると答えたのは、初期段階の企業が七〇～八〇パーセントだったのに対し、成熟段階の企業はわずか二〇～三〇パーセントだった。リーダーシップと同様に、初期段階と成熟段階の企業の相違は、十分な人材がいるかどうかではなく、人材開発のために何をしているかである。どのレベルの人材でもリーダーシップの責任を果たすことがますます必要とされるので、人材開発は企業が実行すべきこととして、なおさら重要なのである。

デジタルに成熟している企業は、社員の活躍に必要なスキルの育成に時間を費やす。それを受けて今度は社員が、企業のデジタル戦略遂行に効率的に協力する。さほど成熟していない企業は、社員のスキルの開発や活用に時間を費やさない——これには驚いた！——うえに、デジタル戦略を実行に移すために必要となる十分な人材がいないようなのである。こうしたデータは、社員研修をめぐる幹部二人が交わしたという、昔の会話を彷彿とさせる。一人が尋ねる。「研修を実施した結果、社員たちが会社を辞めたりしたら？」。もう一人が答える。「もし研修をしなくて、彼らがそのまま会社に残ったら？」。デジタルに成熟した企業は、社員のスキル開発に投資し、その成果を受け取る。

獲得した人材を失わないように

人材を引きつけること、定着させること、育成することは別個の課題であるが、これらの課題には関連性がある。社員に研修を提供する成熟段階の企業の回答者は、戦略遂行に足りるだけの人材がいると述べた。つまり、研修を実施していても、さらに多くの人材を引きつけたいと考えている、ということだ。デジタル世界で競争し成果を上げるために、企業がさらに多くの人材を必要とするとしても、驚くに値しない。わたしたちが驚いたのは、この人材の必要性がデジタル成熟度とは関係がないように思われることだ。デジタル成熟段階がもっとも低い企業の七〇パーセント以上が、新しい人材が必要だと回答する一方で、成熟している企業の五〇パーセントも同様のニーズを指摘した。既存社員に対する研修の有無やその内容にかかわらず、あらゆる企業がさらに多くの優れたデジタル人材を欲し、必要としているのだ。

そもそも人材流出は採用者の抱える難問をさらに悪化させる。第8章で述べたように、明らかに誰もがデジタルリーダーのもとで働くほうを好むものだ。会社を辞めようとする社員の多くは、企業がデジタルトレンド対応に欠けていることに不満を抱いている。成熟段階の企業の八一パーセントが、組織のデジタルトレンド対応に満足していると答えたのに対し、初期段階の企業はわずか一〇パーセントだった（図9-2）。発展段階の企業の社員でさえ、満足していると答えたのは三八パーセントにすぎなかった。つまり、社員はデジタルリーダーのもとで仕事をしたいと思っているだけではない。企業が積極的にデジタル成熟度を高めようとしない場合、彼らは会社を辞めようと考え始めるかもしれないのだ。

わたしたちの調査で、人材流出を食い止める方法としてトップに挙がったのは、社員に

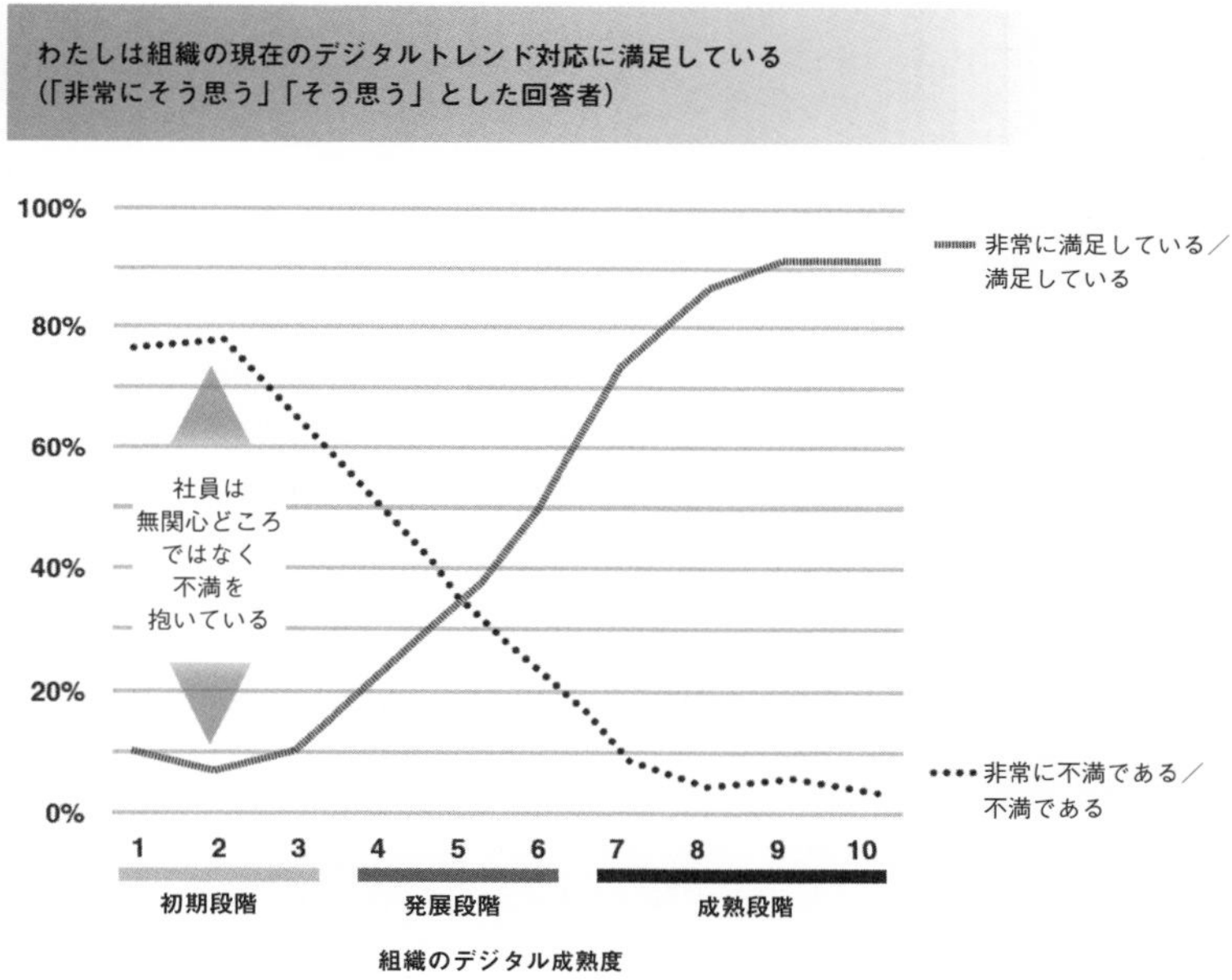

図9-2

成長と発展の機会を与えることだった。デジタル環境で働くためのスキル開発に機会を与える企業では、退職したいという欲求は著しく低下する。同様の結果は、さまざまなレベルの社員の間ではっきりと見られたが、とくに中間管理職の間で目立っていることに、わたしたちは驚いた。バイスプレジデント（VP）やディレクター級の社員は、デジタル環境で仕事をするために必要なスキルを習得する機会が雇用主から与えられた場合、デジタルトレンドの結果のために一年以内に会社を辞めたいと回答した人は、機会を与えられない人の一、五分の一だった（図9-

デジタルトレンドを考慮して１年に満たないうちに会社を辞めようと考えている回答者の割合（回答者の役職は図に示す）

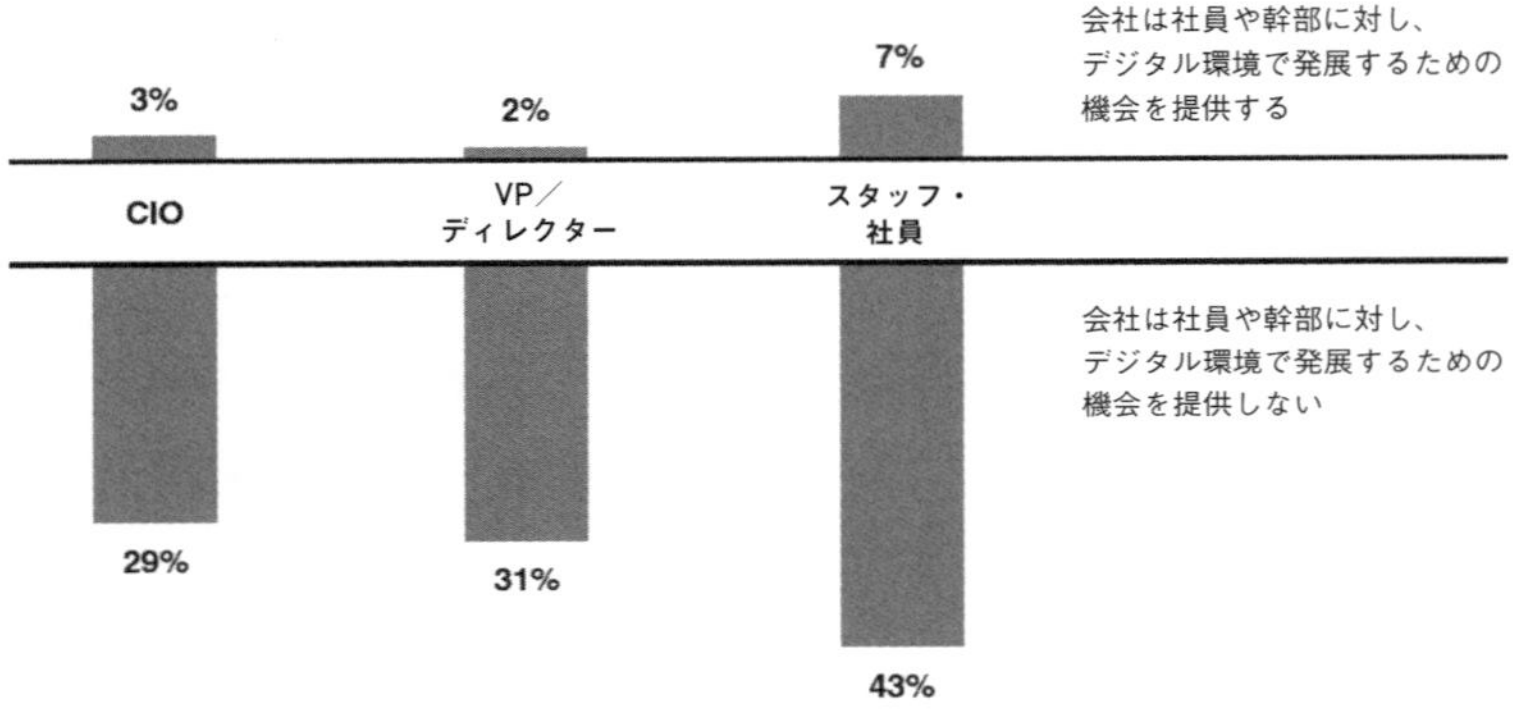

図9-3

3）。CIOやIT部門、販売部門のスタッフも、こうしたスキル習得の機会を会社が与えなければ、一年以内に会社を辞めたいと訴える傾向が強く見られた。さらに言えば、成長と習得の機会を提供することは、しなやかマインドセットを培うと同時に、スキルの劣化に先を越されないようにする可能性を高める。

とはいえ、効果的に仕事をこなすためにスキルを継続的に更新したいという社員の要望に、大半の企業は手を差し伸べていない。これについては年齢層を問わず比較的一定している。デジタル環境で働くために必要な変化に備えるために、会社が社員に対して講じた支援に満足していたのは、回答者の三分の一にすぎなかった（図９－４）。想像に違わず、この結果は成熟度によって異なる。会社の支援に満足していると答え

デジタル環境で働くために必要な変化に備えるために会社が講じた支援に満足している　（「非常にそう思う」「そう思う」とした回答者）

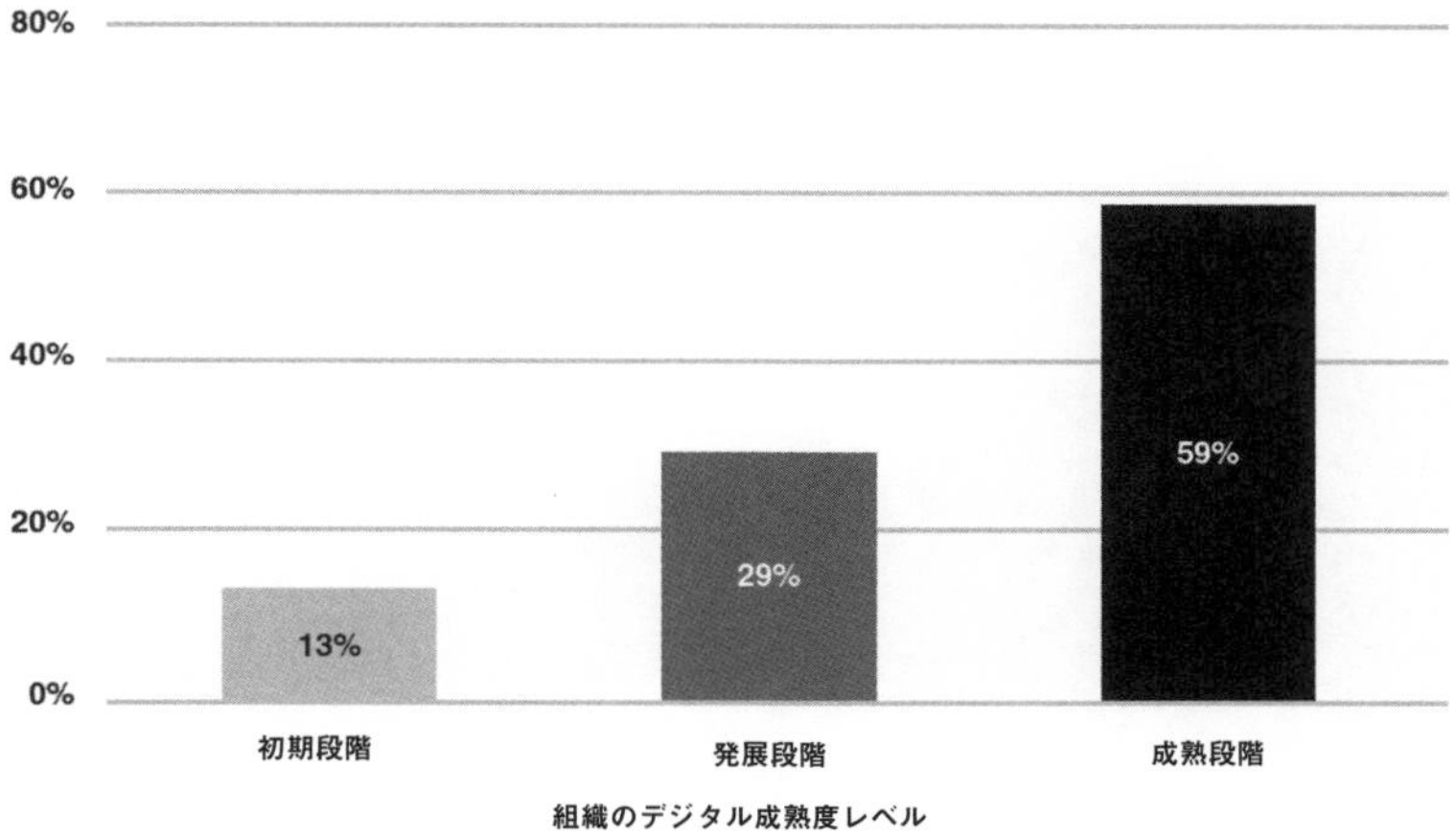

図9-4

たのは、成熟段階の企業が五九パーセントだったのに対し、初期段階の企業はわずか一三%だった。つまり後者の回答者の大多数は、大いに不満を抱えているということになる。

第8章で、内発的動機づけ要因、成長の必要性、自主性、仕事の意義について取り上げた。デジタルに成熟している組織は、人材開発に投資し階層をフラット化することで、そうしたニーズに取り組む傾向が強い。これにより、組織の下位にまで意思決定が行き渡るようになる（これについては第3部で扱う）。人材に投資し成長「スキル開発」の機会を与えることは、継続的成長と学習の必要性に取り組むことである。分散型のリーダーシップなら、必ずしも「上層部に話を上げる」必要はなく、さらなる意思決定と当事者意識を生み出すことが可能になる。有意義な仕事や目的は人によって千差万別であるが、全体的な企業戦略と結びついた、明確で一貫したデジタル戦略（デジタルに成熟している組織のもう一つの特徴）をもてるようになる。

別の言い方をしてみよう。人は学び続けたいと思っており、自分の与えた影響を実感できるような、ワクワクする新しいことに参加したいと思っている。それでは会社の社員全員が、デジタルに成熟している企業で働くために出ていってしまうということにならないだろうか？　そんなことはないが、その機会に恵まれた社員——つまり、ひっぱりだこのスキルをもつ人たち——は、比較的早く離職する可能性が高いだろう。

コラム12

シグナでデジタル人材戦略を練る

社員をデジタル人材に育てるつもりなら、どの分野の人材を育成したいのか理解すべきである。もっとも戦略的な人材開発モデルを有する企業は、アメリカの医療保険会社シグナだ。同社は、授業料免除プログラムを積極活用するよう社員に奨励している。これは、社員が教育を継続するための費用を同社が負担する制度である。シグナのリーダーがこのプログラムの効果を分析した結果、投資に対して一二九パーセントのリターンをもたらしたことが判明した。この利益の大半は、社員のリテンションと昇進となって現れた。

シグナを独特にしているのは、このプログラムに取り組む戦略的方法である。同社のリーダーは、数年後にどのスキルが会社にとってもっとも重要になるか見定めて、会社の将来にとって戦略的スキルとみなされる人材関連の分野を、一〇個ほど選び出した。その戦略的分野で学位や資格の取得をめざす社員は、ほかの学位プログラムのおおよそ三倍の授業料返還金を受け取れる。このように、社員が自ら訓練を受けるようにリソースを与えることにより、シグナは戦略的分野の人材を開発している。シグナはこのプログラムを通して、教育費返還を人材供給経路のニーズ、および社員の雇用可能性（エンプロイアビリティ）の維持というニーズと一致させることができる。

受動的採用は人材の脅威を悪化させる

デジタル成熟度が低い企業にとって、人材に関してさらに悪いニュースがある。社員が継続的に成長できる機会を得られない場合、社員はその会社を辞める傾向があるうえに、デジタル成熟度が高い企業がその社員を獲得する可能性も高くなる。デジタル成熟度が低い組織は、〝受動的採用（パッシブリクルーティング）〟として知られる、新たな慣行に直面している。つまり、企業がリンクトインやその他職業に特化したプラットフォームを検索して、彼らの欲しいスキルをもった人物を見つけ出し、たとえその人たちが積極的に転職を考えていない場合でも接触するという現象が起きているのだ。わたしたちが話をしたある幹部はこう語る。「わが社が採用するデジタルリーダーはたいてい、わたしたちを探しているわけではない。わたしたちは通常、大企業で働いている人物を探している——とくにリーダーシップのレベルでは。彼らはおそらく、わたしたちの会社よりも大規模で、グローバルな会社に勤めていた。彼らは複雑さに慣れている……気合を入れて、物事を実現させることができる」。

デジタルプラットフォームは、この受動的採用のトレンドを可能にする。実際に、すべての成熟度の企業において、回答者の七五パーセントが、デジタルプラットフォームは彼らの社外での注目度を高めたと報告した。回答者の五〇パーセント以上が、こうしたプラットフォームを通して企業が一方的にアプローチしてきて、魅力的な仕事のチャンスを提示されたという。このようにアプローチされた社員は、あまり価値のない、あるいは生産的でない社員ではなく、あなたの組織にとって非常に価値ある人材だとみていいだろう。

図9-5は、デジタルに成熟している企業の採用活動の優位性を示したものだ。わたしたちは次の二つの文章を用いて調査した。①わたしの組織が採用しているデジタルビジネスは、新しい人材を引きつける。②デジタルエコノミーで競争するために、わたしの組織は新しい人材が必要だ。この図で二本の線が交差するところは、発展段階を超えたところだという点に留意してほしい。この結果が示しているのは、発展段階の企業でさえ、成熟段階の企業に最高の人材が流出するリスクにさらされている、ということだ。備えあれば憂いなし。デジタル成熟度が高い企業は採用活動で有利な立場にいることを承知しており、あなたの会社に

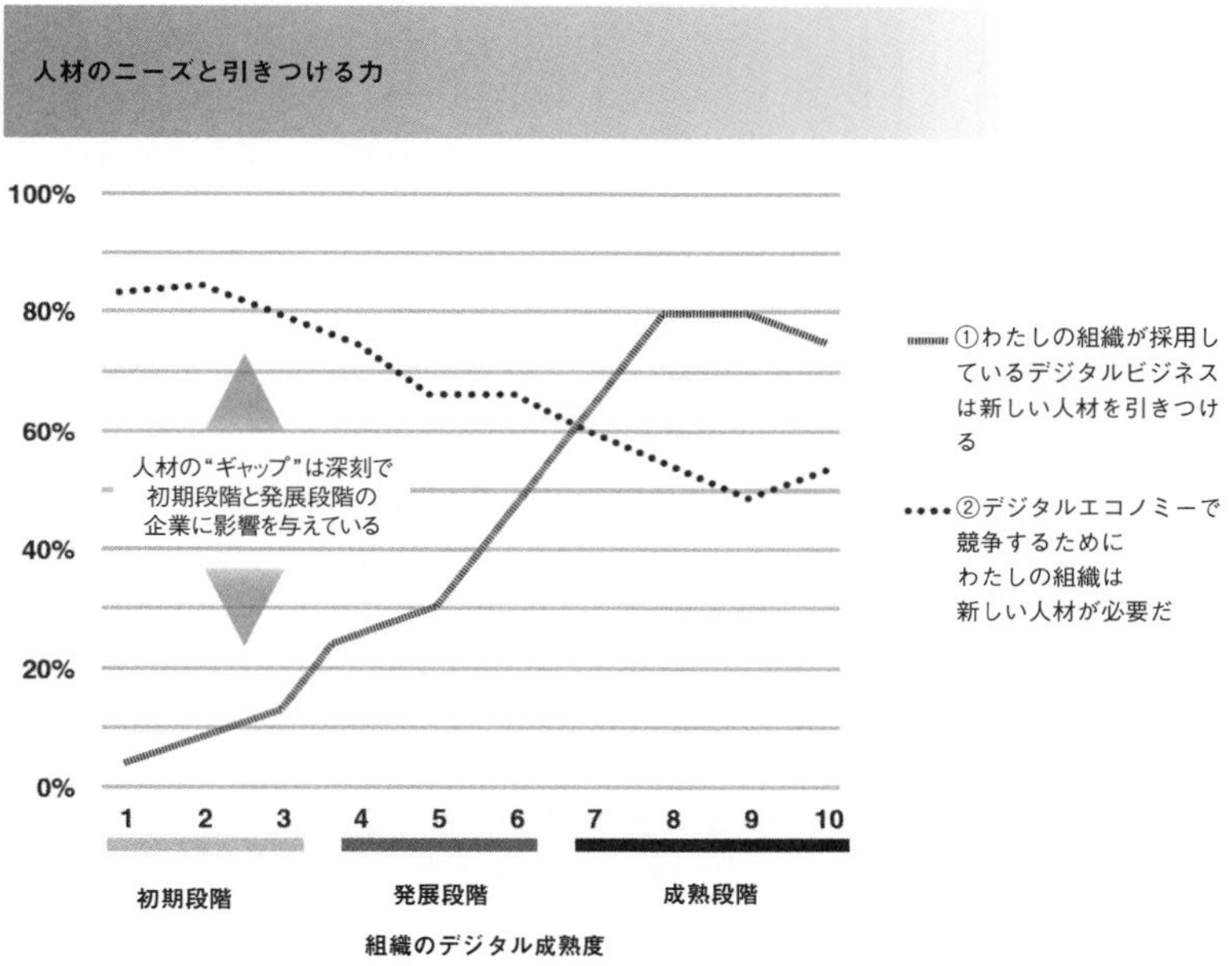
人材のニーズと引きつける力
100%
80%
60%
40%
20%
0%
人材の“ギャップ”は深刻で
初期段階と発展段階の
企業に影響を与えている
①わたしの組織が採用しているデジタルビジネスは新しい人材を引きつける
②デジタルエコノミーで競争するためにわたしの組織は新しい人材が必要だ
1 2 3 4 5 6 7 8 9 10
初期段階
発展段階
成熟段階
組織のデジタル成熟度

図9-5

	初期段階	発展段階	成熟段階
企業がデジタルイノベーションの能力を強化する主な方法	1. 請負業者／コンサルタントを雇う 2. わからない 3. 外部人材 4. 社員を育てる	1. 社員を育てる 2. 外部人材 3. 請負業者／コンサルタントを雇う 4. デジタルの専門性をもつ人材を社員として採用する	1. 社員を育てる 2. デジタルの専門性をもつ人材を社員として採用する 3. 外部人材 4. デジタルリーダーを採用する

図9-6

とってきわめて価値ある社員を狙っているのだ。

成熟段階の企業は、現在の人材基盤にただ満足したままではいないだろう。実際にこうした企業の五〇パーセント以上が、まだ新しい人材が必要だと回答した。そして、あなたの企業の最高の社員を採用しようとするだろう。彼らはさらに多くの、さらに優秀なデジタル人材を欲しており、彼らの所属するような企業で社員が働きたがっていることを知っている。組織がデジタル人材をいかに開発しているか質問すると（図9-6）、成熟段階の企業と発展段階の企業で一番多かったのは、既存の社員のなかからデジタル人材を育成したという回答だった。成熟段階の企業が人材開発で二番目に重要だとする方法は、社員を新規に採用することである。新規採用は、発展段階の企業にとって四番目に重要な方法でしかない。成熟段階の企業は、有能な社員の雇用で自分たちが優位に立っていると実感しており、その優位性を活用してさらに人材を引きつけようとする態勢が整っている。

適切なデジタル人材があなたを見つける場所に拠点をおく

不動産でもっとも重要な三つの言葉は、「立地、立地、立地」である。デジタル人材開発でも、場所が同じように重要になるかもしれない。プラットフォームを利用してどこでも仕事ができることを考えると、デジタル人材は比較的流動性が高いと思われる。とはいえ、貴重なスキルをもった社員が企業の間を移動する人材市場においても、場所は大きな要因になるかもしれない。好調なデジタル人材市場にとって、シリコンバレーはおそらくもっとも有名な場所だろう。そのためだけに、数多くの企業がイノベーションの拠点を彼の地に築こうとしている。

ウォートン・スクールのプラサナ・タンベは、場所の選択を慎重に検討するよう提案する。シリコンバレーを検討する場合、人材のアトラクションとリテンションのバランスを図る必要があるからだ。彼はこう語る。

スキルをもつ働き手が大勢いるような地域に会社がある場合、リテンションの問題も抱えることになる。いつでも別の会社に移れるので、働き手を維持することが難しい。そこで、ある程度の戦略的意思決定が求められる。その場合、シリコンバレーのような場所で仕事をする恩恵のバランスがとれるような形で、どのように労働力を分けたらいいか企業は選ぶことになる。シリコンバレーのような場所ならば、国内のほかの場所ほど厳しくなく、同じようなリテンションコストのかからない労働市場で仕事をするときのリテンションは恩恵を受けられないだろう。

さらに、求めるスキルの種類を考慮に入れる。最先端の能力をもつ人材を探しているのなら、シリコンバレーに移ることが最良の選択かもしれない。一般的なテクノロジーのスキルを開発しようとしているならば、別の場所のほうが価値ある成果を得られるだろう。タンベによれば、発展段階の企業が探している人材のタイプは、大学街で見つかることが多いという――しかもかなりお値打ちで。

新たな視点を求めて業界外を見る

業界の枠を超えて人材を探してもいい。会社にデジタルマインドセットを吹き込んでくれるリーダーを、別の業界から採用することも一つの方法である。このようなリーダーは「アンカーハイヤー」（頼りになる雇用者）と呼ばれることが多い。ビジネスとテクノロジーのスキルを併せ持つ、デジタルに熱心な社員を引きつけるからだ。ある大手消費財会社の幹部は、次のように語った。

以前は、わが社のような組織で上級管理職になりたければ、似たような組織で働かなくてはならなかった。そうした企業はどこも比較的似たような経営をしていた。ところが今は、わが社ほど大きくないにしろ大手で、全社員がデジタルに精通している企業がある。彼らは損益を管理し、同じような社内政治の経験をしてきた。アマゾンであれ、グーグルであれ、フェイスブックであれ、シスコであれ、インテルであれ、彼らは大手企業を通して、物事の操縦の仕方をすっかり把握している。しかも、彼らはわが社のような組織に移ってきている。社内に今いる人材が彼らと張り合えるかというと難しい。組織で活躍するために必要な聡明さのレベルは同じでも、社内の人材はデジタルに精通していないからだ。

このアプローチを採用するとき、あなたの部門の独特で価値あるものを強調することが重要だ。米国がん治療センターのクリスティン・ダービーはこう話す。

私見だが、医療業界はおそらくもっともやりがいのある業界だと思う。わたしたちは毎日人の命に影響を与えているのだから。その使命が誰かの心に響いて、その人がビジョンを描き人を動かすスキルをもち、モバイルとデジタルがユーザー体験を変えられることを理解し、患者に共感できるならば、それこそわたしたちが本当に求めている人材だと思う。ただ、そうした人材を見つけるのはとても難しい。また、わたしは医療業界の枠をはるかに超えた別の業界から、人材を選んでいる――たとえば、デジタル領域での金融サービス。最近わたしたちの消費者向け技術のトップになった人物は、かつて世界的な金融サービス会社のためにモバイル事業を指揮していた。そうしたタイプの人材を採用することで、知識と、ほかの多くの業界が経験してきた学びを、新たな方法で活用できるようになる。

外部の人材を活用する

すべての成熟度の企業で一貫して見られるのは、デジタル能力を開発するために外部人材と一緒に仕事をするという戦略だろう。このアプローチは、市場における人材エコシステムへの変化の予兆となる。テクノロジーによって引き起こされたディスラプションは、広く行き渡り進行も速いので、企業は独力で対処する余裕がないと感じている。デジタルトレンドに応じていかに変化すべきかをともに学ぶパートナーのネットワークを、企業は築いている。たとえば、カーディナルヘルスはデジタルイノベーションセンターを設立し、コラボレーションとイノベーション促進のために顧客と取引先を定期的に招いている。カーディナルヘルスのフューズというイノベーションラボの所長ブレント・スタッツは、こうしたステークホルダーのニーズと状況を理解することで、ようやく同社が求めるタイプのイノベーションを構築できることに気づいた（第13章を参照）。

このような外部とのパートナーシップは、たとえばコーディングコミュニティのトップコーダーのような、オンラインコミュニティとの型にはまらない関係から構成される可能性がある。オンデマンドのデジタル人材を利用するために、企業は次第にこのようなプラットフォームに頼るようになってきている。トップコーダーのCEOマイク・モリスは次のように述べる。

労働人口が変化しているという結論に企業は達している。それについては長年話題にのぼってきた。次世代の労働人口や、今後の動向についても。だがあなたの会社が雇える高度な人材の数に限りがあるとき、アメリカ人の三人に一人がフリーランスだという事実に気づくようになる。彼らはキャリアパスとして自らフリーランスを選んでいる。この働き方はどんどん広まってきている。そのような人材と競争することはますます難しくなるだろう。彼らはオフィスに通勤して、何をすべきか指示され、業務を割り当てられて、週四〇時間仕事をしたいとは思わないからだ。彼らは自由であることのほうをはるかに好む。

プラットフォームはまた、オンデマンドの非デジタル人材を保有する機会も生み出す。たとえば、第4章で紹介した、レストランのデリバリー注文を扱うオロという企業のディスパッチプラットフォームは、ウーバーのネットワークを利用して、オンデマンドのデリバリーフードサービスのドライバーを提供する。[3] またこのプラットフォームはアナリティクスを用いて、ドライバーの予約状況をもとに、いつ調理を開始したらいいか、現在の道路状況で配達したとき、どの区域までなら料理の品質を保てるかなどを、レストランに知らせる。

人材流出が組織内に収まるようにする

古い世代の経営学者たちは「歩き回るマネジメント」を提唱した。[4] 常識となったこのマネジメントスタイルは、それから何世代も続いてきた。「歩き回るマネジメント（ＭＢＷＡ）とは、現場のメンバーとじかに話すためにちょっと立ち寄り、彼らが現状をどう思っているのか感じとり、彼らが気になっていることに耳を傾けるという習慣のことである」[5]。この理念は、デジタルスキル開発にまで拡張することができる。蜂の授粉は、知識が多くの組織に伝わるようすのたとえによく使われる。ミツバチが花から花へと飛び回って花粉を運ぶように、社員も異なる任務に移るとき知識を運んでいる。社員は各職場で新しいスキルと知識を手に入れ、その後、学んだことをほかの人たちに残して行く。企業はますます、「ツアー・オブ・デューティ」モデルを導入するようになっている。社員が一定期間ある仕事をしたら、別の仕事に移るというモデルだ。次の仕事は、前の仕事とはまったく違うこともある。

このモデルは、ほとんどの組織の人材マネジメントとは主に二つの点で異なる。社員がその仕事に無期限にとどまることを想定していないという点と、必ずしも社員を同じ職務内で垂直に移動させるわけではない、という点だ。「ツアー・オブ・デューティ」モデルは、多様なスキルを継続的に習得する必要性を社員に課す。しかも、ほかの会社に移るのではなく、組織内のキャリアでこの多様性を実現させる。加えて、繰り返し新たな環境に送られるので、社員は変化に適応しやすくなる。

移動して回るこのモデルは、社員が新しい仕事を積極的に引き受けているというより、新しいプロジェクトやチーム、課題を通して社員が新しい体験にさらされていると言えるかもしれない。メットライフの最高デジタル責任者グレッグ・バクスターは、この意見に同意する。「自分のやり方を新しい行動に合わせるのではなく、新しい考えに合わせて行動する必要がある。人と違ったことや物事を違ったやり方でするときに気負わず、自信をもって、力を発揮できるように、わたしたちはプログラムと機会を作ろうとしているのだ」。メットライフは、「デジタルディスラプションの起きた世界で活躍するためのスキルとチャンスを得られるように、社内の人間に真に配慮している」という。同社は、全世界の社員に対し一〇〇〇万ドルの投資に乗り出した――社員のための未来の発展ファンドというプログラムだ。これは全社員が利用できるプログラムで、デジタルスキルの特別学習計画が含まれる。メットライフが社員に身につけてほしいと考えるスキルは、ますます多様化する社員同士が協力し合う力、次世代のテクノロジーを用いて快適に働く力、そしてプラットフォームとエコシステムを含む新ビジネスモデルを認識することである。

本章の冒頭でアリス・ウォーターズとシェ・パニーズの話を紹介した。フィンケルシュタインは著書『SUPERBOSS（スーパーボス）』で、ウォーターズがアメリカ屈指の料理人を引きつけたことは偶然ではなく、個人的・制度的な営為と習慣の賜物だと指摘している。デジタルディスラプションの世界は人材のアトラクションについてとくに難題を突きつけるが、習慣の多くはデジタルに勝る。新たなスキルと経験を活かせる役割に首尾よく移行できるようなスキルと経験を獲得する、真の機会を社員に与える必要性が、その起点となる。

第9章のポイント

わかっていること(What We Know)

- デジタル世界で競うために求められる人材を確保する手段として、社員の育成は必須であるが、これだけでは十分とは言えない。人材を獲得し定着させることも重要となる。
- 人材開発と人材の定着は相互関係にある。スキルを磨く機会を与えられた場合、社員が1年以内に離職する確率は15分の1になるという。
- 組織を辞めたい理由として社員が主に挙げるのは、会社の実行可能性に対する懸念と、デジタル関連スキルを継続的に向上させる機会の欠如に関する懸念である。
- デジタル成熟度の高い企業でさえ、さらなる人材が必要であるとされる。彼らは採用活動で有利な立場であることを承知しており、望ましい社員に近づくためにリンクトインやその他プラットフォームを利用して定期的に接触している。
- 十分なデジタル人材のアトラクションのためには、将来どんなスキルが必要になるか評価し、人材を引きつけるために居を定め、業界外や社外の人材を活用することが求められる。

実行できること(What You Can Do about It)

- デジタル環境で競うために今後組織がどのような人材を必要とするか長期の戦略計画を立て、その人材を定着させる積極的措置を講じる。
- 企業にとってきわめて価値ある社員がデジタルスキルを習得できるように、時間と機会を与える。この機会が組織全体に明確に伝えられ、後押しされるようにする。
- 戦略的人材計画を社員に明確に伝える。人材を見つけスキルを習得できるように、どんなスキルが必要なのか社員がきちんと把握できるようにする。
- 価値あるスキルをもつ社員をデジタルに成熟している組織内の領域に引きつけるために、受動的採用を行う。受動的採用を社内でも実施して、デジタルに精通した社員が活躍できる部門に彼らを配置するようにする。
- 請負業者、〝ギグ〟ワーカー的働き方をする社員、クラウドソーシングなどの人材エコシステムが急速に台頭していることを理解する。こうした変化に、仕事の定義と採用活動を適合させる。

第10章 仕事の未来

メールを使っていない人、スマートフォンをもっていない人、ソーシャルメディアを避けている人を、わたしたちは誰かしら知っている。「テクノロジー(あるいは新たなテクノロジー)を恐れる人は、現状で満足しているように見える」[1]ので、そうした人を指してラッダイトと呼ぶこともある。リチャード・コニフが『スミソニアン』誌で述べたように、「ラッダイトという言葉は、愚かしさの宣言と名誉の印を同時に指す」[2]。この言葉は、二世紀以上前にイギリスで起きた工業化への抗議運動に由来する。抗議運動は一八一一年三月一一日に、織物工業の中心地であるノッティンガムで始まった。イギリスは当時、経済大変動や食糧不足、高い失業率に見舞われていた。不満を抱いた織物工業の労働者たちが、その晩機械を破壊し、イギリス北部一帯に同様の運動が飛び火した。労働者たちは単純にも、機械を破壊すれば自分たちの仕事が守られると考えたのだ。政府はすぐに報復に出て、まず工場を守るために兵士を派遣し、その後、機械の破壊を死罪とする法律を可決させた。[3]

現在、わたしたちは当時とは異なる世界に、とくに経済的見通しに関しては、当時とは異なる世界に生きている。ただ、新しいテクノロジーがわたしたちの仕事とわたしたちが働く組織に及ぼす影響については、不確実性が増す一方である。安価で効率的なテクノロジーのために仕事を失うのではないかという恐れが、この不確実性に含まれる場合もある。過去二〇年の間にテクノロジーによってもたらされた変化に何とか適応しようと企業は悪戦苦闘してきたが、このディスラプションが速度を緩める気配はまったくない。それどころか、今後一〇年か二〇年の間に訪れる変化が与える衝撃は、おそらくさらに破壊力が増すはずである。本章では、進行中のディスラプションが個人と組織に与える影響について検討する。

ただし、将来テクノロジーが仕事をどのように破壊するのか考察を加える前に、いくつか注意事項を述べなくてはならない。まず、こうしたディスラプションが起きるかどうかに関する質問は、いつそれが起きるのかに関する質問とは別のものである。特定のデジタルディスラプションがいつ現実のものとなるかについては、専門家の間で意見が食い違うことが多いし、テクノロジーの現状と将来見込まれる状態との相違を指摘する、懐疑論者の主張も多く聞かれる。ここでは、具体的な分野に〝いつ〟ディスラプションが起きるのかではなく、ディスラプションが起きる〝場合〟にフォーカスすることにする。だが、戦略的判断の重要側面として、いつ変化が起きるのか、いかに迅速に対応すべきかについて理解することは必要である。やはり、どんな種類の変化が起きそうか理解することに価値がないわけではない。どんなディスラプションが迫ってきそうかマネジャーがよく理解していれば、特別な変化が起きる兆候やきっかけとなる出来事に、フォーカスしやすくなるだろう。そのうえ、やがて訪れるディスラプションの種類を理解することで、それが最終的にいつ来るかにかかわらず、変わりゆく未来に備えられるようにほかの人たちに手を貸せる。

テクノロジーが人間の仕事を破壊する場合、おそらく二段階で発生することになるだろう――最初に人間の働き手の価値を拡大し高めて、次にその人間にすっかり取って代わるのだ。つまり多くの仕事は、テクノロジーに完全に取って代わられる直前に、テクノロジーによって改良され改善されることになる。人間の働き手の価値がテクノロジーによって短期間だけ高められるからと言って、ディスラプションが起こらないなどと思い違いをしてはいけない。この拡大のステップは、専門家の価値を中期的には高めることになる。決まりきった雑事から解放されて、付加価値のある作業ができるようになるからだ。問題となるのは、テクノロジーがその役割を完全に引き継ぐ前に、人間の社員がこうした新しい付加価値のある役割を確立できるかどうかだろう。次に、問題は、別の付加価値のある役割と仕事を人間の社員が引き受けられるかどうかに移る。確かに、一部の仕事には、完全に置き換わらない部分もあるだろう。たとえば、放射線専門医の仕事はある程度まで自動化されるかもしれないが、たいていの人はコンピュータよりも人間にがんと診断されるほうがいいと思うはずだ。だが、仕事のある部分がまだテクノロジーに置き換わっていないからといって、それが置き換えられない、あるいは今後も置き換わらない、ということにはならない。

拡大と置き換えの移行は、ひとたび始まれば、おそらくあっという間に起きることになる。人間の監督下にあるオートメーションにわたしたちが慣れ始めるにつれ、拡大の段階はおそらく長引くだろう。だが、監督下にあるオートメーションに人々が慣れた時点で、人間による監視はもはやコストや特別な労力をかけるに値しないという決断が、速やかに下されるかもしれない。同じような動向は、ＩＴバブルの時代に新聞業界で見られた。当時、新聞業界の利益は徐々に増えたのだが、二〇〇〇年を迎えた直後に激減した。当初、大手の新聞社はインターネットのおかげで、販売部数を伸ばし生産コストを減らし、その結果広告収入が増加した。これは新聞社にとって恵みとなった。だがそれも、クレイグリストなどの競争相手が市場に参入し、少ない経費でその利益の相当部分を奪うようになるまでのことだった。クレイグリストは現在でもわずか五〇人ほどの社員しかおらず、およそ七億ドルの利益を案内広告で得ている。案内広告は、かつて新聞にとって主な収入源だった。

テクノロジーはどのように仕事を破壊するのか？

自動車や不動産、保険などのいくつかの産業に自動運転車が与える潜在的影響について、第4章で取り上げた。自動運転車は、前述したよりもはるかに大きな影響を仕事に与えるかもしれない。しかし、自動運転車ほどの大きな破壊でも、人工知能（ＡＩ）が仕事にもたらすと見込まれる破壊と比べれば、影が薄くなる。アメリカでは、たとえばテレマーケター、パラリーガル［弁護士補助員］、レジ係、ファストフードの調理人、金融サービス業のさまざまな仕事など、八〇〇〇万もの仕事がＡＩによって影響を受けるとも見積もられている。[4] ルーティンワークも、過去のデータからの予測に基づく技術職も、ＡＩが取って代わるにはうってつけだ。たとえば放射線専門医は、何年も勉強してＸ線やＣＴスキャン、その他医用画像で、正常と異常の違いを見分けられるようになる。彼らの年収は一般に四〇〜五〇万ドルほどである。ＡＩなら、数日のうちに何百万の画像で学習を重ね、人間の診断よりもはるかに精度が高くなるはずだ。ゼネラルマネジャーでさえ、破壊の危険にさらされるかもしれない。エンタープライズ・コラボレーションプラットフォームのスラックは、ＡＩで社員のコミュニケーションをモニターし、管理者の作業の多くを自動化しようと取り組んでおり、直接会って行うミーティングの必要性を減らしている。

仕事をさらに破壊する別のテクノロジーが、現在も姿を現しつつある。ブロックチェーンの適用としてもっともよく知られているのはもちろんビットコインだが、ブロックチェーンの潜在的影響は暗号通貨をはるかに上回る。公文書を安全に管理するテクノロジーとして、ブロックチェーンは、当事者間の信頼を仲介する仕事をなくす態勢を整えている。たとえばこれは、エスクロー［第三者預託］サービスの必要性がない、自動発効的契約［スマートコントラクト］の作成に使われる可能性がある。付加製造技術やＡＲ、ＶＲなどでも似たようなシナリオを思い描けるだろう。

こうした来たるべきテクノロジーのトレンドだけでも――自動運転車、ＡＩ、ブロックチェーン、付加製造、ＡＲ、ＶＲ――今後一〇年の間に仕事に多大な影響を及ぼしうるだろう。だが、総合的に考えれば、こうしたいくつものテクノロジーのトレンドは、仕事の未来に生じる甚大な破壊の前触れにあたる。実のところ、前方に延びるデジタルディスラプションの道は、テクノロジーが仕事に及ぼす破壊的影響の終わりではなく、始まりに近づいていることを示唆する。わたしたちの経験から言って、この破壊がやってくることを多くの人が知りながら、テクノロジーが自分たちのキャリアにどんな影響を与えるのか、たいていは社員もリーダーも考えていない。

仕事の未来か、未来の仕事か？

こうしたテクノロジーによる仕事への影響は複雑で、完全に予測できるわけではない。たとえば、ＭＩＴの経済学者デイヴィッド・オーターによれば、現在の銀行窓口係の仕事は、ＡＴＭ導入時と比べて二倍近いが、その仕事は以前とはきわめて異なるという。[5] 金銭を数えたり記録をつけたりする仕事は減り、顧客との関係構築や、財務的アドバイスを与える仕事が増えているのだ。同じように、放射線専門医は、正常な画像と異常な画像の区別に時間をかけるよりも、異常な画像の分析に時間をかけるようになるかもしれない。マネジャーは、監視業務やプロジェクト管理に時間をかけるよりも、コーチングやメンタリング、チーム作りのほうに時間をかけられる。多くの学識経験者が「今回の破壊はこれまでと異なる」と言っているが、自分たちの経験した破壊は前回の破壊とは異なると、いつの時代の人間も言うものだと、オーターは指摘する。前の世代が当時直面した破壊にどのように適応したか、わたしたちは過去を振り返って理解できるが、現在直面している破壊にどう適応すべきか正確に理解しようと、未来に目を向けることはできないのだ。

デロイトのCEOキャシー・エンゲルベルトはこれに同意し、一般に用いられる「仕事の未来」という表現よりも、こうしたトレンドを「未来の仕事」として論じるほうを好むと言っている。後者のほうが前者よりはるかに楽観的（かつ、正確だとわたしたちは考える）なので、わたしたちもこの用い方に賛成だ。後者には、仕事に未来があるかどうか、仕事は存在するのかどうかという疑問ではなく、将来仕事はどのように行われるのかという変化の意味合いがある。フルタイムの仕事は、多くの点において今や存在する〝必要〟がないと、オーターは指摘する。一〇〇年前、もし人間が当時の生活水準に満足していたならば、年間およそ一七時間しか働く必要がなかった。だがむしろ人間は、生活の質を向上させるために懸命に働きスキルを適応させる。とはいえ、「未来の仕事」という明確な表現に反映された思いに同意する一方で、わたしたちは広く用いられている「仕事の未来」という表現を使っている。こうした問題を論じる際に、こちらのほうが一般的によく使われているからだ。

過去、人間は自分のスキルを、当時の経済活動で獲得できた仕事にきわめて柔軟に適応させた。一九一〇年時点でもっとも一般的な職業は、農家または農業労働者で、農業に関係する雇用は、アメリカの労働人口の四〇パーセント近くを占めていた。二〇〇〇年を迎える頃、農業に従事していたのはアメリカの働き手のわずか二パーセントほどだった。[6] 対照的に、一九一〇年には、働き手の約二〇パーセントが専門職や事務職、管理職、サービス職に就いていたが、二〇〇〇年には、働き手の七〇パーセントがこの種の職業に就いていた。働き手のスキルも、こうした仕事に適応するために変化してきた。一九四〇年代、学士号取得者は働き手の五パーセント未満だったのに対し、現在は三三パーセント以上を占める。[7] この割合は、一〇年前には二八パーセントにすぎなかった。このトレンドは若い働き手によって引き起こされており、その三七パーセントが四年制の大卒資格をもつ。仕事が変化するにつれて、その仕事の求めるものを受け入れ、人々はスキルを適応させてきた。

当然、新しい働き方への変化は、円滑に運ばず痛みを伴うだろう。多くの人々が適応できずに取り残されることになるのは、おそらく避けられない。このタイプの移行に伴う多くの社会的破壊について、『アトランティック』誌が記事で取り上げたことがある。[8] 理由のいかんを問わず適応できずに取り残される人々は、それにより精神的影響を受け、社会的立場が損なわれ、薬物乱用を経験することが多い。当然、経済的破壊という社会的影響が、「今回は違う」こともない。クレイ・シャーキーは著書『Cognitive Surplus（認知余剰）』で、一八世紀のジン・クレイズ（狂気のジン時代）は主に、ロンドンの急激な都市化と経済的破壊に反応したものだったと主張した。当時見舞われた経済的破壊に対処するために、人々は酒を飲んだ。現在進行中の破壊に人々が悪戦苦闘しているアメリカで、最近オピオイド［鎮痛剤］の服用が流行している背景には、同様の理由があるのかもしれない。仕事の変化によって引き起こされる困難は、公共政策と政府の介入によって取り組むしかないだろう。これは大事な話題だが、本書で扱う話題ではない。

かつてテクノロジーによる破壊が起きた時代のように、働き手と経済は新しい需要に適応するだろうと、わたしたちは考える。さらに、過去のそうした時代のように、人々が適応しようとするとき、そのプロセスは往々にして痛みを伴い破壊的になるだろう。過去の事例を振り返り、解決策にたどり着くまでに経験する不確実性と困難を経なくても、解決策に飛びつくことができるので、今回は以前とは違うように見えるかもしれない。

人はどんな仕事が一番得意か？

人がどのように適応するのか、多くの仕事はどのようなものになるのか正確にはわからないが、学識者のなかには、人間がコンピュータよりも得意とされる領域の方向を示す者もいる。コラムニストで作家のトム・フリードマンのように、思いやりを示すことは人間がコンピュータよりも得意なことだ、と指摘する人たちもいる。フリードマンはこう語る。「何世紀もの間、わたしたちは自分の手を使って働いてきた。それから頭を使って働いた。そして今度は、心を用いて働かなくてはいけなくなるだろう。なぜかと言えば、機械ができないこと、やらないこと、そして機械がもたないだろうものが一つあるからだ。それが心だ」[9]。カグル（Kaggle）の創設者でCEOのアンソニー・ゴールドブルームは、不完全なデータから意思決定することに関しては、人間のほうが得意だと指摘する[10]。この知見は、パブロ・ピカソのコンピュータについての発言と結びつく。「でも、それは役立たずだ。単に答えを出すことができるだけだ」。

人間だけができる仕事を特定することは、ときには有益かもしれないが、仕事の未来に備えるためにもっとも生産的な方法とは言えないかもしれない。理論上、コンピュータが取り組むことが根本的に不可能な問題がある。たとえばアラン・チューリングの停止性問題のように。コードを実行する前、コンピュータは一連のコードを無事に実行し終えることができるかどうかわからないと、チューリングは一九三六年の証明で提示した。実際には、かつては不可能だと思われていた作業を、コンピュータははるかに上手にこなすことがわかっている。たとえば、顔認識や言語翻訳などがそうだ。コンピュータができないことによって残された隙間にもっぱら人間の仕事を当てはめるならば、テクノロジーが進歩するにしたがい、人間はますます締め出されてしまうだろう。

たとえば、ＭＩＴメディアラボのシンシア・ブリジールは、共感的なつながりに近づける、いわゆる社交的ロボットを設計している。批判される恐れがほとんどないことから、人間に対してよりもロボットに対してのほうが人は心を開く傾向があることも、研究でわかっている[11]。したがって、ロボットはむしろ人間にはできないようなやり方で、思いやりを示す仕事をすることが可能かもしれないのだ。ＡＩはシミュレーションによって、人間の考えつかない新たな読みと戦略を、過去のデータから生み出すことができるという。たとえば、ＡＩ囲碁プログラムのアルファ碁（Alphago）は、囲碁の学習のためにアルファ碁同士で対局したときに、人間の棋士の過去のデータを用いるのではなく、人間が囲碁を始めて以来、人間の頭では何世紀も考え出せなかった読みと戦略を生み出した。[12]

ここで必然的に疑問が浮かび上がる。人間はコンピュータと比べて本当はどれほど優れているのだろうか？　テクノロジーの進化に応じて、人間が新たな機会を生み出し発見するにしたがい、テクノロジーも進化して、やがて人間が果たしていたその新たな役割も引き継ぐかもしれない。だがこの進歩により、人間はまた新しい仕事を作り出し、新たな機会が生じるだろう。ピカソが指摘したように、人間は質問が得意ならば、わたしたちはどんな質問を投げかけるべきだろうか？　近いうちに、人は尋ねることになるかもしれない。テクノロジーが仕事の一部を引き継ぐとき、新たにどんな機会が生じるのだろうか、と。

新たな好機を探して

まず、自動運転車は間違いなく、異なるタイプの仕事を生み出すだろう。医師、看護師、弁護士、その他専門職の人たちは、患者や顧客の家庭を訪問するようになり、移動時間を有効に使えるようになるかもしれない。自動運転車が料理のデリバリーをしてくれるのだから、自宅の台所を利用してレストランを始められるかもしれない。ほかにも確実に新しい仕事が可能になる。今思い描くことができないからといって、それが起こらないということではない、とオーターも言っている。一九〇〇年代に仕事を破壊された農夫は、将来データアナリストが仕事で収穫高を予測するようになるとは、想像もしなかっただろう。テクノロジーがやがて新しい役割をも引き継ぐように進化する可能性が高いという事実に、人は無知でいてはいけない――思いやりをもつロボットが、人間の訪問医に取って代わる日が来るかもしれない。だが、こうした変化は時間をかけて徐々に起きるものと、わたしたちは見ている。マルコ・イアンシティとカリム・R・ラカニーは、たとえばブロックチェーンが主流になるまでには二〇年かそこらかかるだろう、と主張する。[13] たとえテクノロジーが迅速に進化したとしても、社会と制度は大概もっとゆっくり変化するものだ。

ピカソが登場する前にはヴォルテールが、「どう答えるかよりもどんな質問をするかで、人物を判断せよ」と言っている。皮肉にも、テクノロジーによる破壊を踏まえて新たな仕事の機会について質問することは、実は人間が生来コンピュータに勝るタスクなのかもしれない。多くの点で、こうした質問をする能力は、人間が生来コンピュータよりも遂行に優れているとされる、前述したタスクの例を組み合わせたものだ。質問する能力とは、ある意味フリードマンの言う思いやりである。質問には、新しい環境のなかで満たされない人間のニーズと欲求を特定することが含まれるからだ。また質問はある意味、ゴールドブルームの言う、不完全なデータに基づく意思決定である。質問は、テクノロジーの進化で作られた新しい環境におけるニーズを特定するからだ。言い換えるなら、コンピュータが人間よりも得意になれないタスクとはまさに、テクノロジーによる進化と破壊の後に生まれた機会を明確にすることなのである。自分たちのスキルを適応させ、ニーズを満たすために時間をかける人間は、こうしたギャップを明らかにすることに、このうえなく適しているのかもしれない。適切な質問を投げかけることは、今のところ人間にしかできないワザなのだ。

個人への影響――キャリアパスで「方向転換する」

未来の仕事が個人に与える影響はどんなものだろうか？　おそらくもっとも重大な影響は、誰もが〝生涯学習者〟になる覚悟が必要になるということだろう。テクノロジーが勢いを増して変化を続けるとき、これについて行くために新しいスキルを学ぶ必要があることは明白だ。基本的には、キャリア全体にわたり、しなやかマインドセットをもち続けることが求められる。人間とコンピュータのパートナーシップに独自の価値を授ける方法を特定することと、そうした機会を実行できるようにすることとは、まったく別の問題である。テクノロジーの進歩と、人間とマシンのパートナーシップによってもたらされた変化に人間が適応するにともない、わたしたちは新しいスキルを身につける必要がある。

選択した職業を続けるために新しいスキルを継続的に学ぶことも、確かに必要になるだろうが、一生涯のキャリアというコンセプトが過去の遺物になると考えるほうが、このダイナミックな変化の解釈としてはふさわしい。テクノロジーによる破壊のスピードには勢いがあるので、キャリアをスタートさせたときにしていた仕事は、キャリアを終えるずっと前に、世間で必要とされないものになるだろう。たとえその職がまだ存在していたとしても、テクノロジーがその仕事を再編成し、その職をこなすために求められるスキルは、それまでとはほぼ完全に異なるものになるはずだ。それどころか、ある仕事または部門でスキルの価値が低下するとき、その仕事をしている人たちを新しい役割や業界に振り向ける必要があるので、人々は新しいキャリアに向けて〝方向転換する〟ことになる。この方向転換は、従来の再研修の形をとるかもしれない。あるいは、次の方向転換のためのリソースとなる新たなスキルを働き手に授けて、既存のスキルを新しい状況に適応させることかもしれない。イノベーションに適応するため組織には吸収力が必要だと、第2章で述べたように、継続的学習としなやかマインドセットによって、個人は新しいスキルを身につける柔軟性を保つことができる。

方向転換が必要になるということは、職場の変化の只中に、個人が自らのキャリアの道を描く必要があるということだ。未来に向かうこの種のキャリアパスは、サーフィンにたとえられる。サーファーは波を捕まえて、波が自然に消えるまで波に乗り、それから沖に漕ぎ出して、次の波を待たなくてはならない[14]。サーファーのなかには、できるだけ長い間波に乗ることを選ぶ者もいるが、次の波を好位置で捕まえられるように、ピークが過ぎたらその波から離れる者もいる。同様に、働き手のなかには、特定の道にできるだけ長くとどまることを選ぶ者もいるが、早い段階で方向転換を試みて、絶頂期から絶頂期の仕事へと移動する者もいる。いずれにしろ、必要な人材を確実に手に入れるためには、前章で紹介した、自社にとって価値あるスキルの取得をシグナが社員に支援したようなやり方で、組織は異なるキャリアパスを支援する必要があるだろう。

コラム13

アライド・タレント

アライド・タレントのチップ・ジョイスは、企業は将来、これまでとまったく異なる方法で社員と交流すると思い描いている。リード・ホフマン著『スタートアップ!』から例を引いて、企業は社員と無制限の雇用を通して関わるのではなく、社員がキャリアパスを創造しながらスキルを深められるように設計された、短期のツアー・オブ・デューティを通して関わるようになると、ジョイスは考える。典型的なツアーは、二年から四年の期間で、企業のミッションと社員のキャリアの両方を支援する特定の目標にフォーカスする。マネジャーは、社員がツアー完了に必要になるスキルの開発に尽力し、その後、企業のニーズと社員のキャリアの目標に基づく、さらなるツアー・オブ・デューティを検討する。

働き手は、そのときのキャリア目標に基づいたツアー・オブ・デューティを選択できる。新しいスキルを身につけるために少々低い給与の契約を結ぶかもしれないし、子どもが生まれるときには、控えめな時給条件で契約を結ぶかもしれない。逆に、キャリアに野心を抱いているなら、既存のスキルを最大限に活かせて週八〇時間勤務が求められる、高給の契約を結ぶことも可能かもしれない。

所定の条件に一致し、ふさわしいスキルをもちキャリアに意欲的な社員を企業が見つけられるデジタルのダッシュボードを、ジョイスは思い描いている。これは雇用に対する画一的なアプローチではなく、雇用主が適切な仕事を適切な候補者に一致させられる、両者の希望を考慮に入れた、繊細な視点である。このような取り決めが企業に意欲的な働き手を引きつける一助となり、キャリアステージを踏まえた適切な機会を社員が見つけられるようになることを、ジョイスは期待している。

方向転換する方法

トム・ダベンポートとジュリア・カービーは、デジタルディスラプションに対応してキャリアパスを方向転換させる方法をいくつか述べているが、それは次に挙げる、社員がとれる五つの「ステップ」の観点から言及したものだ。[15]

・**向上する（ステップアップ）**。社員はこのステップで、デジタルに破壊されたビジネスで、価値と需要のあるスキルを身につけることを選ぶ。このステップの例としては、上位の学位取得をめざすことや、ディスラプションに遅れずについて行くための継続的スキル開発が挙げられる。第9章で紹介したシグナのように、企業は戦略的人材開発プランでこれを支援できる。

・**譲る（ステップアサイド）**。社員はこのステップで、容易に体系化できない心の知能指数や暗黙知など、テクノロジーによって簡単に破壊されない分野で強さを身につける。それはたとえば、クリエイティブなスキルや経験から得たノウハウを磨くことなどかもしれない。またこのステップは、ハードスキルとソフトスキルを結合して企業利益に取り組むときに役立つだろう。

・**介入する（ステップイン）**。このステップでは、デジタルに破壊された業界で使えるスキルを身につけるようになる。コンピュータ診断の利用と理解に精通し、診断を監視して介入すべきときを把握している放射線専門医などが、その一例だろう。社員が各専門分野で新しいテクノロジーを学ぼうとする努力を、企業は支援する必要がある。

・**絞り込む（ステップナロリー）**。社員はこのステップで、近い将来コンピュータに破壊されそうにない分野に深く精通する。ダベンポートとカービーは、ダンキンドーナツのフランチャイズの売り手と買い手のマッチングに特化した人物を例に用いている。これはオートメーション化の対象として注目を集める可能性の低い、ニッチなコンピテンシーだ。競合他社と差別化を生み出す重要な源泉になるかもしれないので、こうしたニッチなコンピテンシーの社員を見つけ支援することが、企業に役立つだろう。

・**前進する（ステップフォワード）**。一歩前に踏み出すことで、働き手はデジタルディスラプションに先んじようとし、ディスラプションの次の波となるテクノロジーを開発しようとする。このような人たちは現在、ブロックチェーンの新アプリケーションの開発か、自動運転車の部品開発に取り組んでいることだろう。さまざまな業界の企業が、資金提供やスタートアップ企業のエコシステムに参加することで、こうした企画を支援している。

「グラスにまだ半分も残っている」という考え方

一生涯のキャリアという保障を失ったことを嘆きたくもなるが、このキャリアパスの破壊と創造には、実は利点もある。新たな機会を追い求める余裕がないと思い込んで、好きではない仕事に縛られている人たちを、誰もが知っているだろう。このような行き詰りは、仕事の未来でははるかに少なくなるはずだ。テクノロジーの変化により、直線的なキャリアパスは時代遅れとなり、特定のキャリアは行き詰るほど長く続かないかもしれないからだ。企業はすでに、個人のキャリアパスにおけるこうした変化に適応し始めている。アライド・タレント（前述参照）によれば、人員を数年間一つの役割に据えてから新たな役割に移動させる、短期のツアー・オブ・デューティを、複数の企業が採用しているという。この手法の利点は、組織の構造とプロセスに組み込まれた、継続的学習が見込めることだ。新しい役割で新しいスキルを学ぶだけではなく、新鮮な視点とスキルを既存の仕事にもたらせる。

キャリアの終盤で新しいスキルを学ばなくてはいけないと、年配の働き手は不満の声を上げるかもしれないが、これは主に、継続的学習に参加する必要がないと彼らが考えているからではないだろうか。一九八〇年代や九〇年代に社会に出た人たちは、身につけたスキルは、全キャリアを通して通用するものだと思っていた。その目論みが外れて、彼らが落胆するのも無理はない。これまで生涯学習を実践してこなかったのだから、彼らにはやはりこうしたスキルの習得は難しくなる。現代の働き手はそうした思い込みを抱いておらず、必要なスキルを学ぶことに慣れているので、継続的に学べる。

次に来るキャリアの波に向けて絶えず方向転換する必要性には、もう一つの意味がある――社員が自身のキャリア探索のコースを情熱を込めて描く必要性および能力だ。情熱とは必ずしも、特定の目標達成のために、願望を長期にわたり最優先事項として抱くことを意味しているわけではない。わたしたちはむしろ、環境を見渡して、個人的関心と市場機会が最大化できるポイントを見つけるための機会として、その必要性を思い描く。アメリカの作家フレデリック・ブフナーは、これを人の使命だと述べている。すなわち、世界が強く必要とするものと、個人の深い喜びが出合うところだ。世界経済フォーラムはこの交わりを、日本語の生きがいというコンセプトの観点から述べている。つまり、あなたの愛すること、あなたの得意なこと、あなたが収入を得られること、そして世界が必要とすること、このすべてが一緒になった合流点のことである。情熱が変化し、破壊された世界によって新たな機会が生み出されるときに、こうした継続的キャリアの波は、生きがいを獲得する大きなチャンスを社員に与え、彼らは新しい冒険を追求できるようになるだろう。

コニフは、ラッダイト自体は（通説に反して）テクノロジーに反対した運動ではなかったと主張する。むしろ、「本来のラッダイトなら、自分たちは人間だと答えるだろう」という。

ラッダイトの織物工業の機械であれ、現代のロボットやＡＩであれ、機械に取って代わられるという恐れを人間が抱く世界では、社員は自分たちの貢献に意味を見出す方法を模索している。意味をはぎ取るのはテクノロジーではなく、働き手は簡単に取り換えのきく商品だという、彼ら自身の暗黙の思い込みだ。「人々はテクノロジーに反対するものだという社会通念を克服し、彼らの抵抗をよく理解すれば、テクノロジーとともに豊かに暮らすことは可能だということに気づく――ただしそれは、テクノロジーがわたしたちの生活をどのように形成するのか、絶えず疑問を投げかける場合に限る[16]」。

第10章のポイント

わかっていること（What We Know）

- どのように、いつ破壊に見舞われるのか正確にはわからないが、テクノロジーはあらゆる種類の仕事を破壊する。逆説的だが、破壊される寸前の仕事は、消滅する前にとくに重要になるかもしれない。
- 未来の仕事のために、人々は生涯学習者になる必要がある。デジタルディスラプションによって生まれたニーズと機会に対処できるように、新たなスキルを獲得しなくてはいけない。

実行できること（What You Can Do about It）

- 仕事がどのように破壊されているか、どんなスキルがテクノロジーに取って代わられているのか注意を払う。あなたの組織で、翌年、1年から3年後、3年以上たってから破壊されるかもしれない仕事をつきとめる。
- 破壊される可能性のある職種ごとに、影響を受ける社員にどう対応するか、アクションプランを立てる。
- 必要に応じて、こうしたアクションプランを研修や学習の機会に結びつけ、社員が未来の仕事のために自身の態勢を整えるチャンスをもてるようにする。

第3部

デジタル組織になる

第11章

デジタル環境を育てる

現代のビジネスリーダーなら、マネジメントのグル、ピーター・ドラッカーの「企業文化は戦略に勝る」という助言に、即座に同意するだろう。[1] 当然ながら、デジタルトランスフォーメーションを論じる場合、ほぼ必ずと言っていいほど文化が重要になる。デジタルファースト文化を構成するものは何か理解しようとして、組織は悪戦苦闘する。なかには、シリコンバレーに詣でる企業もあるし、同じ空気を吸おうとして、また何とか魔法を吸収しようとして、シリコンバレーで開業しようとする企業もある。一方で、座り心地のいいカウチ、オープンなコラボレーティブスペース、テーブルサッカー、ジーンズのみ可のドレスコードなど、洒落た新しいオフィススペースを設計して、デジタルファースト的雰囲気を生み出そうとする企業もある。ほかには、リーダーの名称を変えて、自分たちは本当にデジタルであると証明しようとする企業もあるが、その文化を理解しないまま、単に名称を変更したにすぎない（たとえば、最高マーケティング責任者の代わりに最高デジタル責任者という名称を採用するなど）。

だが、デジタル文化はそれよりも深い。組織がスペースをどう飾り立てるか、どんなツールを使うかというだけの問題ではない。組織がどのようにふるまうか、どんな価値があるのか、暗黙の、深く刻み込まれた信念はどんなものかが、重要になる。デジタル文化はよく、「空気中に」漂っている、あるいは場所の「雰囲気」の一部だと表現される。文化とは漠然と感じるものなので、「飾り」とみなされることも多い。しかし、わたしたちの調査が明らかにしたように、文化は決して、成功を追い求めながら自由に選べるものではない。落とし込むのは少々難しいのだが、文化はデジタル成熟度にとってむしろ不可欠な要素であることに、わたしたちは気づいた。では、文化とはいったい何だろうか？　社会的行動、規範、集団の信念と定義されることが多い。それは「ここでのやり方」を表す。文化は、ミッションステートメントや倫理規定に書かれているものではない。組織の人たちが、容認された行動パターンだと信じているものだ。このように、文化はデジタル成熟度を可能にする強力な要因（あるいは大きな障害物）だと言える。実際、わたしたちの研究では、柔軟性のない文化や自己満足、アジリティの欠如は、企業がデジタルトレンドによって直面する最大の脅威として挙げられている。言い換えれば、組織の文化は、企業の全般的なデジタル面の成長と成熟はもちろんのこと、その人材とリーダーの成長をも、阻害したり実現させたりできる。MITスローン経営大学院名誉教授のエドガー・シャインは、組織文化、プロセスコンサルテーション、リサーチプロセス、キャリアダイナミクス、組織的学習と変化について研究している。[2]シャインは組織文化の三段階について次のように説明する。

- **人工物**——目に見えるもの。新参者や訪問者、コンサルタントが気づくもの（たとえば、服装、物の配置、インテリアや内装、フォーマルレベルなど）。
- **標榜されている価値観**——彼らの話すこと。人に対して語られることが、状況やあるべき姿の根拠である（たとえば、企業理念、規範、正当化など）。
- **背後に潜む基本的仮定**——彼らが心底信じていて、行動の基本になること。組織について、組織の仕事や目的、人員、報酬などについて、無意識のうちに当然だと思っていること。[3]

だが文化は、とりわけその基本的仮定にまで踏み込むと、扱いづらいものだ。実体がなく、複雑で、微妙なものだ。組織にとっての適切な文化や環境の創造をテーマにした本が、これまで何冊も書かれてきた（最初に読むべき本としてお勧めできるのは、ロン・フリードマンの『最高の仕事ができる幸せな職場』［日経ＢＰ］だろう）[4]。本章では、デジタル文化についてわたしたちが学んだ重要な三つのポイントにフォーカスする。

1. デジタル文化は、デジタルビジネスの導入を推進するために重要である。
2. デジタル文化は、独特で一貫性があり、デジタル成熟度と関連している。
3. デジタル文化は意図的である。

デジタル文化は導入を推進する

デジタル文化について考えるためには、組織にとって適切な環境——組織の人々、人材、リーダーを最大限に活かすために必要な環境——を生み出すことについて検討することも、一つの手である。第2部で述べたように、現代における組織の成功には、組織の人たちが継続的に学習し、適応し、イノベーションを実施し、創造し、指導することが求められる。適切な人材とリーダーは、変化とイノベーションをもたらし、最終的には、組織に成長をもたらす。だが、人材とリーダーを最大限に活かすためには、適切な種類の文化と環境を築く必要がある。わたしたちは調査で、デジタル人材やリーダーを雇用したものの、組織文化のせいで、なかなか影響を与えられないという組織の話をよく耳にした。

　文化は水槽の水にたとえることができるかもしれない。水の化学的バランスを適切に保たなければ、水槽の魚は死んでしまう。第6章で紹介した植物学者で遺伝学者のウィルヘルム・ヨハンセンは、植物の種を用いて、環境的要因が、生命体の特徴、成長、潜在能力を発揮する力に大きな影響をもつことを発見した。[5] 組織の人々を最大限に活用するために役立つうえに、組織でのデジタルの導入とエンゲージメントを推進するために、文化は効果的かつ重要な手段でもある。デジタル成熟度の三つの段階——初期、発展、成熟——の企業は、変化をもたらそうとしてそれぞれ異なるアプローチをとる。初期段階と発展段階の企業の違いは微

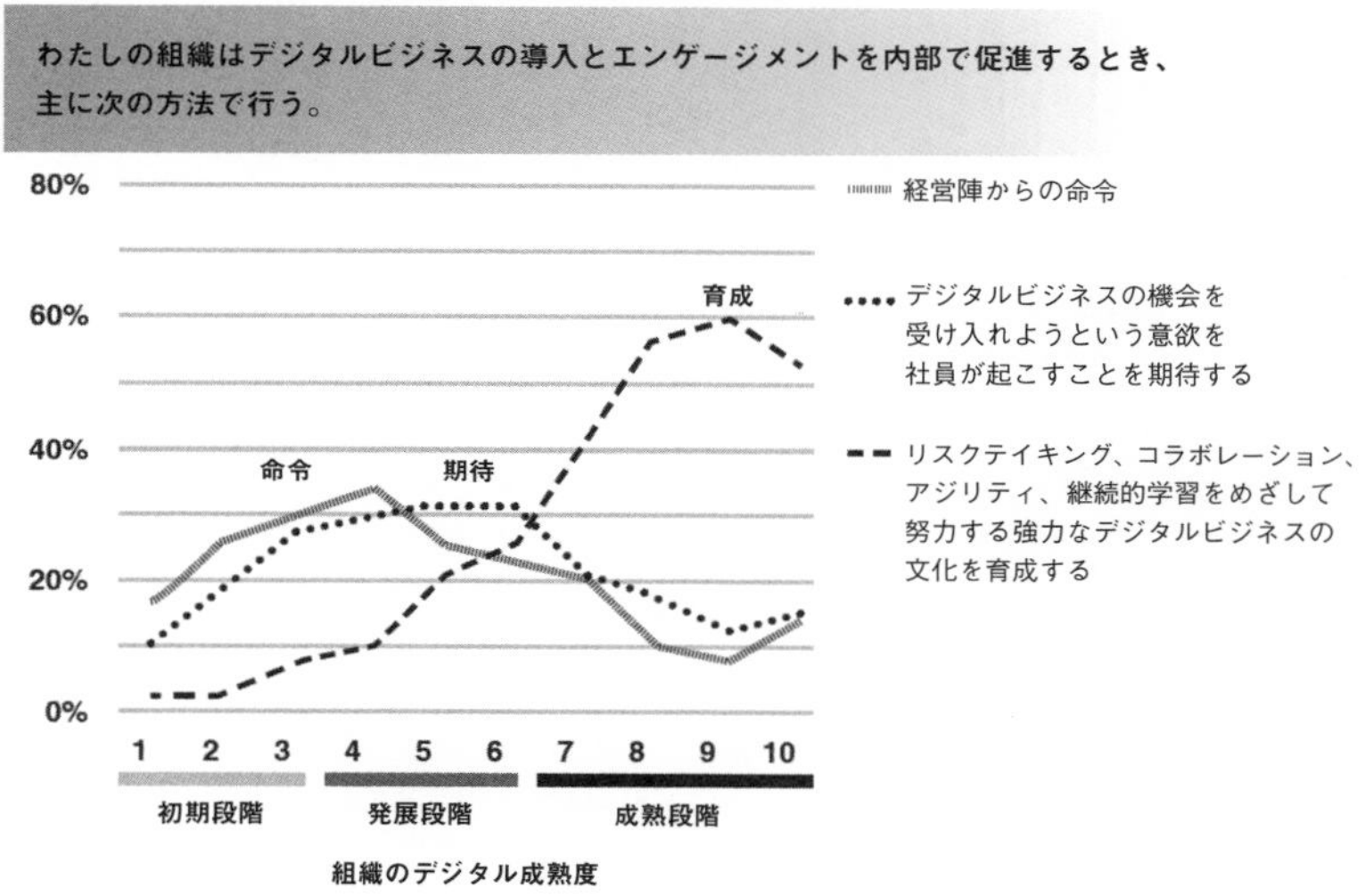
わたしの組織はデジタルビジネスの導入とエンゲージメントを内部で促進するとき、
主に次の方法で行う。
80%
60%
40%
20%
0%
育成
命令
期待
1
2
3
4
5
6
7
8
9
10
初期段階
発展段階
成熟段階
組織のデジタル成熟度
経営陣からの命令
デジタルビジネスの機会を
受け入れようという意欲を
社員が起こすことを期待する
リスクテイキング、コラボレーション、
アジリティ、継続的学習をめざして
努力する強力なデジタルビジネスの
文化を育成する

三つの成熟度の回答の上位のみを示している。

図11-1

妙だが、この二つの企業と、成熟段階の企業との違いは、はるかに際立っている（図11-1）。

初期および発展段階の企業は、デジタルトランスフォーメーションを経営者の指示により、またはテクノロジー対策として押しつける。対照的に、成熟段階の企業は、トランスフォーメーションが生じる準備が整った状況を作ることにより、デジタルトランスフォーメーションを引き寄せる。この文化主導型でボトムアップのアプローチは、現在進めている調査でわたしたちが積極的に探るアプローチだ。多くの企業がとっているトップダウンの命令型アプローチが見当違いである可能性が、これまでの調査結果からうかがえる。

経営陣からの命令

初期段階の企業は、デジタルの導入とエンゲージメントを推進する主な手法は、経営陣からの命令だと回答した。この状況では、組織のリーダーシップが次のデジタル構想の性質を定め、社員はそれに歩調を合わせるように求められる。このアプローチの場合、問題の中心は、トップダウンの指示は導入を推進するにあたり驚くほど効果がない、ということだ。故意に遅らせる者から積極的に妨害する者まで、デジタルに関わる命令に従いたくない社員がさまざまな手段を講じて回避しようとする事例が、学術文献にはあふれている。[6]一方で、この命令のビジネス目的と一致するにせよしないにせよ、社員は予期せぬ形でテクノロジーを利用することもある。たとえこうした問題がなくても、テクノロジーから望ましいビジネス価値を引き出そうとして、一から一〇まで行動を命じることは難しいと言えるだろう。

デジタルリーダーシップには、製造業時代の従来型の企業が確立した指揮統制型の構造とは、異なるアプローチが求められる。ハリー・トルーマン大統領は、彼の後任で軍人でもあったドワイト・アイゼンハワー大統領の軍隊的アプローチが非効果的だとして、同じような指摘をした。「彼はただ座って、こう言う。『これをせよ！　あれをせよ！』と。それでは何も起こらない。気の毒なアイク──軍隊とは少々勝手が異なるのだ。きっと大いにいら立ちを募らせるだろう」。[7]同様に、デジタルトランスフォーメーションが起きることを求めるだけのマネジャーが、期待するような成果を上げる可能性は低い。

社員をあてにする

発展段階の企業は、異なるアプローチをとる。こうした企業は、デジタルプラットフォームを構築することにより、社員がデジタルプラットフォームを導入することを期待するのだ——一九八九年に公開されたケヴィン・コスナー主演の映画『フィールド・オブ・ドリームズ』の「それを作れば、彼はやってくる」という謎の言葉に似ていなくもない。[8] 新構想の導入を促す魔法の力に社員が突き動かされることはないと、マネジャーは知っていながら、時間やサポート、モチベーションなど、必要なものを与えないことが多い。それどころか、企業はかなりの時間や資金、エネルギーを、デジタルプラットフォームの実装に費やす。このテクノロジーの価値が明らかになれば、社員は仕事をこなすために自ずとデジタルプラットフォームを使うようになると期待しているのだ。確かに、ユーザーフレンドリーなツールやユーザーにとって明らかに価値のあるプラットフォームの構築は、間違いなく大切だ。だが、社員がテクノロジーを受け入れることを期待するだけの企業は概して、実装の技術的側面を強調する——それにその実装は順調にいくことが多い——のだが、マネジメント構想に必要な組織改革を、新しいデジタルインフラストラクチャーに加えるのを忘れている。

新テクノロジーを利用するために、社員には訓練を積む必要があるだけではなく、そのツールを各自の仕事にいかに統合できるかつきとめる時間も必要になる。ウォートン・スクールのリン・ウーが実施した調査では、新規デジタルプラットフォームの導入が、最初の数か月間は社員のパフォーマンスを妨げることがわかっている。[9] 半年後になってようやく、組織はパフォーマンスの向上に気づくという。社員に対して、導入前のレベルで仕事をしながら新しいテクノロジーを利用した働き方を学ぶように求めるだけでは、社員と組織がデジタルトランスフォーメーションを成功させることは難しくなる。このような期待は現実に即していないのだが、残念ながらよく見られる事例である。

新しいテクノロジーの使い方を学ぶために必要な場を企業が社員に提供する方法としては、ドイツの化学メーカーＢＡＳＦが好例となる。彼らはプロジェクトチームに、新しいコラボレーションプラットフォームの導入を勧めた。プロジェクトチームはそれと同時に、メンバー間の電子メールの使用を禁止した。ツールの使用法を明らかにするために、チームは一緒に作業する必要に迫られた。当初彼らは新しいプラットフォームに四苦八苦していたが、最終的には進んで活用するようになり、おかげでかつてないほどの効率性を手に入れた。[10]

トランスフォーメーションを文化によって推進する

成熟している企業は、デジタルトランスフォーメーションをまったく異なる方法で推進する。デジタルトランスフォーメーションが起こる環境を作り出すことにフォーカスするのだ。

回答者のほぼ六〇パーセントが、リスクテイキングやコラボレーション、アジリティ、継続学習を重んじる力強い文化を育てることによって、自分たちの会社はデジタルの取り組みを推進する、と述べた。組織でデジタルトランスフォーメーションの機が熟せば、達成すべき戦略的変化やテクノロジーの変化を生み出しやすくなることに、リーダーは気づくだろう。企業がリスク許容度を適切なレベルにまで高めさえすれば、社員は進んで新しいことを試そうとするものだ。たとえば、グーグルの社員はかつて、勤務時間の二〇パーセントを新規プロジェクトの立案などにあてるよう奨励されていた。この有名な「二〇%ルール」はすでに廃止されたが、彼らは今でも、新しいことを試す精神やリスク許容度の精神を文化のなかに擁しており、引き続きイノベーションの創造が可能となっている。

ハーバード・ロースクール教授のヨハイ・ベンクラーは、環境条件次第で、社員はより協働的、協力的になると主張する。彼によれば、よく知られた囚人のジレンマゲームを含む複数の行動実験において、被験者の三〇パーセントは常に協力的にふるまい、三〇パーセントは常に利己的なふるまいをするという。残りの四〇パーセントは、どちらのアプローチが優勢か、その場が発する信号（signal）に基づいて行動を決める。ウォール・ストリート・ゲームをしているのだと言われた場合、この四〇パーセントの人たちは、合理的・利己的に行動した。だが、コミュニティゲームだと言われたとき、この四〇パーセントの人たちは力を合わせて取り組み、協力的な行動をとった。社員に正しい合図（cue）を出すことが、適切な環境を作る効果的な方法となる。[11]

あなたの企業がデジタルトランスフォーメーション構想を検討（または再検討）するとき、正しい方法で取り組もうとしているかどうか自問すべきだろう。導入を命じることによって、あるいはテクノロジーを提供することによって、組織にデジタルトランスフォーメーションを押しつけようとしているのか？　それとも、望ましい変化を引き出せる状態を作ることで、トランスフォーメーションを引き寄せようとしているのか？　この違いは、最終的にあなたのデジタルトランスフォーメーションの取り組みの成否を決める可能性がある。

デジタル文化はそれぞれ異なる

では、社員とリーダーがデジタルの導入とトランスフォーメーションを推進するためには、どんな種類の文化が必要とされるのだろうか？　デジタル文化は雪の結晶と似ている——まったく同じものは二つとない。とくにシャインが提唱した、人工物と、標榜されている価値観においては。だが、たとえば雪の結晶の正確な六角形配列（六箇所に対称性がある）など、異なる特徴のなかにも共通点があるように、デジタル文化の特徴にも共通点と非共通点がある。わたしたちは企業のデジタル文化について一連の質問を投げかけ、その後、「クラスター分析」と呼ばれる統計的手法を適用した。これは、似たような種類の回答を集めてグループ分けするやり方だ。[12]　このクラスター分析ではっきりしたことがある。企業文化は、初期段階、発展段階、成熟段階という成熟度のグループにほぼそのまま対応する、三つのグループに分けることができるのだ。言い換えれば、この分析に成熟度のデータがまったく含まれていなくても、これらのタイプの企業には明らかに異なる文化があることが、わたしたちのデータ分析から判明したのだ。この分析によって、わたしたちが長年用いてきた三層のフレームワークが独自に裏づけられ、異なる段階の企業に別個の文化があることが証明された。

だが、こうした発見の意義をよく理解するために、この分析の二つの重要な特徴に注目してもらいたい。一つは、回答者による成熟度の評価は、クラスター分析に要因として含まれていなかったという点だ。この分析は、組織文化だけの分析を通して、わたしたちの成熟度のグループと九〇パーセントの相関で、デジタル成熟度の三つのグループ分けに対応する結果を示した――組織のデジタルへの取り組みとは関係なしに。言い換えれば、この分析は、組織の文化はそのデジタル成熟度と綿密に関連することを示したのだ。

二つ目は、クラスター分析は、あらかじめクラスターの数を指定しないという点だ。この分析は単に、データにもっとも適合するグループの数を見つけ出そうとするだけなのだ。四つのグループにも、二つや五つのグループにも分けることができたはずだ。ところが、わたしたちが割り出した特徴に関して組織文化の類似点を明白にするには、三つのグループが最適だという結果が得られた。この分析は、成熟度に関するわたしたちの三つのグループ分け（図11-2）に対し、独自に有力な確証を与え、それがデジタルの成熟（少なくとも、それぞれ異なる文化での）にいたる道についての正しい考え方だと裏づけてくれた。[13]

一連の文化的特徴はデジタル成熟度に関連していること、こうした特徴には業界全般と企

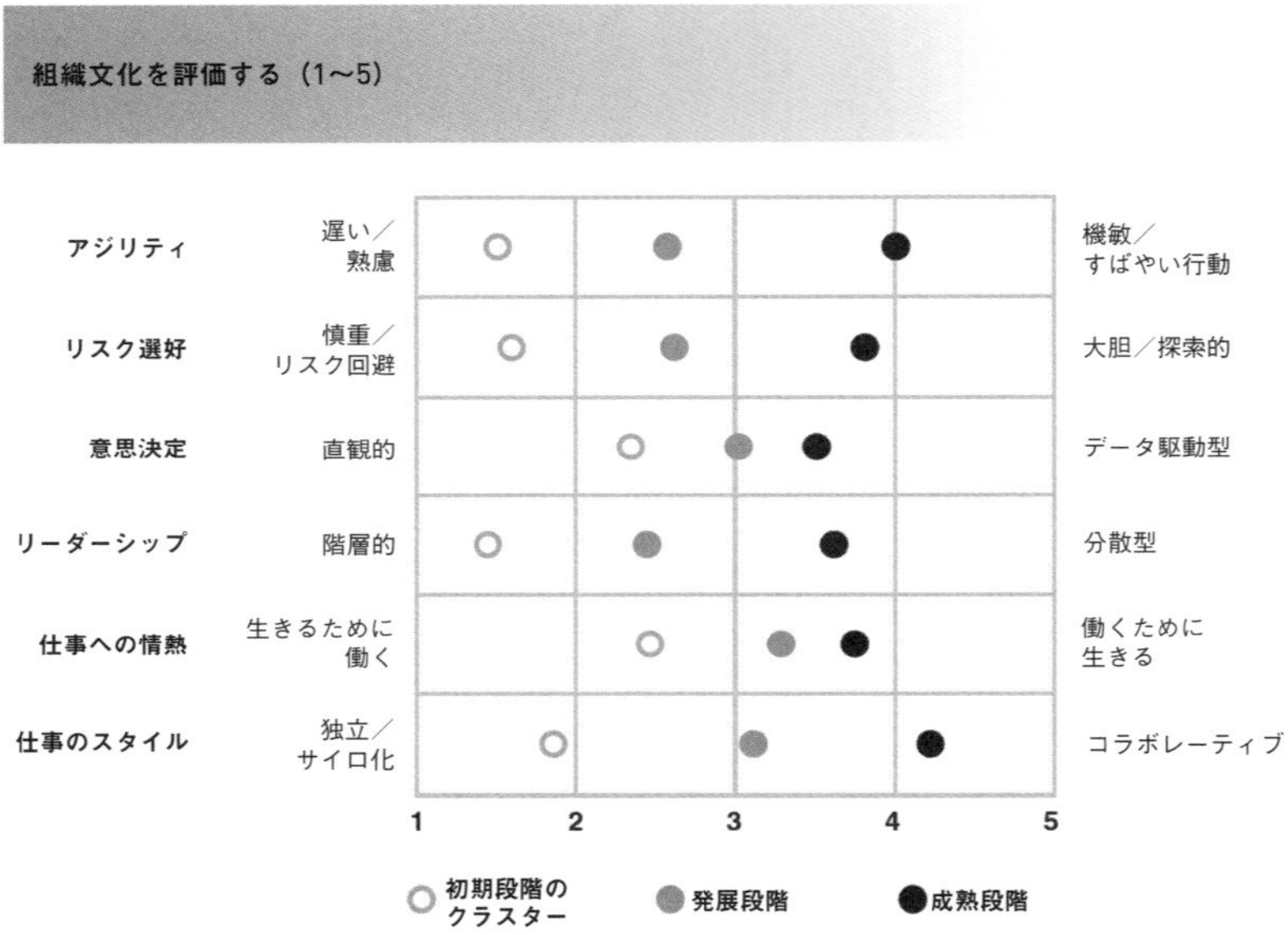

図11-2

業規模を通して一貫性があることを、わたしたちのデータは示している。デジタルに成熟している組織には、具体的に次のような特徴がある。

- リーダーシップは階層的ではなく、分散型の傾向がある
- コラボレーションと部門の枠を超えた協力がさかんである
- 実験と学習を奨励する
- リスク許容度が高く、大胆で探索的傾向がある
- アジャイルで迅速な行動が見られる

以上の結果は、このようなデジタル文化の特徴の育成に取り組む

ことで、すべての組織がデジタルトランスフォーメーションのプロセスを一箇所で始められることを意味する。これは、テクノロジーはデジタルトランスフォーメーションのストーリーの一部にすぎないというわたしたちの主張に対して、さらなる証拠を与えてくれる。

デジタル文化は意図的である

クラスター分析の結果から、テクノロジーがデジタルトランスフォーメーションの重要部分でさえないことが示され、わたしたちの論旨の強化につながった。文化的特徴が、企業の努力とは無関係にデジタル成熟度に関連しているとしたら、そしてデジタルに成熟している企業が、文化的変化を通してデジタルトランスフォーメーションを推進しているとしたら、組織文化の変化への適応性を高めることが、喫緊の課題であるかもしれない。企業が文化を正しく理解できれば、テクノロジーと業務プロセスにもたらされる変化は、もっと容易に起きるだろう。また、この調査結果について一つ重要なことを告げなくてはいけない。企業文化を分類するために用いた回答は、幹部と社員から提出されたものだ。わたしたちは彼らに企業の実態を――企業が話す内容ではなく――記入するよう求めた。つまり、会社のリスク許容度を高めるための努力、会社をアジャイルにするための努力、分散型にするための努力は、こうした問題に関する経営陣の口先だけの話ではない、ということだ。

第3章で述べたように、デジタルトランスフォーメーションについて、多くの企業が口先では立派なことを言う。デジタル戦略について大々的に話し、組織をもっとアジャイルにすることについて、リスク許容度を高めることについて、うまい言葉がするすると出てくる。だが、実際にこうした変化をもたらせる企業はごくわずかしかない。効果的なデジタル文化の特徴は簡潔で明快だが、その特徴を備えることは決して容易ではない。とはいえ、機敏で、アジャイルで、コラボレーティブで、大胆で、探索的な文化を築くことに成功を収めている企業もある。彼らはどのようにして成し遂げたのか？　これが、デジタル文化についてわたしたちが学んだ三つ目の重要ポイント、すなわち意図的である、ということにつながる。デジタルに成熟している企業の多くは、文化に意図的に取り組んでいる。

コラム14

セールスフォース・ドットコムの意図的な文化

セールスフォースは、どのスタートアップも成長時に直面する文化的な課題に取り組んでいる。つまり、創立時に企業の中核をなした価値観と理念を維持することだ。セールスフォースは計算された努力により、そのデジタル文化を保持している。「わたしたちは自社の文化をとても意図的に扱っている」と、同社の社員マネジメント・エンゲージメント部門のバイスプレジデント、ジョディ・コーナーは語る。「文化とはたまたま発生したものではない」。

彼らが文化について意図的であるのは、ハワイの大家族の文化的価値観である「オハナ」〔「家族」を意味するが、血縁関係がない者も含まれ、世代を超えて続くことが強調される点に特徴がある〕を重視したことに始まる。「この概念は、互いに結びつき、責任をもつ人たちの大きなグループを意味する。わたしたちは初日から、アクションやプログラム、構想を通して、その家族感覚を強めている」。また、信頼を築き、キャリアアップの権利を与えることは、セールスフォースの文化が意図的に保っている要素である。たとえば、文化を維持し高めるために、企業は社員に率直なフィードバックを求め、誠実な態度をとっても大丈夫だと社員が安心感を抱けるようにする。

企業が築いた信頼は、たとえば社員のキャリアに自由裁量権を与えるなど、別の価値観へと変わる。コーナーは言う。「シリコンバレーは転職が多いことで知られている。わが社のリーダーとマネジャーは、新たな挑戦をしたいときは手を挙げるようにと、はっきり伝えている。そのおかげで成長のチャンスを見つけ出せるし、思っていることを言っても報復されたりしないのだから、誠実さを重んじる文化を維持できる」。

金持ちはますます金持ちになる

成熟度が高い会社ほど、デジタルの取り組みに不可欠なものとして、文化に意図的にフォーカスしていることが、わたしたちの調査からわかった。さらに重要な点として、調査データは、成熟段階の企業がトランスフォーメーションを推進させる文化的特徴を伸ばす努力をしていることも示していた。わたしたちは調査対象者に、彼らの企業が、デジタルトレンドに応じて組織文化をもっとコラボレーティブに、リスクをとるように、アジャイルに変化させるべく、積極的に取り組んでいるかどうか質問した。その結果から、これがデジタル成熟度と強く結びついていることが判明した（図11-3）。デジタル文化を積極的に育成しようとしていると、初期段階の企業の二三パーセント、発展段階の企業の五四パーセントが回答した。一方で、デジタルに成熟している企業の実に七九パーセントが、この種の文化的な取り組みを実施していると回答した。残りの二一パーセントは、どちらとも言えないと回答した。

言い換えれば、すでにデジタルトランスフォーメーション推進に先行している企業は、この道をさらに進むために努力を強化している。デジタルに富んでいる者は、今後もますます豊かになる。すでにコラボレーティブでアジャイルでリスク許容度が高い企業は、さらにそうなろうと努める傾向にある。こうした企業がひとたび文化的変化の恩恵を受けると、その方向にそのまま進んで行きたいと考えることが、わたしたちの実施したインタビューからうか

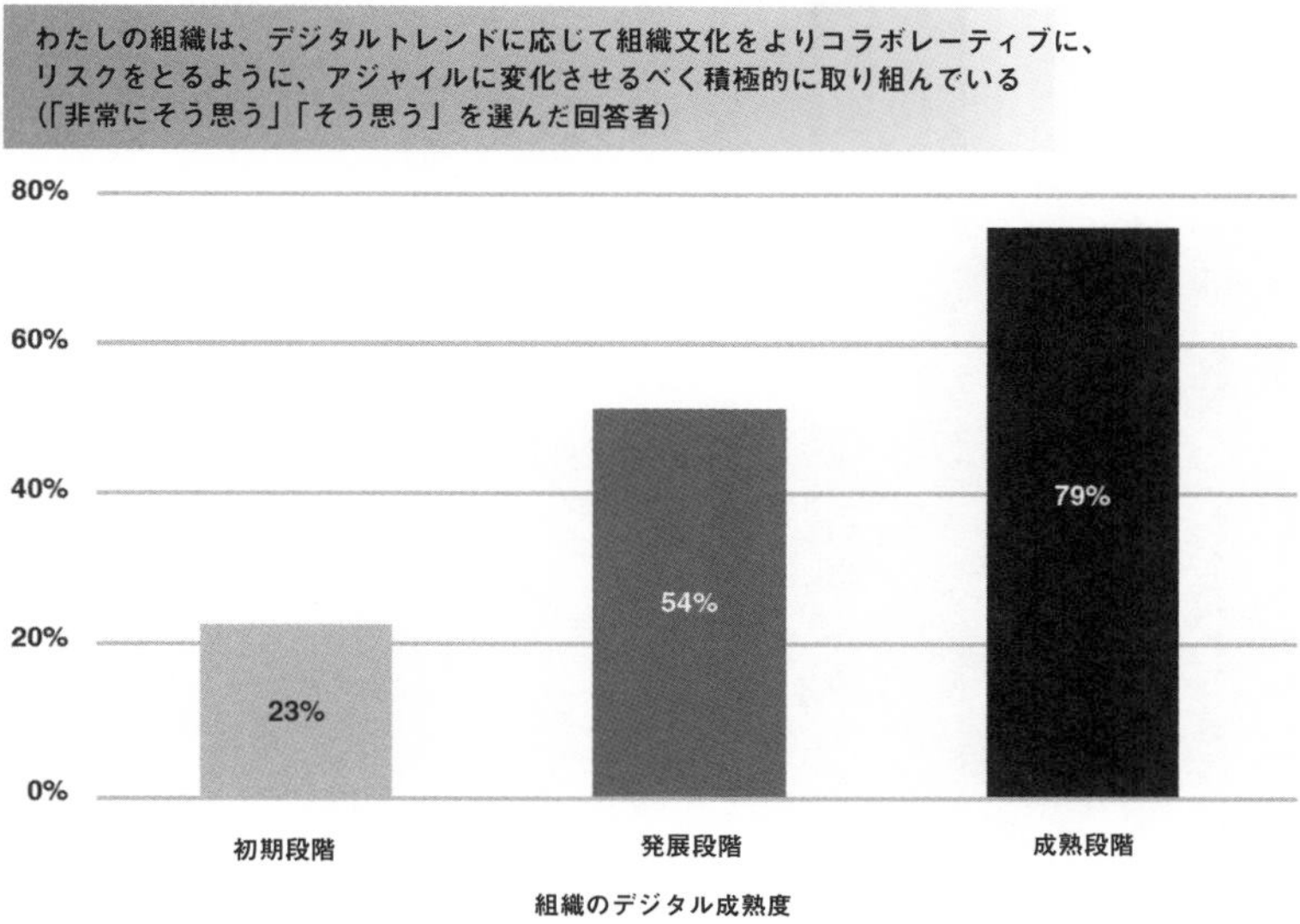
わたしの組織は、デジタルトレンドに応じて組織文化をよりコラボレーティブに、リスクをとるように、アジャイルに変化させるべく積極的に取り組んでいる
（「非常にそう思う」「そう思う」を選んだ回答者）
80%
60%
40%
20%
0%
23%
54%
79%
初期段階
発展段階
成熟段階
組織のデジタル成熟度

図11-3

がえる。またそうした企業は、組織は自ずと変化に抵抗し、安定した状況に向かいがちになることにも気づいている。したがって、企業はトランスフォーメーションの進行に必要な柔軟性を維持しようと、絶えず努めなくてはならない。企業が成長し、別の文化から新しい社員を雇い同化させることを繰り返すにつれて、デジタル成熟度の高い自分たちの文化を維持する必要性がますます重要になると、気づいている企業もある。それと同時に彼らは、大規模になり拡張した組織全体にわたり自分たちの文化を保持し強化するという課題に直面する。理由は何であれ、そのアプローチは同じである。こうした効果的な文化的特徴に絶え間なく取り組むことに

よってのみ、デジタルに成熟している企業は、変化の激しい世界に遅れずについて行くために必要な、進行中のデジタルトランスフォーメーションを推進し続けられる。

　反対に、これよりはるかに遅れている企業は、デジタルフレンドリーな文化を育てようとして、この種の取り組みを検討する可能性は低い。彼らはデジタルに成熟している企業よりもモチベーションが低いだけかもしれないが、デジタル成熟度を高めようとして、見当違いなことにフォーカスしているのかもしれない。リーダーたちは成熟度を高める努力を今後も強化していくので、このような傾向が続けば、成熟段階の企業と初期段階の企業の差が広がるさまを、わたしたちは目の当たりにすることになるだろう。テクノロジーの変化のスピードのせいで、こうした特徴はますます重要になるばかりである。

コラム15

スラック――目まぐるしく変わる環境で文化を構築する

　サンフランシスコを拠点とするメッセージング・ソフトウェア・プラットフォームのスラック・テクノロジーズは、遅れをとらずについていくために、デジタル成熟度を高める文化の構築を強化している。同社の最高マーケティング責任者であるビル・マサイティスによれば、目まぐるしく変わる環境のなか、企業文化について考えると夜寝られなくなるという。企業の文化を強化するために、マサイティスは三つの原則を拠り所としている。

・**雇う。**スラックの雇用プロセスでは、コアとなるすべての価値観を探る。「人材を雇用するとき、技能の確かさと同時に、その人の共感能力と礼儀正しさを見る。わたしたちが仕事をオファーするときは、その人物がわが社の価値観と一致しているという確信がある」とマサイティスは語る。

・**結集する。**スラックは「誰もがサポートする」という信念を奉じることで、共感力の文化を強化する。設計者、開発者、プロダクトマネジャーが、カスタマーサポートエージェントと協力して、サポートチケットによる質問に答える。製品を作った人間が、既存顧客の抱える問題を直接聞くので、共感力の構築に役立つ。

・**実践する。**「わが社の価値観は壁に書いてある」とマサイティスは言う。「しかし、古いことわざにあるように、重要なのは何を書くかではなく何をするかだ。手本を示して指導し、充実した研修を実施しなくてはいけない。それが、わたしたちがやろうとしていることだ」。

デジタルトランスフォーメーションの〝耳寄りな情報〟

減量を成功させるために、一生裕福に暮らすために、完璧な異性を引きつけるためにはこれさえあれば十分という、〝耳寄りな情報〟を謳うウェブサイトが、インターネットにはあふれている。[14] こうしたサイトの情報は話がうますぎて信用できないかもしれないが、デジタルトランスフォーメーションの成功にはしっかりした文化の育成が必要になるという〝耳寄りな情報〟が、わたしたちの調査で判明した。少なくともこれは、デジタルトランスフォーメーションに着手するための明確な足がかりをマネジャーに与える。企業にとって適切なプラットフォームや戦略がわからなくても、文化的特徴の育成ならば取りかかれる。

ビジネスのどの部分のデジタル成熟度をまず高めるべきか、見つけあぐねている企業にとって、デジタル文化の育成ならば、どんな企業でも着手できる説得力のある領域に思われる。企業規模や業界に関係なく、すべての企業が歩める、デジタル成熟にいたる一本の明確な道筋が存在する——少なくとも効果的な文化という観点で言えば。企業のデジタル成熟度を高めようとする幹部にとって、これは有力なロードマップとなる。次章からの三章で、アジリティやコラボレーション、リスクテイキング、実験といった、具体的な文化の特質を掘り下げる。

第 11 章 の ポ イ ン ト

わかっていること(What We Know)

- 異なるデジタル成熟度の企業は、デジタルトランスフォーメーションをそれぞれ異なる方法で推進する。初期段階と発展段階の企業は、命令やテクノロジーをトップダウンで「押しつける」テクニックに頼る傾向がある。こうした手法はデジタルトランスフォーメーションの達成に効果のないことが、これまで調査でわかっている。
- 対照的に、デジタルに成熟している企業は、トランスフォーメーションを促進する状況を生み出す組織文化を築くことにより、デジタルトランスフォーメーションを「引き寄せる」傾向がある。
- デジタル文化は独特で意図的である。

実行できること(What You Can Do about It)

- 本書で明確にされた組織の文化的特徴を用いて、あなたの企業の現在の文化について評価を行う。
- デジタル文化のさまざまな特徴にしたがい(たとえば、リスクテイキング、アジリティ、コラボレーション)、自企業の現在の位置を、望ましい位置やあるべき位置と比較する。
- 文化に関連するかもしれない課題を特定するために、導入の視点から、現在のデジタル構想を検証する。
- こうした構想の実現のために、押しつけるアプローチと引き寄せるアプローチのどちらを使っているのか判断する。押しつけるアプローチならば、どうすれば引き寄せるアプローチに変えられるかつきとめる。

第12章 アジャイル方法論で組織する

二〇〇一年初頭、一七のソフトウェア開発会社がユタ州のスノーバードに集まり、共有するアイデアやソフトウェア開発に関するさまざまなアプローチについて話し合った。その議論の結果は、「アジャイルソフトウェア開発宣言（the Manifesto for Agile Software Development）」としてまとめられた。これは、プロセスやツールよりも個人と対話を、包括的なドキュメントよりも動くソフトウェアを、契約交渉よりも顧客との協調を、計画に従うことよりも変化への対応をという、四つの価値観を中心に構築されている。この価値観が、一二の原則に支えられ（たとえば六つ目の原則は、情報を伝えるもっとも効率的で効果的な方法は、フェイストゥフェイスで話をすること、というもの）、アジャイルソフトウェア開発宣言の基盤になっている。[1]

「アジャイル」とは、従来の「ウォーターフォール」アプローチの代わりにすばやい反復的スプリントを使う、ソフトウェア開発のアプローチを表す。「ウォーターフォール」アプローチとは、いくつか別個のフェーズ――要求、分析、設計、コーディング、テスト、動作――を通して連続して動くアプローチだ。ウォーターフォールに関する大きな問題は、求められるものをあらかじめよく理解しないと、完成した製品はユーザーのニーズを満たさないものになるということだ。この手法は、現代世界のように目まぐるしく変化する環境にあまり適していない。アジャイルのコンセプトは、もはやソフトウェア開発にとどまらない。第1章で述べたように、わたしたちの調査対象者は、自分たちの組織は変化が遅すぎる、現状に甘んじてのうのうとしている、テクノロジーがもたらした競争環境のなかで変化にすばやく適応できるほど柔軟な文化がない、と回答した。

多くの企業にとってこうした問題への解決策は、アジャイルソフトウェア開発宣言（普段は単に「アジャイル」と呼ばれる）に由来する手法に見つかる。アジャイルは「経営思考の主流に移り、次の目玉だと言う者もいた[2]」。『フォーブス』誌に寄稿するスティーブ・デニングは次のように述べる。「ソフトウェアを超えた大きな世界的動向としてのアジャイルの台頭を引き起こしたのは、組織が現代の騒然とした顧客主導型のマーケットに対処する唯一の方法は、アジャイルになることだ、と気づいたからだ。アジャイルによって、組織が継続的変化を習得することが可能になる。ますます変わりやすく、不確実で、複雑で、不明瞭になる世界で、アジャイルは企業の発展を可能にする[3]」。

アジャイル開発の原則

アジャイルソフトウェア開発宣言の原則や実践の多くは、あらゆる業界の企業がデジタル成熟度に対処するときに経験する変化や困難に適用できる。ただし、アジャイル方法論は結果の変動性を高めようとするもので、〝最適な〟アプローチが必ずしもはっきりしない場合に役立つ。この手法は、クロスファンクショナルチームを機能させるには、有益なアプローチである。アジャイル手法は、テストと学習という、開発に向けた反復アプローチを採用し、従来の開発方法論である入念なプランニングなしで済ませる。目標は実用最小限の製品(minimal viable product：MVP)に到達することで、これならば、迅速にリリースするたびに継続的に改善を加えながら、顧客と繰り返しやり取りができる。アジャイルソフトウェアの提唱者たちは、開発プロセスのいくつかの主要原則を強調している。

第一に、カギとなる要因のなかでも、コラボレーションとコミュニケーションを取り上げている。個人とインタラクションへのフォーカス、および顧客とのコラボレーションは、開発プロジェクトの全ステークホルダーの間に強力なコミュニケーションが必要だという考えに基づいている。こうした開けたコミュニケーションは、プロセスが期待や要求と異なる場合に、それを特定し明確にすることに役立つ。この食い違いは、要求事項の誤解に起因するのかもしれないし、環境の変化やその他要因に起因するのかもしれない。コラボレーションについては第13章でさらに詳しく述べる。

第二に、製品開発のプロセスにフォーカスしている。動作するソフトウェアを提供し変化に対応することは、反復型の製品開発と密接に関連して起きる。チームは機能するソフトウェア製品を開発し、ユーザーは、主な長所、短所、欠けている特徴を見つけ出す。これが、次の反復開発へのフィードバックとなる。各反復開発は、製品の次のバージョンがめざす目標に近づいているかどうか試す実験とみなせる。第14章で、組織全体に変化を推進するために、企業が実験と反復をどのように利用できるかについて掘り下げる。

アジャイルの原則は、組織のデジタルトランスフォーメーションに対する有効なアプローチである。いかに対応すべきか長いロードマップを練るのではなく、チームは短期の構想を作り、企業とプロセスに小規模の変化を生み出す。次に、介入によってめざす目標がどの程度達成されるか、チームが評価する。アジャイルチームは、デジタルトランスフォーメーションのために大掛かりな計画を立てたりはしない。彼らは一度に小さなアクションをとり、その効果を評価し、もう一度アクションに移す。経営者側は、組織の戦略的方向性についてチームと効率的にコミュニケーションをとり、同時にチームの成果に注意を払い、それを広めなくてはならない。そうすれば、彼らは団結して有意義な変化を起こせる。次にとるべきステップをチームにそのまま伝えるのではなく、双方向のコミュニケーションを継続するプロセスが、プランニングに勝るアクションを、そして現在の結果に基づく今後のアクションを可能にする。

変わりゆくデジタルインフラストラクチャーに組織を適応させる

わたしたちはアジャイルメソッド自体に興味はない。わたしたちがこのメソッドに興味を抱いているのは、メソッドによって組織がデジタル環境に適応しやすくなからだ——迅速に感知し、反応できるようになるのだ。調査対象者は、デジタルに成熟している企業はすばやく行動できると指摘する。このプロセスをアジャイルメソッドと区別するために、わたしたちはこれを戦略的アジリティと呼んでいる——新たな、進化するテクノロジーの発展がもたらす移り変わりの激しい市場環境に適応する能力のことだ。デジタルの脅威と変化の速度は予測不可能なので、テクノロジーがもたらす戦略的脅威や機会がないか、企業は常に目を配らなくてはならない。たとえば、スマートフォンの普及がウーバーの台頭をもたらし、タクシー業界に競争を引き起こすことになるとは、ほとんどの人は想像もしなかった。

こうした産業構造の変化に長い年月がかかる場合もあるが、あっという間に起きるように思えるものもある。元国務長官のコンドリーザ・ライスが観察したように、タイムフレームと変化の必然性は、先を見越す場合よりもあとから振り返って見るほうが、はるかにわかりやすい。変化に対して性急に積極的に反応すれば、新しく現れたテクノロジーに企業が時期尚早に適応することになりかねず、差し迫った脅威への対応に有効にあてられたかもしれない時間とリソースを浪費する恐れがある。その一方で、脅威の緊急性を理解しなければ、企業は置き去りにされ、二度と回復できないかもしれない。多くの業界はまだ付加製造（別名3Dプリンティング）の影響を感じていないが、付加製造は数か月のうちに補聴器産業を完全に破壊した。[4] 補聴器の付加製造は、レーザーでスキャンして患者の耳を測り、従来の手法よりも速く、はるかに正確に、カスタマイズされた製品を製造できる。[5] こうした変化にすばやく対応し利用する企業は発展したが、対応が遅すぎた企業は発展できなかった。

クロスファンクショナルチームのデジタルの優位性

あなたの組織がどの脅威や機会に対応すべきか、そしてどれに対応すべきではないか把握することは、従来の階層構造で取り組むには難しい問題である。トップダウンの意思決定の文化は、戦略的決定を適時かつ繰り返し行うように、マネジャーに対し相当なプレッシャーをかける――不可能とまでは言わないが、対処が難しい問題だ。これよりも有効なアプローチは、クロスファンクショナルチームを活用し、ボトムアップの意思決定を構築することだろう。

クロスファンクショナルチームを適切に構築するならば、従来の階層的、官僚的組織に勝る、三つの大きな戦略的優位性を得られる。

・クロスファンクショナルチームは、大手企業では一般的な長々とかかる承認と根回しのプロセスなしで意思決定ができるので、官僚的組織よりも迅速に行動できる。このようなチームは組織内の異なる任務を担う人々で構成されているので、コミュニケーションと社会化は、企業のなかで速く継続的に行われる。こうしたチームは、無理のない範囲で、適切だと判断したときに、デジタルの脅威に対して行動できる。チームはよく、〝オープンハウス式〟ミーティングで互いに知識を共有する。このミーティングで、それぞれの成果と課題をほかのチームと共有する。

・さまざまなチームが、それぞれ別個の構想に取り組むことができ、同時に多様な選択肢を追求できる。マネジャーは、どのデジタルの脅威に対応すべきか、判断する必要がない。彼らはただ、対応可能な選択肢をいつ実行するのか決めればいいだけだ。喫緊の戦略的課題に取り組んでいるチームには、さらなるリソースが提供されるが、潜在的脅威のみに取り組んでいるチームは、必要に応じてテコ入れすべき選択肢の探究を続けることができる。

・クロスファンクショナルチームは、社員に異なる考え方をするように促す。チームは異なる分野で働く人々で構成されているので、共通の課題に取り組むにあたり、多様な視点と経験がもたらされる。「人々はビジネスケイパビリティにフォーカスしてきたが、それはビジネスの特定部分にすぎなかった」と、連邦住宅金融抵当公庫（フレディ・マック）のクリスティン・ハルバーシュタットは言う。「クロスファンクショナルな視点をもたずに、ほかの人に異なる考え方をするようにとは言えない」。

初期段階の企業の約二〇～三〇パーセントに対し、デジタルに成熟している企業のおよそ八〇パーセントが、仕事を体系化するために、またデジタルビジネスの優先事項を実施す

組織構造とデジタル成熟度

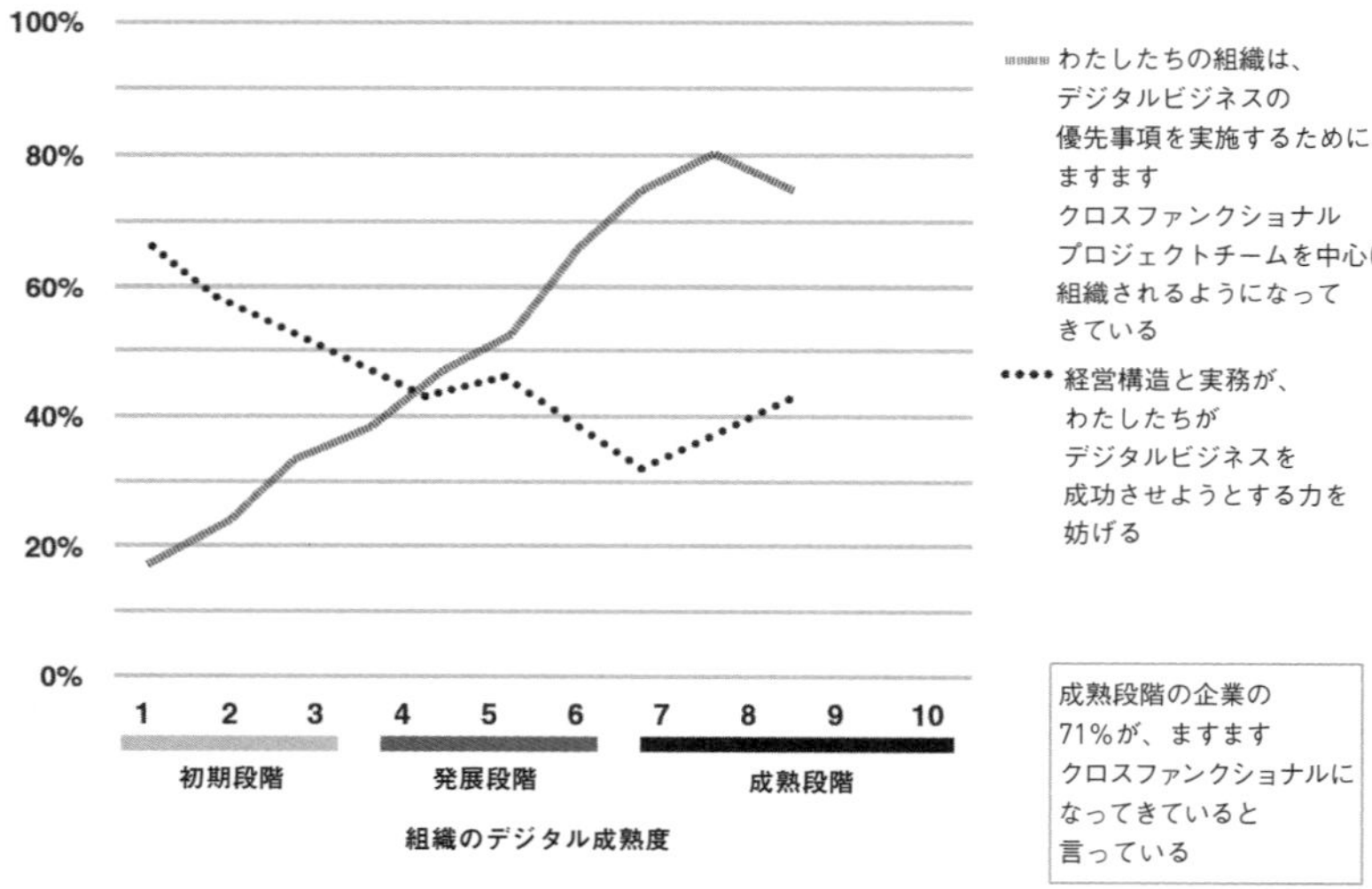
100%
80%
60%
40%
20%
0%
1 2 3 4 5 6 7 8 9 10
初期段階
発展段階
成熟段階
組織のデジタル成熟度
わたしたちの組織は、デジタルビジネスの優先事項を実施するために、ますますクロスファンクショナルプロジェクトチームを中心に組織されるようになってきている
経営構造と実務が、わたしたちがデジタルビジネスを成功させようとする力を妨げる
成熟段階の企業の71%が、ますますクロスファンクショナルになってきていると言っている

図12-1

るために、クロスファンクショナルチームを利用している（図12-1）。また、利用しているとした企業の回答者は、組織構造が成功の障壁だと答える割合がはるかに低い。クロスファンクショナルチームは、企業が直面するデジタルトランスフォーメーションの最大の障壁の一つを克服するのに役立つように思われる。アマゾンのCEOジェフ・ベゾスが提唱したピザ二枚ルールは、広く知られている。チームのために注文するピザが二枚よりも多かったら、チームが大きすぎる、ということだ。[6]

自動車販売店のカーマックスは、大いにクロスファンクショナルチームを頼りにする。同社CIOシャーミン・モハンマドによれば、チームは「権限を与えられている。会社首脳陣は問題をどのように解決すべきか命じるのではなく、問題は何かについて、取り組むべきKPI（重要業績評価指標）について示す」という。このアプローチにより、フィードバックの増加や開発のスピードアップ、試行錯誤するも最終的には顧客と同僚にとって最適なソリューションが可能になる。またカーマックスは、チームは賢明なリスクをとり、目的の達成方法を以前にも増して創造的に作り出すことに気づいた。もしあなたの組織に、このように完全に統合されたチームがなければ、デジタルトランスフォーメーションを成功させる準備が整っているのかどうか、詳しく検討すべきである。

インタビューに応じてくれた人たちは、デジタルに成熟している企業においてクロスファンクショナルチームを利用する理由について、いくつか異なる理由を示した。そのようなチーム編成に対する意欲は、仕事のやり方を変えるようなテクノロジーにある程度はつきものである。もしチームがたった一つの機能領域しかない社員で構成されていれば、チームは組織の戦略的選択肢を探ることはできない。「プロセスがすっかり統合されつつあるので、単独の機能について考えるほうが難しい」と、ハーレーダビッドソンのデイヴ・コテリアは言う。「統合とコラボレーションの機会はとてもすばらしく、それがさらにすばらしい効果と効率性を推進する」。コテリアは一つの例として、コネクテッドカーの設計と製造に、厳しいクロスファンクショナルなアプローチが求められることを挙げた。「もはや製品エンジニアリングにとどまらない。ソフトウェアの設計、システムインテグレーション、それに、従来の製品エンジニアリングに含まれないその他要素が必要になる。かつては別の領域だったものもテクノロジーの領域であることに、現在、社内のいくつもの部門が気づきつつある」。

コラム16

マリオットのクロスファンクショナルなおもてなし

マリオットでかつてデジタル担当上級副社長の座にいたジョージ・コービンが、競合他社のアプリを何点か試したとき、技術的には十分に機能するのに、結局期待に添う働きをしなかったことがあった——ホテルに到着したとき、アプリでチェックインしたはずだったのにチェックインされておらず、アプリで予約したディナーを食べることができなかったのだ。

この経験は重要な気づきをもたらした。コービンは語る。「わたしたちは世界で最高のウェブサイトを作り、顧客開拓のために最高の検索キャンペーンを行うことができる。しかし、すばらしい滞在を提供できなければ、お客様がわたしたちのホテルをリピートすることはないだろう」。

ゲストエクスペリエンスに真っ向から取り組むために、コービンはオペレーションチームの担当者たちと緊密に連携して仕事をするようになった。振り返って見ると、自分のチームよりも彼らと一緒に過ごす時間のほうが多かったという。コービンはオペレーションの知識を有効に活用し、マリオットのアプリを確実に機能させるために、かなりの戦力を動員した。

クロスファンクショナルなチーム作りは業務の定番になった。この世界的ホテルの多くの職務に、運用有効性やコストを含む、パフォーマンスメトリクスがある。また、デジタル関連部署だけではなくほぼすべての職場に、デジタル専門職がいる。「わたしたちは同じスコアカードを使って働き、問題に一緒に取り組む。企業はそれを真剣に受け取る。多くのメトリクスは、CEOにまで報告される」。

チームに行動する力を与える

一九世紀のプロイセンの陸軍元帥ヘルムート・カール・ベルンハルト・フォン・モルトケ（大モルトケ）は、「どんな作戦計画も敵の主力との初顔合わせには十分ではない」と書き残している。[7] 同様に、アジリティとは変わりゆく環境にチームが自らのアプローチを適応させられることを意味する。クロスファンクショナルチームにある程度の自由裁量がなければ、彼らはアジリティを獲得できないだろう。経営陣が競争環境の実情を把握することは重要だが、クロスファンクショナルチームには、彼らが計画を環境に適応させられるよう、ある程度の自由裁量を与えるべきである。

チームが戦略的に行動しない理由の一つは、会社がそれを認めていないからだ。多くの組織で、戦略は役員会議室と最高幹部の頭のなかに閉じ込められて、平均的な社員は大きな戦略的ビジョンに気づかないか、それに基づいて行動することができないのだ。ところが、デジタルに成熟している企業は、組織の下位レベルにまで意思決定を認めることに取り組んでいる。ジュリアン・バーキンショーは、『MITスローン・マネジメント・レビュー（SMR）』誌に寄せた「アジャイルから期待すべきこと」という記事のなかで、INGグループのアジャイルジャーニーから学んだ五つの教訓を挙げた。[8]

1. どの程度あきらめる用意があるのか決めること。アジャイルは権力を幹部から組織のその他の人々へと移す。それは困難を伴うことがある。どの程度までコントロールを譲る覚悟があるのか、幹部は決定しなくてはいけない。
2. この急激な変化に備えてステークホルダーに心の準備をさせること。アジャイルは、これまでとは異なる働き方であり、変化に向けて人々に心構えをさせなくてはいけない。
3. 顧客中心の構造を築くこと――そしてその流動性を保つこと。この移行は、単に顧客のニーズにフォーカスするのではなく、顧客を中心にした企業へと再編成するものだ。
4. 社員に、監視と自己裁量の適正なバランスを与えること。トップレベルの監視の必要性がなくなるわけではない――ただ変わるだけだ。ちょうど良いバランスを見つけるには、試行錯誤する必要があるだろう。
5. 社員に、発展と成長の機会を与えること。アジャイルにとってリスクの一つは、社員が過度に職務指向になり、スキルを磨かなくなることだ。社員を継続的に成長させるために、メンタリングを効果的に続ける必要がある。

意思決定の権限を企業の下位レベルに認めているかどうか、調査対象者に質問したところ、デジタルに成熟している企業とそれほど成熟していない企業の回答に、明らかな相違が見られた。デジタルに成熟している企業の五四パーセントが自分たちの組織は認めていると回答し、認めていないと回答したのは二〇パーセントにすぎなかった。対照的に、初期段階の企業のわずか二二パーセントが自分たちの組織は認めていると回答し、五四パーセントが認めていないと回答した（図12-2）。

このような環境での管理には、社員が戦略的に行動することを認め、可能にし、権限を与える必要があり、あからさまに監視しないことが求められる。また、こうした社員に組織の戦略目標について教育することも必要になる。同時に、社員の行動を導く〝エンゲージメントのルール〟を作成する必要もある。最後に、幹部が新しい管理方法と指導方法を学ぶことが求められる。企業が直面するもっとも差し迫った問題は、テクノロジーに会社の働き方を変革させる勇気が幹部にあるか、それに応じて自分たちのリーダーシップスタイルを適応させる自信があるかどうか、ということである。

デジタルに成熟している企業は、組織の下位レベルに意思決定を任せていると答える傾向が強い（「非常にそう思う」「そう思う」とした回答者）

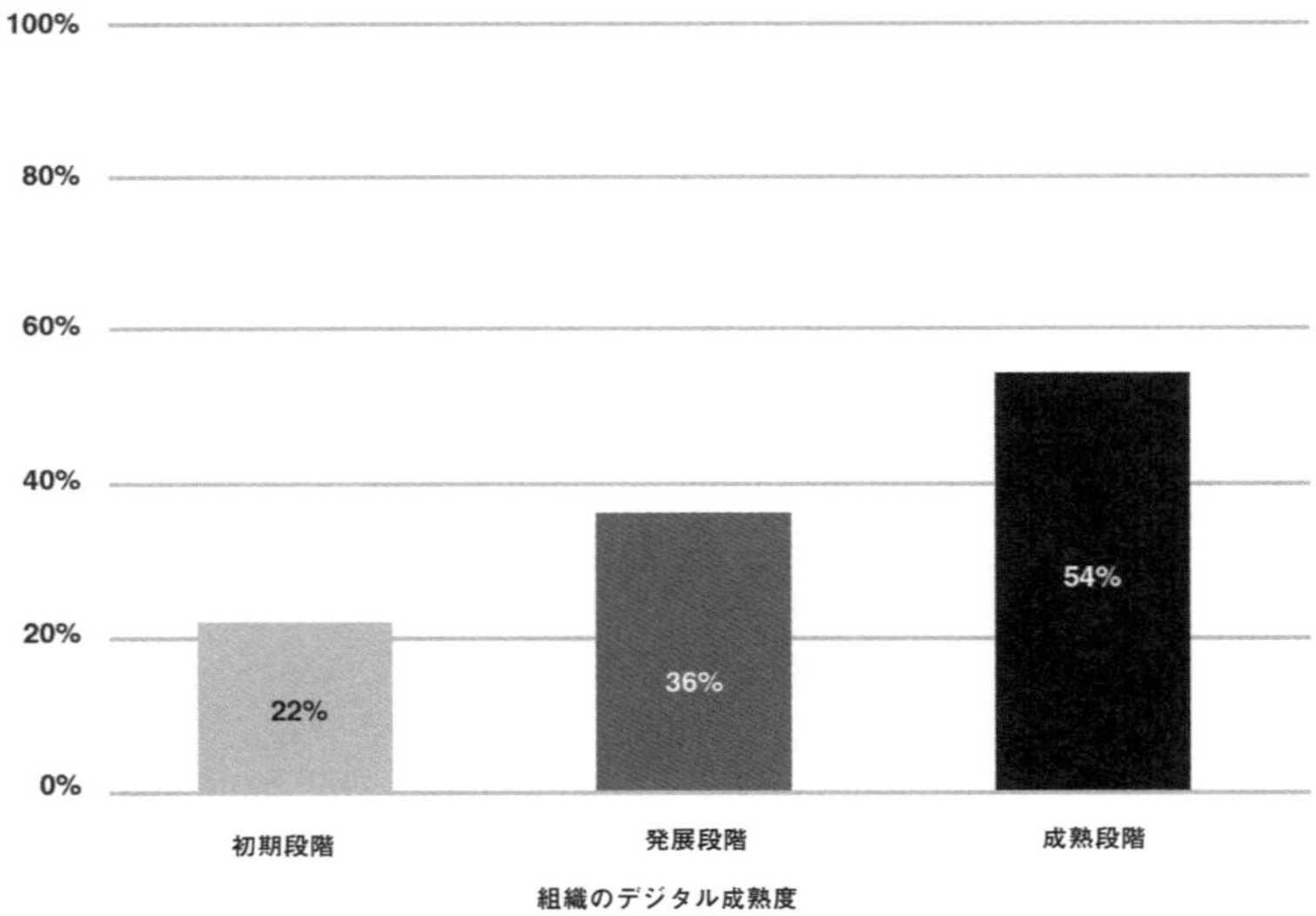

図12-2

組織が変化に適応するためにモジュール方式は役立つ

ハーバード・ビジネススクールのウィリアム・L・ホワイト記念講座の経営学教授カーリス・ボールドウィンは、クロスファンクショナルチームは組織のモジュール化の一種だと指摘する。彼女によれば、組織はその時代に優勢なテクノロジーに合うように設計されるという。[9]異なる特徴が異なる速度で展開できるようにすることで、テクノロジーのモジュール化がコンピュータ・テクノロジーの革新を進めたように、組織のモジュール化は組織のより迅速な反応を促進する。クロスファンクショナルチームは交換が可能であり、必要に応じて異なるタスクに振り向けることもできる。チームはある程度の自由裁量をもち、具体的なプロジェクトに取り組む。目標が達成されたり、チームの目的が組織の目標とそぐわなくなったりした場合には、異なる目的に対処するためにチームを振り向けたり、交換したりできる。

モジュール化組織は、インターネット時代の幕開け時に歓迎された、比較的少ない階層しかないいわゆるフラットな組織とは、まったく異なって見える。組織理論家のカール・E・ワイクは、緊密に結びついた組織とゆるやかに結びついた組織とを区別する。[10]緊密に結びついた組織は、多様なフィードバックと報酬のメカニズムに強化された明確な方針と手段をもつ、レガシー企業である。対照的に、ゆるやかに結びついた組織は、意思決定力を彼らの階層の下位にまで認め、状況にじかに対処できるようにしている。経営幹部は組織の戦略目標を伝え、前線のリーダーは、その目標の達成方法を見つけ出すことに責任の一端を負う。こうした組織はきわめて階層的だが、このような階層制は、現代企業とは異なる働きをする。

人材市場を育成する

モジュール化の主な特徴は、必要に応じて人材をすばやく、確実に調達する能力である。[11]企業は、特殊で流動的な人材の管理方法を、従来の社員管理とは異なるやり方で検討する必要があるかもしれない。第1章で、スタンフォード大学のメリッサ・ヴァレンタインが思い描いた、コア周辺モデルを中心に組織された企業について述べた。これは、コア社員という少人数のグループが、臨時社員である周辺グループからチームを集めるというモデルだ。わたしたちのインタビューに答えてくれたある経営幹部はこう語る。「組織は今後さらに流動化する。多義性の程度は増すだろうし、求められるスピードは高まるだろう。必然的に、タスクや機能領域よりも、目的に導かれた人々をいついかなるときでも集められるリーダーが必要になる」。

はじめの一歩として求められるのは、組織がオンデマンドの人材市場と提携するか、そうした市場を育成することだろう。これにより、必要に応じてオンデマンドで特殊な支援が利用可能になり、ネットワーク全体から人材を調達しまとめることが可能になる。人材市場は、オンデマンドの請負業者の人材プールを監視し、評価し、支援するプラットフォームによって維持される。必要とされる才能をもつ人々を広範な市場で利用できるという考えを嫌う企業は、社員とフリーランスで構成されたオンデマンドの人材市場を作り運営するかもしれない。自分たちが必要とするスキルを確実に利用するために、企業は人材市場を戦略的リソースとして、人材プールの長期的健全性への投資として理解すべきである。人は現れては消えるが、オンデマンドの人材市場は、未来を見すえて育成され維持されるべきである。

この人材市場には、企業のフルタイム正社員もいるだろう。一方で、パート社員やコントラクトワーカーもいるかもしれない。人材市場は一般的に、パートタイムのフリーランサーの管理に使われてきたが、一部の企業はこうした市場を、必要に応じて正社員をプロジェクトに割り当てるためのプラットフォームとして、実験を始めている。たとえば、ワークマーケット（最近ＡＤＰに買収された）は、個々の企業向けに、正社員とパートタイムのフリーランサーの専用人材プールを設置した。正社員は、安定した社員基盤を提供し、パートタイムの請負業者は、需要の短期的変動に対処できる柔軟性を提供する。オンデマンドの請負業者にとっては、正社員になれるチャンスが、スキルを継続して磨く強力なモチベーションとなるかもしれない。だが、正社員の市場にいない人でも、やはり貴重なスキルをもつ人はたくさんいる（たとえば勤労学生、幼い子どものいる親、定年退職者、または定年間近な人たちなど）。マサチューセッツのウォルサムに拠点を構えるクラウドソーシングサイトのイノセンティブは、特別な専門知識のある定年退職者はもっとも価値ある人材で、常に貢献する人材だと気づいた。

請負業者は多くの企業から二流市民扱いされるが、有能な人材を引きつけたいと考える企業に、そんな扱いをする余裕はないだろう。価値あるスキルをもつオンデマンド人材は、どんなプロジェクトでもどんな会社の仕事でも、選択できるのだ。最高の人材を入手するために、オンデマンドの請負業者が企業の戦略目標にとって不可欠の貢献者として評価される環境とインセンティブ構造を、組織は構築すべきである。望ましい仕事の経験と環境、関心のあるプロジェクトで働く機会の提供、さまざまなチームに触れること、これがエンゲージメントを推進するために役立つだろう。

コア社員を再考する

こうした人材市場にますます依存するようになった企業は、モジュール化したチームを編成して率いる社員の本質と役割を再考する必要があるかもしれない。コアとなる社員は正社員だけではない。組織の長期の戦略的方向を築き導くために、企業が今後投資する人々だ。コア社員は別のコア社員とともに仕事をすることになるだろうが、コア社員も今後ますますオンデマンド人材に仕事を委託するようになるかもしれないし、それには特別な管理スキルが求められるだろう。効果的な委託には、重要なスキルをいかに調達するか、いかにチームを編成し、迅速に起ち上げ、運営するか、目標達成のために意思決定支援ツールをいかに使うかが求められる。こうしたスキルがあれば、デジタルに成熟している企業の特徴である、組織のアジリティとコラボレーティブな環境をもたらすことができる。

コア社員は、比較的年齢が若くても、任された目標の達成や貢献のために、ある程度の戦略的自己裁量をもつべきである。戦略的思考は、わたしたちの調査対象者がリーダーと社員にとって重要だと挙げたスキルの一つであり、分散型のリーダーシップは、デジタルに成熟している企業の大きな文化的要素である。自主性を高めるには、当然、経営陣とのコミュニケーションを深め、企業の戦略的方向についての認識を高めることが求められる。

デジタルに成熟している企業が、社員エンゲージメントの育成、維持、強化に意図的に取り組んでいることは、偶然ではない。コア社員を長期間確保するには、給与以上のものを提供する必要がある。社員が企業に留まり貢献したいと思うためには、組織が自分に投資してくれている、成長の機会を今後も与えてくれると感じることが必要だ、と多くの人が言っている。たとえば3Mは、忠誠心を築くために新規雇用者に投資する。同社CEOのインゲ・チューリンによれば、二〇二五年まで広範な社員開発プログラムを全社員に受けさせることを計画しているという。コア社員はやがて自分のスキルを育てる新たな機会が必要になる。企業はコア社員向けに、絶え間なく進化する世界に遅れずついて行けるようにスキルの定期的なアップデートを促す、新しい開発プログラムを構築することもできる。それは、選ばれた社員が在職期間のある時点で参加する、従来型のリーダーシップ開発プログラムとは異なる。

コラム17

フラッシュチーム――コアのない周辺？

多機能チームやボトムアップのリーダーシップの重視は、専門化の終わりに思えるかもしれない。だが、スタンフォード大学のメリッサ・ヴァレンタインは必ずしもそうとは考えていない。「人は専門化するとき価値が上がる」と彼女は言う。またそれは、人に新たな発展の機会をもたらす。ヴァレンタインは経営科学・工学の助教授として、クラウドソーシングと、フラッシュチームという比較的新しいコンセプトに集中的に取り組んでいる。フラッシュチームは、従来のワークフローと役割に適応でき、柔軟に対応し、その代替となる。

フラッシュチームは、コンピュータによりクラウドから集められた専門家のチームで、編成や規模を自在に調整できる、軽快なチーム構造となっている。チームはウェブのプラットフォームを通して編成される。プラットフォームは働き手を集め、各タスクと働き手の交流方法を定める構造化されたワークフローに従い、彼らを管理する。たとえば、「フラッシュチームのミーティングに参加するバックエンドの開発者は、厳しい監視なしでデータ構造の仕事ができる」とヴァレンタインは言う。彼らの専門知識は、「その種の開発がどのようなものか強烈な印象」を与える。

ヴァレンタインによれば、一つのニッチにとらわれているのでない限り、人は自分のバックグラウンドを用いて新しいビジネスの価値観を生み出せるという。フラッシュチームは、新たな成果に対するオープネスと自発性で発展する。彼らはイノベーティブなプロジェクトのために、「プロトタイプを作ったり、パイロット版を出したり、何か新しいものを作るような」領域で、とくに実力を発揮する。

異なる働き方

バーキンショーなどが指摘しているように、アジャイルとは単にすばやい段階的アプローチだけにとどまらない。アジャイルは異なる働き方も意味する。バーキンショーの記事は、次のような考察で締めくくられる。「ＩＮＧの経験から、新方式を実施することは、それを提案するよりもはるかに困難であることに気づかされる……新しい経営慣行が、年季の入った企業よりも若い企業で機能することが多いのも、驚くに値しない。前者の企業では、社員（およびリーダー。断然リーダーも含めるべきだろう）の期待と習慣は凝り固まっている[12]」。

第12章のポイント

わかっていること(What We Know)

- デジタル環境の変化とスピードに対応するために企業はアジャイルである必要がある。
- 企業はアジャイルソフトウェア開発宣言の価値観と原則を、デジタルトランスフォーメーションへのアプローチとみなせる。
  - プロセスやツールよりも個人とインタラクションを
  - 包括的なドキュメントよりも動くソフトウェアを
  - 契約交渉よりも顧客とのコラボレーションを
  - 計画に従うよりも変化への対応を
- アジャイルなアプローチは、短い(6〜8週間)タイムフレームよりもさらに短いスプリント、公式のプロジェクト報告よりもフェイストゥフェイスのコミュニケーションなどの、小さな意味ある改善を重視する。
- デジタルに成熟している企業は、あまり階層的ではない環境で行動し運営する権限を与えられた、クロスファンクショナルチームに頼る傾向がある。

実行できること(What You Can Do about It)

- デジタルトランスフォーメーションの構想を最近どのように管理しているか、アジャイルの価値と原則と比較して調査する。その最大のギャップをつきとめる。
- 既存のまたは計画中のデジタル構想で、アジャイルな取り組みとして実行できるものを1つか2つ選ぶ。主要メンバーをアジャイル方法論で訓練し、アジャイルをさらに広範に評価するために必要なことにフォーカスした学習パイロット版を実行する。どのようなインフラとプロセスの変化がアジャイルパイロット版に必要になるか判断する。
- パイロット版を評価し繰り返す。

第13章 力、バランス、勇気、良識——意図的なコラボレーション

人の肩をよじ登って誰かの肩の上に立ち、また別の人がその人の肩をよじ登って肩の上に立つ。これを繰り返して、一〇階建ての建物の高さに相当する人間の塔を作るというチーム競技を、あなたと同僚たちが命じられたと想像してもらいたい。優勝チームは、この多層式の人間の塔を一番早く完成させて、一番早く解体させたチームだ。もしカタルーニャに行ったことがあるなら、これと同じ競技を見たことがあるかもしれない。「層を積み重ねて高くなる、赤い半裸の震える塔は、背中の広い男たちが土台になって重みの下で汗をかき震えており、最後に、小さな女の子がするするとてっぺんまでよじ登り、勝利で腕を突き上げる。身がすくむような光景だが、怖いもの知らずの参加者たち（castellers カスタリェース）は大きな誇りを抱いている。この人間の塔（castell カステイ）作りは、カタルーニャ文化の中核をなすからだ」[1]。

人間の塔（カステイはカタルーニャ語で「城」を意味する）を作るカタルーニャの伝統は、一八世紀にまでさかのぼる。「全構成員が指定された位置に登り、アンチャネータ（enxaneta 一番上

に登る人、たいていは子ども）が、カタルーニャの旗のストライプを象徴するジェスチャーとして、四本の指をまっすぐ立てて手を挙げたとき、カステイは成功とみなされる」[2]。この伝統行事は一九八〇年代に人気を博し、二〇一〇年にはユネスコの無形文化遺産に認定された[3]。ユネスコはカステイを作り上げるプロセスを描写し、「カステイを築くために必要な知識が世代を超えてグループ内で伝えられていく、これは訓練によってしか習得できない」と述べている[4]。

カスタリエースが実際に塔を作っているところを見たいなら、ユーチューブで検索するだけでいい。多数の動画がアップされているだろう[5]。無事故で塔を解体するほうが、塔を築き上げるよりも驚異的に見える。カスタリエースのモットーは、「フォルサ、アキリブリ、バロー、セニ」すなわち「力、バランス、勇気、良識」である[6]。テクノロジーに破壊された世界において、カタルーニャのカステイの伝統とそのモットーは、デジタルに成熟している組織に求められる、コラボレーターとコラボレーションの完璧なたとえと言えるかもしれない。

アジリティがテーマだった前章で述べたように、デジタルに成熟している企業は、それほど階層的ではなく、次第にクロスファンクショナルチームを中心に組織されるようになっている。さらに、組織の下位まで意思決定を認めるよう推進している。そうすればより迅速に、より情報を得たうえで意思決定を下すことができる。こうした要素を結びつけるには、よりコラボレーティブになる必要がある。第11章で述べたように、デジタルに成熟している組織に目立つ文化的特徴としては、彼らはほかの成熟レベルの組織よりもコラボレーティブで、しかも意図的にそうしている、という点がある。組織がコラボレーティブだと答えたのは、初期段階の企業では三〇パーセントほどだったのに対し、デジタルに成熟している企業では九〇パーセント近かった。

コラボレーションの必要性を推進するものは何か？

コラボレーションの取り組みの推進力として挙げられた回答は、いっそう興味深い。拡大するコラボレーションの背後にある主な推進力は、仕事の性質だとわたしたちは思ったのだが、回答者は仕事の性質と、コラボレーションに使える新しいツールとテクノロジーの両方を挙げたのだ。言い換えるなら、人々がそれまでとは違う新しいやり方でコラボレーションするのは、仕事がコラボレーションを求めるから、ならびに効率的にコラボレーションできるツールが今あるから、ということになる。成熟段階の企業は、こうした考えを具体的に実行に移し、さらに進んだコラボレーションツールを導入する可能性が高い（主に電子メールに頼るのとは対照的だ）。デジタルに成熟している企業の七〇パーセント以上が、高度なコラボレーションツールを使って仕事をしている、または使って仕事をし始めていると答えたのに対し、同じ回答をしたのは、初期段階の企業では四〇パーセント未満しかいなかった（図13-1）。

デジタル時代の仕事の性質は、部門の枠を超えて、さらにアジャイルになり、さらに反復して仕事をするよう組織に求める。これに対応するには、当然、さらなるコラボレーション

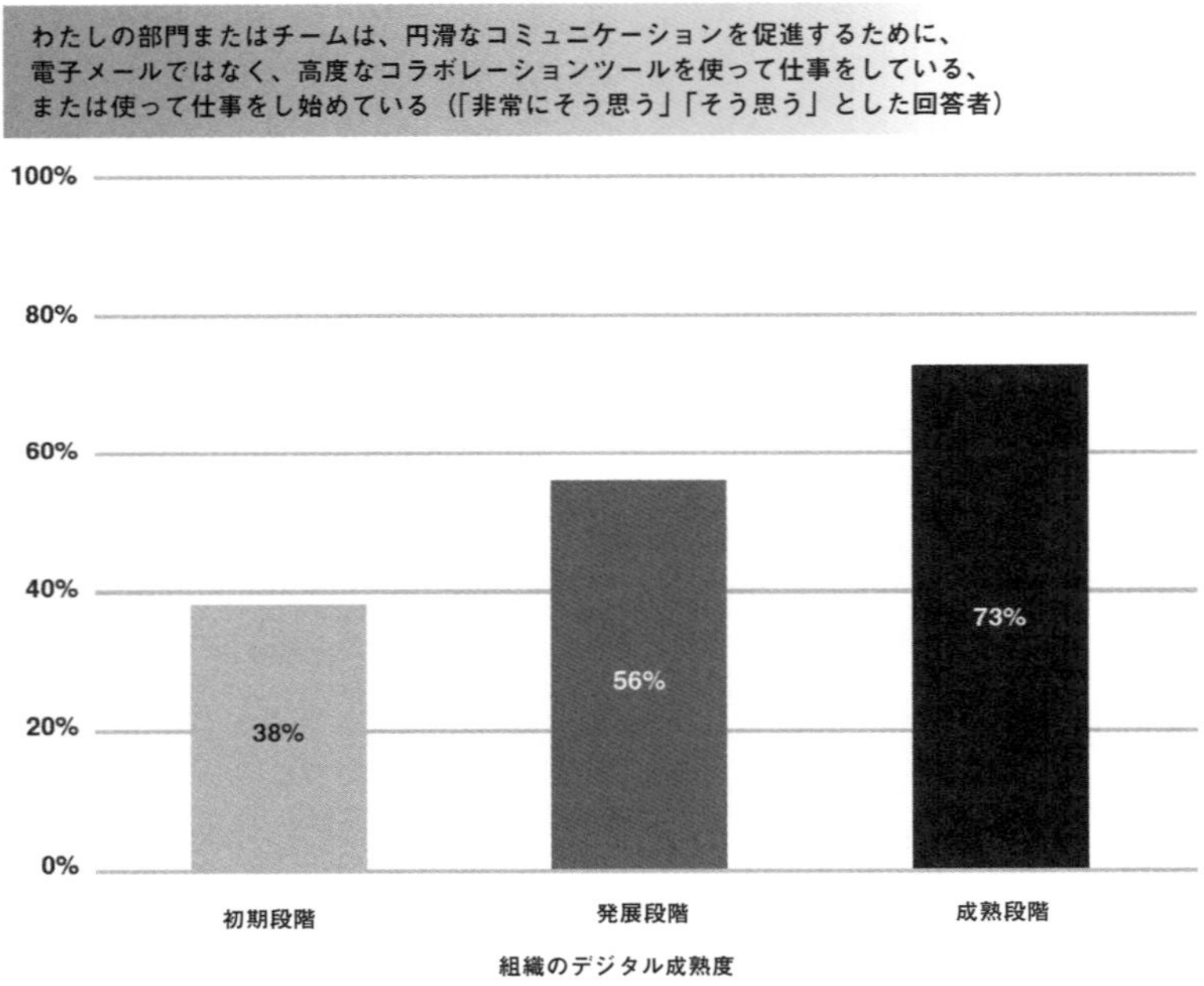
わたしの部門またはチームは、円滑なコミュニケーションを促進するために、
電子メールではなく、高度なコラボレーションツールを使って仕事をしている、
または使って仕事をし始めている（「非常にそう思う」「そう思う」とした回答者）
100%
80%
60%
40%
20%
0%
38%
56%
73%
初期段階
発展段階
成熟段階
組織のデジタル成熟度

図13-1

が必要になる。有効に利用すれば、デジタルプラットフォームはコラボレーションを可能にするだけではなく、人々がコラボレーションし関わり合う方法を変える。さらに高度なプラットフォームによるコラボレーションの潜在的利益を考慮すると、組織がこうしたツールを内部コミュニケーションとして導入するのにどれほどのんびり構えていることか、組織の対応の遅さにはいささか驚かされる。発展途上世界においても、過去五～一〇年の間にほとんどの人がフェイスブックやリンクトインを使い始めたが、そうしたテクノロジーに組み込まれたコラボ

レーション機能は、スラック、ジャイブ、セールスフォースなどのプラットフォームを通して、今やっと企業に到達しつつある。

デジタルのコラボレーションツールは、グループの幅広いコミュニケーションをさらに効率よく効果的に行うために有用である。例えば企業の場合なら、プラットフォームは、優れた意図的なコラボレーションを支える二つの主要な機能を提供する――ネットワークの管理とコンテンツの共有である。

ソーシャルネットワークを管理する

〝ネットワークを管理する〟ことに関しては、以前なら社員には利用できなかった他者と関わるための新しい機能を、ソーシャルメディアプラットフォームが提供する。組織のソーシャルネットワークにおける社員の立場は、個人のパフォーマンスに重大な影響を与えることが、数々の調査から判明している。たとえば、ネットワークの構造的空隙を埋めること（言い換えれば、結びついていない人々の集団を橋渡しする立場のこと）は、タイミングやアクセス、情報の照会に関し、情報面で利点がある。しかし、自分が構造的空隙を埋めているのかどうか、社員はどうやってわかるのだろうか？　多くの人は自分たちのネットワークの構造について理解が限られていることが、やはり調査でわかった。対人相互作用や対人関係はとらえどころがなく、ときには隠れていることもある。

デジタルプラットフォームは、現実世界とメールのネットワークでは提供しない透明性を、ネットワークに提供できる。たとえば、フェイスブックは共通の友人を自動的に見つけ出す。リンクトインは、望みどおりのコンタクトへの最短かつ最適なつながりを知らせる。自分や潜在的な接触相手がどれほどコネクションをもっているのか、ユーザーは一目でわかる可能性がある。ほかの人たちが誰と結びついているか具体的にわかり、望ましい結びつきのために最短の道筋も描ける。広大なソーシャルネットワークの特徴を意識すれば、そのなかで自分の立場をどのように向上させたらいいか、より適切な判断が下せるし、次に、そうした立場に関連するパフォーマンス利益を得られる。

またマネジャーは、デジタルプラットフォームがもたらすこの透明性を利用して、社員間の交流がわかるので、企業全体のネットワークが概観できる。[7] このような視点は、組織がどのように機能しているかについて、計り知れないほど貴重な見識をマネジャーに与える。一九八二年にベストセラーになった『エクセレント・カンパニー』は、本書の第9章でも触れた、ビル・ヒューレットとデイヴィッド・パッカードの「歩き回るマネジメント」の習慣を広く知らしめた。ネットワークを可視化するツールは、マネジャーが自分の席を離れずに「歩き回る」ことを可能にする――もちろん、わたしたちはそのどちらも実践することが大事だと考えている。こうしたツールは、組織がどのように機能するか、時間とともにどう変化するか、そのネットワーク構造を改善するための介入は効果的かどうかについて、優れた視点を与える。

「ソシオメトリクス」は、関係と社会構造の研究と測定、集団の測定とその集団内部での個人の行動と状態を表現するために、精神療法医のヤコブ・モレノが作り出した用語である。[8]たとえば、アナリティクス企業のヒューマナイズ社は、社員のソシオメトリックデータを企業が活用することに協力している。データは既存のプラットフォームか、社員の行動の把握と組織を変えることを目的に特別に作られた社員バッジによって、収集された。そうした組織の変化が望ましい効果を上げているかどうか判断するために、マネジャーはコミュニケーションパターンの変化を観察できる。たとえば、食堂のテーブルの大きさを変えたところ、ヒューマナイズ社は社員の間に以前よりも生産的な話し合いが生まれたことに気づいた。社員の休憩を同じ時間にとらせるようにしたことにも、同様の効果があったという。

ヒューマナイズ社のCEOベン・ウェイバーは、まだ公開の初期段階だが、現在利用可能なソシオメトリックの能力の四つのレベルについて述べている。

- 第一に、すでに下した決断の影響を分析し、その決断の前後の影響力を知りたいと思う。
- 第二に、被験群と対照群による介入を意図的に計画する。
- 第三に、一度に複数の事柄をテストする。
- 最後に、あなたが下した「人に関する決断」すべてに対してテストを行う。

「今のところどの企業も一番進んでいるのはシングルテストだ」とウェイバーは述べている

が、彼のフレームワークは、この領域に関してさらに多くのことが可能であることを示している。

わたしたちの調査によると、社員は業績改善を目的とするソシオメトリクスに対し、驚くほど抵抗がなく、回答者の九〇パーセントがこれに参加してみたいとしている。ウェイバーの経験は、このオープネスをそのまま反映しており、社員は自分自身のデータを目の当たりにする。「そのデータは本質的に、あなたのキャリアにとってのフィットビット「フィットネス向けのウェアラブル機器」なのだ。あなたはチームの平均と自分のデータを比較できる。それに平均だけではない。たとえばわたしがセールスパーソンだとしよう。わたしは最高のセールスパーソンになりたいと思っている。ではわたしは、組織で最高のセールスパーソンたちがどんなことをしているか知っているだろうか？　彼らとわたしの大きな違いはどこにあるのだろうか？」　ソシオメトリクスはこの種の情報を社員に提供するので、社員はパフォーマンス向上をめざして自らの行動を調節できる。

透明性とデジタルコンテンツの永続性

ネットワークの管理に加えて、デジタルプラットフォームはコンテンツを共有し、コンテンツで交流するためのさまざまな方法も支援する。[9] 高度なコラボレーティブプラットフォームの二つの特徴は、コンテンツの透明性と永続性である。電子メールは通常、特定の人物またはグループ宛に特定の目的で送られる。送信者は、受信者がどんな種類の情報に興味をもっているか知っているものとされる。ほかのコラボレーティブプラットフォームでは、組織内の関係ない人たちがリアルタイムで（透明性）あるいはあとで（永続性）、投稿内容を閲覧できる。よって、潜在的な受信者は、特定のテーマや情報をプラットフォームで検索できるし、本来その人たちを対象にした情報ではなくても、必要な情報を見つけ出すことができる。

〝透明性〟のおかげで、通常の相互作用で共有された情報から、他者も恩恵を受けることができる。ツイッター、フェイスブック、リンクトイン、スラックなどのプラットフォームのいわゆるニュースフィードは、プラットフォームの特定のグループのなかで、またはテーマについて起きるすべてのインタラクションを、人々がチェックできるようにする。こうしたフィードにざっと目を通して、ほかの人たちがどんなことを話題にしているのか、興味をもっているのか知るだけで、社員は専門知識の理解を深め、同僚の知識を獲得し、後日その知識が必要になったときにアクセスできる。

また〝永続性〟のおかげで、後日他者が情報を利用できる。第11章で紹介したＢＡＳＦの例では、プロジェクトチームがコラボレーションにデジタルプラットフォームを利用した場合、新メンバーがチームに追いつくスピードが上がることに、チームは気づいた。メンバーがチームを離れることがあっても、彼らの会話、決断、意見、フィードバックの記録は、新しく入ってくるメンバーのために保存される。そうすればそれまでの作業を再現しなくても、新メンバーはこの情報を利用して、それまでの作業に基づき首尾よく仕事を進められる。

コンテンツの透明性と永続性だけでは十分ではない。コンテンツが実際に利用されてこそ、コンテンツは組織にとって価値をもつ。たとえば、わたしたちは、あるメーカーでのコラボレーションプラットフォームの全社的利用について研究したことがある。プラットフォームには、毎日投稿される新しいコンテンツも加わり、幅広く成功を収めているように見えたが、その裏で実際に起きていたことについて、データは異なるストーリーを語っていた。多くの人が、実際に消費するよりもはるかに多くのコンテンツを投稿していたのだ。わたしたちが「スーパープロモーター」と名づけた社員のあるグループは、「パーソナルブランディング」の名のもとに、彼らが消費しているコンテンツの三五倍の量を投稿していた。[10] 実のところ、そのプラットフォームで発生するコラボレーションの大半は、プライベートなグループで起きたものだった。パブリックスペースのコンテンツのボリュームは途方もなく大きいので、別の目的で勝手に使用される場合が多いのだ。

コラム18

ディスカバー・フィナンシャル・サービシズのトランザクティブメモリー

コンテンツの透明性と永続性は、組織の〝トランザクティブメモリー〟を支える。トランザクティブメモリーとは、組織において誰が何を知っているかという情報を、人々がどの程度把握しているかを表すもので、必要なときにその知識にアクセスできるようにする。

ヒューレット・パッカードの元CEOは、もし「HPが、HPの知っていることを把握していたら、三倍は生産的になるだろう」と語る。トランザクティブメモリーは、あなたの組織の個人個人が互いに知っていることをどの程度知っているか測る尺度であり、組織のパフォーマンスと正の相関がある。[11] 高度なコラボレーティブプラットフォームにより可能になるネットワークを管理しデジタルコンテンツを共有する能力は、組織のトランザクティブメモリーを、電子メールではできない方法で向上させることができる。

カリフォルニア大学サンタバーバラ校教授のポール・レオナルディは、ディスカバー・フィナンシャル・サービシズで、社員がソーシャルメディアプラットフォームのジャイブを使い、どのようにコミュニケーションしているのか研究していた。ジャイブは、組織全体で生じるコミュニケーションをニュースフィードに表示して提供する。ディスカバー・フィナンシャル・サービシズは、こうしたツールがコミュニケーションに役立つのか、またどのように役立つのか疑問を抱き、社員にどう利用させたらいいのか知りたいと考えた。ジャイブを導入する前に、レオナルディは同社の社員に、誰が何を知っているか、組織内で誰が誰を知っているかについての調査を実施した。その後ジャイブを使用して約半年後に同じ調査をした。こうした質問は社員のトランザクションメモリーを調べるものだ。これは以前の調査で示されたように、必要なときに組織内で必要な知識を見つけ出すために重要になる。

ジャイブの利用前から利用後の半年間で、部門内で誰が何を知っているかに関して、社員の精度が約三〇パーセント改善したことに、レオナルディは気づいた。また、誰が誰を知っているかに関しては、精度は約八八パーセント改善した。ところが、彼が社員にジャイブで何か学んだかどうか尋ねると、このシステムで何も学んでいないという答えが返ってきた。「いいえ、わたしは何も学んでいません」。

つまり、コミュニケーションとコラボレーションのための高度なコラボレーティブプラットフォームのパラドックスが存在するのだ。ただ意識するだけで、今収集しているものが今後役立つなどと考えずに、ただ積極的に周囲の状況をじっと見つめているだけで、人々は多くを学ぶ。それは、わたしたちが普段グーグル検索や電子メールなどのツールでなじんでいる知識の獲得方法とは異なる。通常は問題にぶつかったときに検索し、解決策を探す。つまり、目下の緊急要件を満たせるものだけを探しているのだ。

同社の社員たちはそうしたことはいっさいしていなかった。同僚たちは何を、誰を知っているのか、彼らは徐々に気づくようになり、そのメタ知識を後日利用するためにしまいこんでいた。つまり、実際に学んでいるという印象は彼らに残らなかったのだ。

意図的なコラボレーションに向けて

とはいえ、コラボレーションのためだけのコラボレーションは、とくに重要ではないし、意図的でないコラボレーションは、役立たないパターンに陥りかねない。デジタルプラットフォームが意図的に追求されない場合、同じようなタイプの非生産的コラボレーションを導きかねないことが、いくつかの調査からうかがえる。たとえば、人間は概して自分とよく似た人（この特徴は「同類性」と呼ばれる）や、共通の社会的関係をもつ人（このネットワークの特徴は「均衡」と呼ばれる）と交流したいと思うものだ。同じ考えをもつ人々と結びつくことは楽しい――が、これは現在の偏見を強化し、有効な意思決定をおとしめることも多い。同じような視点や関係をもつ人と結びつきをもっても、そのような結びつきは一般に、かつて出合ったことのない新たな知見や別の視点をもたらさない。それどころか、「反響室（エコーチェンバー）」を作り出し、各個人がそのなかで自らの視点や決定に過度に自信を抱くようになる。これは個人や組織のパフォーマンスにとって有害なものになる恐れがある。

心理学者のアービング・ジャニスによれば、この種の自然なコラボレーションの傾向は、彼が「グループシンク（集団思考）」と呼ぶ現象のなかで誤った方向に進みかねないという。たとえば適切に構成されていない均質的な集団などは、ある種の状況下で誤った決断を下す傾向があると、ジャニスは指摘する。[12] 実際にこの種の集団は、集団のメンバーが別個に決断を下す場合よりも、悪い決断を下すことが多いのだ。興味深いことに、人はこのような状況に往々にして引き寄せられ、より高度なコラボレーティブプラットフォームはこのような状況を意図せずして強化する傾向がある。

ジェームズ・スロウィッキーは著書『「みんなの意見」は案外正しい』（角川書店）のなかで、

ジャニスのグループシンクの原則をリバースエンジニアリングして、集団が団結して個人よりも優れた決断を下せるような状況をつきとめようとしている。[13] それは次のような状況だ。

- 集団には意見の多様性がある。
- 集団のメンバーは、互いに別々に決断を下す。
- 分散化により個人が局所的知識を利用できるようにする。
- 個人の意見を統合して決定を下す適切なメカニズムが存在する。

新しいコラボレーションツールは、一段と生産的なコラボレーションを可能にするが、それが意図的に使用され、意見の多様性や個別の意思決定、分散型のコミュニケーションを育成する限りにおいてそうなる。あなたのコラボレーションツールが多様性をもつためには、あなたの組織に多様性が必要になるということを、ここで強調しておくべきだろう。スロウィッキーのモデルでは、コラボレーティブプラットフォームは、コラボレーションに対する方程式の一側面にすぎない——集合体だからだ。その他の側面を育てようとしないならば、新しいプラットフォームをやすやすとグループシンクに譲り渡すことになる。

MITスローン経営大学院のトム・マローン教授はこの現象を、「集合知（collective intelligence）」と呼ぶ。[14] 彼は集合知を、「知性的に思われる方法で集合的に行動する個人の集団」と定義している。[15] マローンと彼のグループは、コラボレーションの一つとしてコンピュータも含める。彼らは調査で、次の重要な質問を投げかける。「一人の人間や集団やコンピュータが――集合的に――これまでよりもっと知的に行動できるようになるには、人間とコンピュータはどのように結びつくことができるか」。よって、意図的なコラボレーションの目標は、集合知である。テクノロジーを通して、またはテクノロジーを用いて、人々が互いに協力し、個人が別個に下す決定よりも優れた決定をいかにして下せるか、ということである。

パフォーマンスの恩恵は二次的

だが、コラボレーションによる恩恵は、企業が組織内の文化と組織内の関係を強化するためにプラットフォームを使ったあとに限り生じる、二次的な効果であることを発見した研究者もいる。[16] 彼らの調査によれば、企業が求めているようなパフォーマンスやコラボレーションによるその他の恩恵を受ける前に、企業はまずプラットフォームによって、信頼性、プライド、愛着、楽しみを社員の間に育むようにする必要があるという。企業のリーダーの人間味をあふれさせるために、社員の実績が認められるようにするために、社員と主なステークホルダーの結びつきを深めるために、そして企業の全員が職場で適度にフランクな態度をとれるようにするために、デジタルプラットフォームを使うこともできる。社会関係資本（ソーシャルキャピタル）を開発する前にパフォーマンスの恩恵を引き出そうとする企業は、高価なプラットフォームを有効に使うことができず、散々な結果に終わることが多い。最初に社員の間にコミュニティ感覚を高めるためにプラットフォームを使った企業は、その強みの結果として、パフォーマンスの恩恵を実感することが多い。

言い換えれば、コラボレーションプラットフォームは、やはりただのツールなのである。自動的に脆弱な関係を修復したり、有害な文化を是正したりするわけではない。それどころか、善かれ悪しかれ、組織文化を増幅するかもしれないのだ――良い文化はさらに良い文化へ、悪しき文化はさらに悪しき文化へと。こうしたツールから最大の価値を得るためには、組織と人間関係の力学を理解し、ツールから望むコミュニティや関係、仕事を育て、作り上げるための意図的なアプローチをとる必要がある。この発見は、企業がコラボレーションで直面する障壁を調査して得た、わたしたちの結果と重なる。

わたしたちは調査対象者に、組織で直面するコラボレーションの最大の障壁について、自由回答形式で質問をした。本書をここまで読み進めてきたなら、この回答を聞いても何ら驚くことはないだろう。回答者が指摘した最大の障壁は、主に組織に関するものだ――サイロ化、文化、統一がとれていない部門、時間、変化に乗り気でない、そしてトップにリーダーシップが挙げられた（図13-2）。こうした問題は、コラボレーションツールの導入だけでは解決されそうにない。だが、コラボレーションツールの意図的利用により、解決されるか、軽減されることも多い。

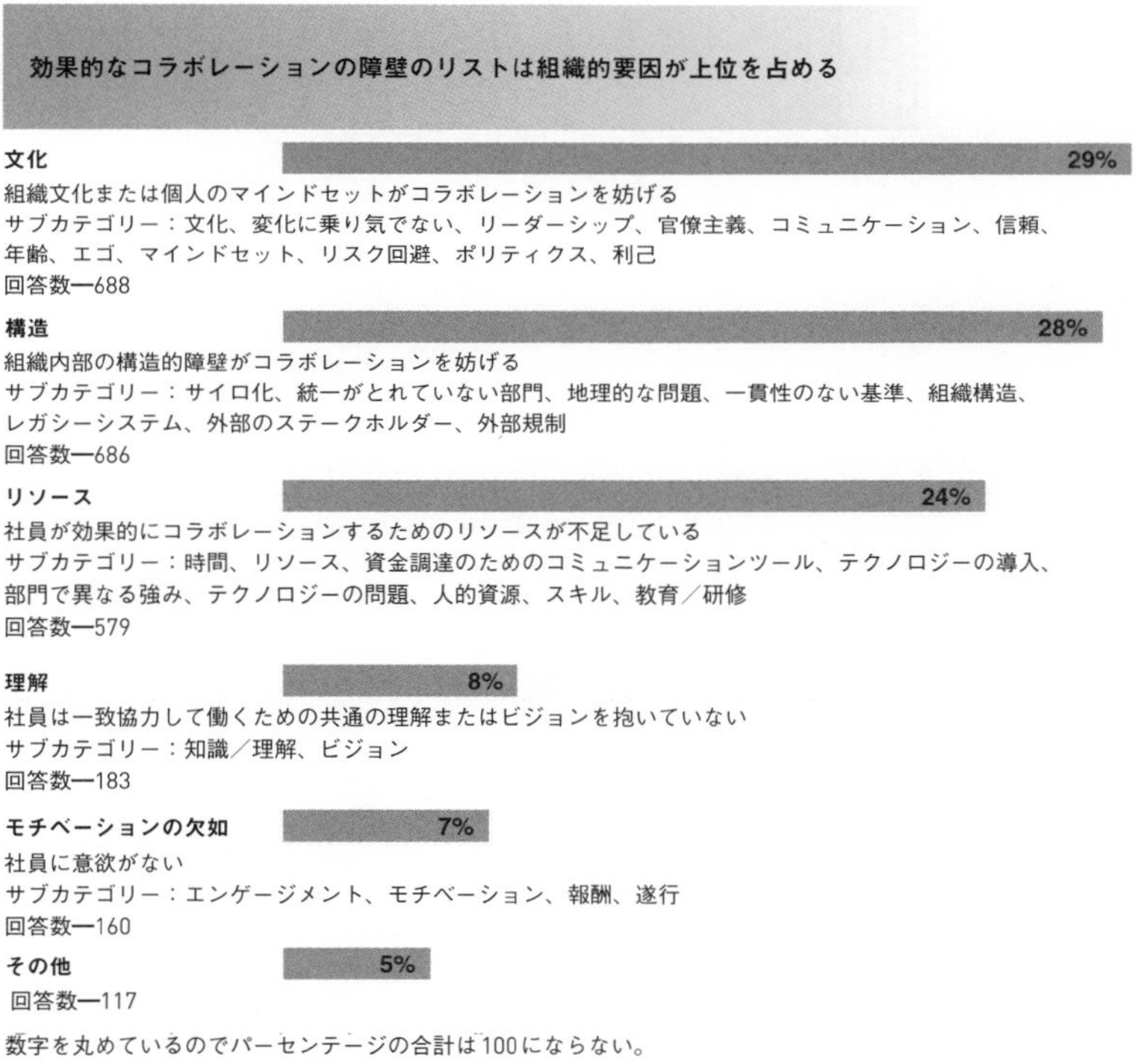
効果的なコラボレーションの障壁のリストは組織的要因が上位を占める
文化
29%
組織文化または個人のマインドセットがコラボレーションを妨げる
サブカテゴリー：文化、変化に乗り気でない、リーダーシップ、官僚主義、コミュニケーション、信頼、年齢、エゴ、マインドセット、リスク回避、ポリティクス、利己
回答数—688
構造
28%
組織内部の構造的障壁がコラボレーションを妨げる
サブカテゴリー：サイロ化、統一がとれていない部門、地理的な問題、一貫性のない基準、組織構造、レガシーシステム、外部のステークホルダー、外部規制
回答数—686
リソース
24%
社員が効果的にコラボレーションするためのリソースが不足している
サブカテゴリー：時間、リソース、資金調達のためのコミュニケーションツール、テクノロジーの導入、部門で異なる強み、テクノロジーの問題、人的資源、スキル、教育／研修
回答数—579
理解
8%
社員は一致協力して働くための共通の理解またはビジョンを抱いていない
サブカテゴリー：知識／理解、ビジョン
回答数—183
モチベーションの欠如
7%
社員に意欲がない
サブカテゴリー：エンゲージメント、モチベーション、報酬、遂行
回答数—160
その他
5%
回答数—117
数字を丸めているのでパーセンテージの合計は100にならない。

図13-2

企業の枠を超えたコラボレーション

デジタルに成熟している企業の多くは、組織の枠を超えたコラボレーションを考えている――たとえば顧客と、パートナーと、そして（何と）競争相手とも。デジタル成熟度の高い企業は、初期段階の企業と比べて、こうした境界を超えたコラボレーションを奨励する傾向が強い。現代のコラボレーションは、組織の内外で入手可能な情報の民主化から生じる。結果として、コラボレーションは組織内の部門を超えて協力するだけにとどまらないことに、わたしたちは気づいた。組織の枠を超えて協力しながら仕事をすることも意味しているのだ。

たとえば、研究開発会社のＭＩＴＲＥがコラボレーションプラットフォームを構築したのは、まさに外部の取引相手をそのプラットフォームに含めたいと考えたからだ。取引先をこのプラットフォームに参加するよう勧めることが、社員には認められていた。これにより、取引先と組織の枠を超えたコミュニケーションが進んだ。取引先がプラットフォームに参加すると、彼らは一緒に働くことで恩恵を受けるようになった。取引先同士の関係を仲介することも会社に利益をもたらすことに、ＭＩＴＲＥは気づいた。異なる取引先が同じような問題に直面していたとき、ＭＩＴＲＥは、共有するプラットフォームを通して彼らを結びつけて、付加価値を与えた。

競争相手とのコラボレーションを検討することは、奇妙に思えるかもしれない。確かに、デジタルに成熟している企業でも、それはめったにないことだ。それでも、競争相手とのコラボレーションが有用だと、まだ誰も使いこなしていない最先端のテクノロジーの活用法を見つけ出すことに関してはとくに有用だと、気づいている企業もある。幹部たちはこの種のコラボレーション関係について、まだ誰も競争できるほど十分に理解していないという点を論拠に挙げていた。小規模の企業にとっても、大手のライバルに挑む基準を定められるので、競争相手と協力することには利点がある。大手企業はあらゆる面で競い合っているわけではないので、そうした非競合領域でのパートナーシップは、互いに利益になる可能性がある。たとえば、ソーシャルメディア事業の草創期に、ある幹部は同僚たちとともに、別の会社の似たような部門の定期会議に出席していたという。競争相手と集まっていた理由を聞かれたとき、彼はこう答えた。「わたしたちは今はまだ理解しようしているところだ。競い合う段階にはいたっていない」。ちょうど社員が会議に参加して、異なる分野のベストプラクティスを共有し学習するように、彼らはデジタルトランスフォーメーションに関してコラボレーションしているのだ。

一つ断っておくが、誰もかれもが競争相手と会ってコラボレーションする必要はない。言わんとしているのは、組織の枠を超えた広範囲なコラボレーションを企業が検討し始める必要はあるかもしれない、ということだ。テクノロジーのインフラストラクチャーには、現在この種のコラボレーションを支える準備が整っているので、新しいコラボレーションの方法で異なった働き方ができるようになるかどうか、マネジャーは検討を始めてもいいだろう。

コラム19

カーディナルヘルス
——コラボレーションがイノベーションと文化を〝融合する《フューズ》〟

ヘルスケアサービスと製品の世界的企業であるカーディナルヘルスは、フューズという新しいイノベーションセンターを設立（二〇一四年）することにより、その文化を高めた。フューズは、オハイオ州ダブリンの本社から約三キロ離れた場所に居を構え、クロスファンクショナルな仕事を重視している。

カーディナルヘルスは、医師、患者、薬剤師、販売業者をまとめるために、このフューズ・イノベーション・ラボを設立した。このエコシステムのパートナーたちは、カーディナルヘルスのイノベーターたちとともに、問題を深く理解し、解決策を考案して、実際にそれを試そうと努めている。フューズの商業用テクノロジー担当上級副社長兼最高技術責任者であるブレント・スタッツは、最近ラボで、手術着を着たカーディナルヘルスのソフトウェア開発者を見たという。その開発者は、地元の病院の臨床医にぴったりと張りついていた。「人々を呼び込むことだけが目的ではない」とスタッツは話す。「彼らを外の世界に送り観察させることも必要になる。わたしたちは顧客と一緒に、一週間のイノベーションとデザインのセッションを、顧客の会社で実施するという実験を行っている」。

カーディナルヘルスのエンジニアやクリエイティブデザイナー、科学者を含むクロスファンクショナルチームは、顧客である薬局や医療関係者、エコシステムのその他参加者と一緒に働く。顧客と社員は、アジャイルの一週間のスプリントでテストしたアイデアを定期的に提示する。イノベーションセンターというものは、会社と切り離された、出先機関とみなされることもある。カーディナルヘルスのリーダーの継続的な支援のおかげで、フューズの構想は組織と幅広く一体化することに成功している。「フューズのアイデアを思いついた最高幹部が、フューズを支援しフューズを話題にしてくれる。それがなければ、組織のほかの人たちから、あるいは顧客からも、了承や参加をとりつけられなかったことだろう」とスタッツは言う。

協力的な文化を維持すること（ただ築くよりも）が不可欠だと、スタッツは強調する。コラボレーションを支援することは、さらにハードルの高い課題の一つだと言える。コラボレーションには適切な人材が必要になる。協力的な文化を取り入れ構築することに関して、スタッツは共感、問題解決能力、好奇心、適応能力などの特徴をもつ人を探している。「わたしたちが雇うのは、必ずしも最高に頭の切れる人たちではなく、チームプレーヤーになりそうな人物、大きな問題の解決に真の情熱と活力をもたらしてくれる人物だ」。

あなたの組織の「デジタルの塔」を建てる

本章は冒頭で、カタルーニャのカスタリェースの話を紹介した。何十人もの男女が一丸となって、一〇階建ての建物と同じ高さの人間の塔を作る。意図的なコラボレーションと実行は、カスタリェースというチームの成功になくてはならないものだ。デジタルディスラプションに直面した組織は、カスタリェースとは違い、テクノロジーを用いて、人間の塔のデジタルに相当するものを築くことができる。テクノロジーに破壊された世界では、デジタル成熟度に向かう旅路を組織が順調に歩むために、やはり意図的なコラボレーションと実行が不可欠になる。実線の組織図で描かれる階層的な構造は、今後減少する一方であり、組織はますますピアツーピア・ネットワークのように見えるようになるだろう。唯一の権威による権力はめったに存在しなくなる。むしろ、影響力と説得力が支援を確立し、物事を成し遂げるためのカギとなる。

個人をさらに意図的に結びつけたり、コンテンツを幅広くアクセスできるようにしたりすることで、組織の内部でも組織の枠を超えても、コラボレーションプラットフォームは有用になる。だがすべてのレベルのリーダーは、こうしたツールを意図的に使用して、「誰が何を知っているか」という組織の意識を高めるようにし、組織の集団的知能指数を上げるようにしなくてはならない。人間の塔のように、あなたの組織の〝デジタルの塔〟は、力、バランス、勇気、良識を手に入れるだろう。

第13章のポイント

わかっていること(What We Know)

- 意図的にコラボレーションに関わることは、デジタルに成熟した企業の重要な特徴である。
- デジタルプラットフォームは、次の二つの主要な機能を提供することでコラボレーションを変える。
  - ネットワークの管理
  - デジタルコンテンツの共有
- コラボレーションの恩恵には次のものが含まれる。
  - トランザクティブメモリー
  - 集合知(優れた意思決定)

実行できること(What You Can Do about It)

- 自分のニーズに合ったコラボレーションプラットフォームを選ぶ。選択基準にモバイル能力を含める。
- 一般的なコミュニケーションとコラボレーションのためのグループ、および仕事と特別なテーマを中心にした特定のグループを作る。
- コラボレーションプラットフォームの利用を試験的に行う。偏見を防ぎ、集合知から恩恵を受けるために、次の状況を作る。
  - 意見の多様性を育む
  - グループシンクを観察し、自立した意思決定を認める
  - 分散化したコミュニケーション
  - 意思決定のために、個人の意見を表明し、それをまとめて決定を下す適切なメカニズムを提供する
- リーダーは、プラットフォームの利用と貢献に加わるべきである。
- 〝コラボレーション・チャンピオン〟を選ぶ。これは、ほかの人がコラボレーションプラットフォームを有効利用できるように、推進力となり支援できる人のことだ。
- 推進力を高め、導入を促し、注目を集めるために、コラボレーションセンターの設立を検討する。
- 対話の場を、電子メールからあなたのコラボレーションプラットフォームに移す。

第14章 速く試し、速く学習し、速く評価する

速く失敗する——これはイノベーターと起業家のマントラである。記事やブログや本は、速く失敗すること、早い段階で失敗すること、何度も失敗することをさかんに勧める。[1] シリコンバレーの時代精神は、要はラピッドプロトタイピング〔高速の試作品作成〕、実用最小限の製品をリリースすること、欠陥をすばやく見つけて修正すること、そして成功に必要な前兆として失敗を称えることだ。この世界では、わたしたちは方向転換を引き起こす失敗を、数ナノ秒前とはまったく異なる何かに組織を作り直す失敗を愛している。[2] 問題となるのは、レガシーな組織にいる、とりわけ、失敗を減らすかなくすことを目的とした組織にいるデジタルイノベーター志望者が、この概念をどうしたら適切に応用できるかということだ。

まずは、わたしたちの調査にあてはめて話を始めよう。デジタルに成熟している企業は、成熟していない企業よりもイノベーティブであることは、何ら驚くようなことではない。わたしたちは調査対象者に、彼らの企業は競合他社と比べてどのようにイノベーションを進めているかと質問をした。自分の企業をイノベーティブだと表現したのは、初期段階の企業で

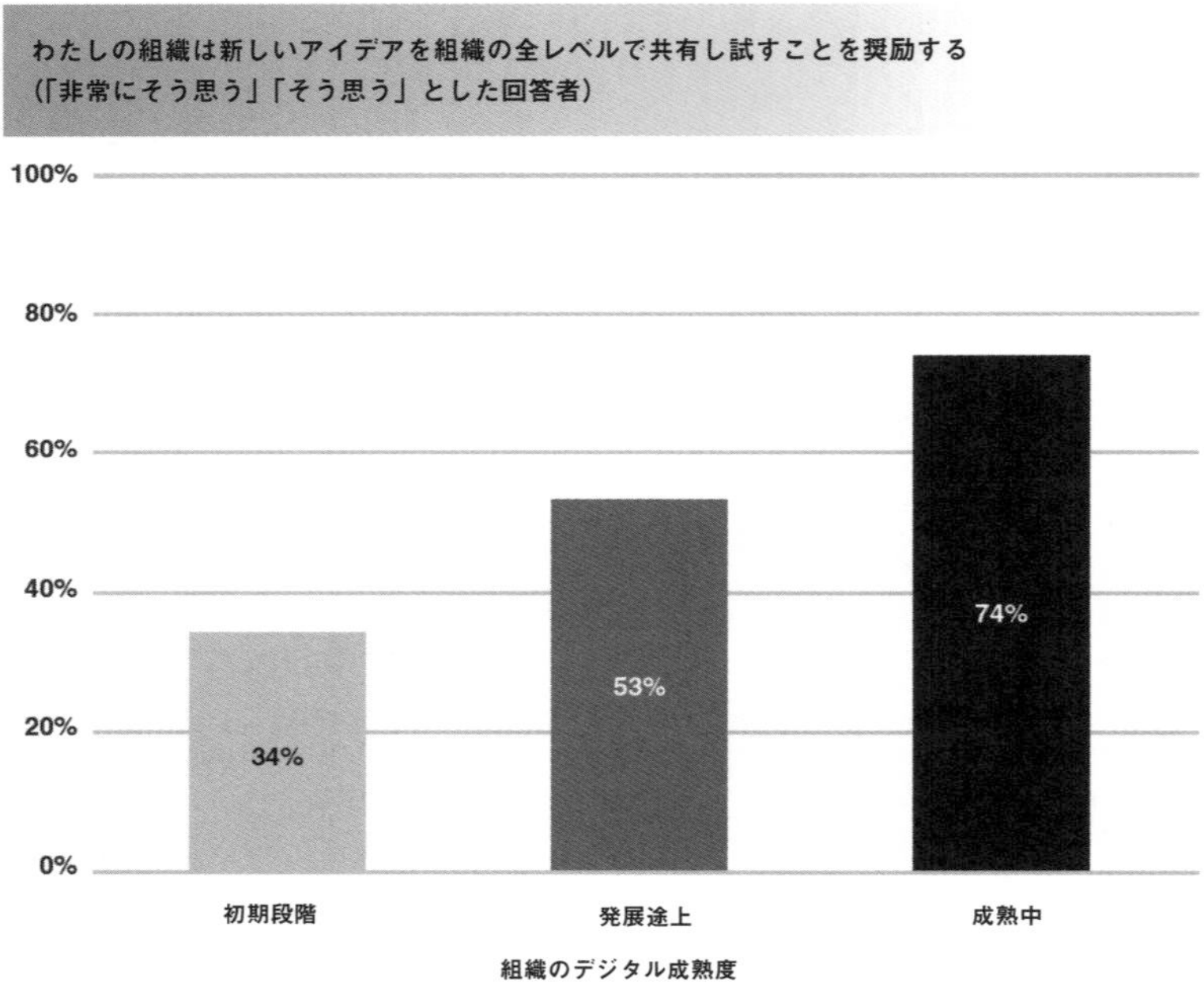
わたしの組織は新しいアイデアを組織の全レベルで共有し試すことを奨励する
（「非常にそう思う」「そう思う」とした回答者）
100%
80%
60%
40%
20%
0%
34%
53%
74%
初期段階
発展途上
成熟中
組織のデジタル成熟度

図14-1

はわずか二〇パーセントほどだったのに対し、成熟段階の企業では九〇パーセントに達した。このイノベーションは偶然生じるのではない。デジタルに成熟している企業はイノベーションにはるかに多く投資している傾向があると、回答者は記していた。成熟段階の企業の八七パーセントが、彼らの企業はイノベーションに投資していると答えたのに対し、初期段階の企業では三八パーセントしかいなかった。だが、イノベーティブであるということは、単にイノベーティブなことをするという意味ではない。むしろ、イノベーションを伝導する組織環境を育てることなのである。どこで見つけたものであれ、新しいアイデアにオープンであるということである。新しいアイデアを組織の全レベルで共有し試すことを奨励すると答えた企業の割合は、成熟段階の企業では初期段階の企業の二倍以上になる（図14-1）。

さらに重要になるのは、イノベーティブであるということは、そうしたアイデアに基づいて行動しようという意欲があるということだろう。テクノロジーを用いたイノベーションをマネジャーが促すかどうか質問したとき、やはり同じパターンが見られた。促すと答えたのは、初期段階の企業の社員の約二〇パーセントで、成熟段階の企業の社員は八〇パーセント以上だった。急激に変化する環境で、イノベーションがビジネスの成功に不可欠だということに、大半の企業のリーダーは理論の上では同意するだろう。現実には、デジタル時代以前に誕生した組織の大半は、次の二つの理由からイノベーションに悪戦苦闘している。

1. 大半のレガシー組織の文化は、変動を減少または除去するように発展してきた。変動は実験に不可欠であり、実験はイノベーションを引き起こす。
2. 企業の中核をなすビジネスを効率よく効果的に営みながらイノベーションを起こすことは困難だと、リーダーが感じている。

レガシー企業は、実験を除外するように作られている

わたしたちは調査対象者に、デジタル環境において、組織の効果的な競争力に影響を与えている最大の問題について質問した（図14-2）。圧倒的に多かった答えは、実験および人員にリスクを冒させることである。おもしろいことに、この障壁はどの成熟度でももっとも高く、すべての成熟度で比較的同じ割合を示した。競合他社よりも成功裏にイノベーションを進めている企業でさえ、実験および人員にリスクを冒させることは、彼らが直面する唯一最大の課題だと話している。

なぜ多くの企業で実験がこれほど難しいとされるのだろうか？　実に簡単なことだが、過去五〇年以上にわたり、大半の企業は効率性を最適化し、運用上の変動を最小化するように構築されてきた。実験はこれに真っ向から反することなのである。従来型の企業が実験の必要性に苦労しているようすを、わたしたちは目の当たりにしてきた。それは、彼らが失敗することへの恐れに駆られているからだ。若いデジタル企業のなかには、「目的を達成するために」失敗を「来る日も来る日も」経験し、「それを心地良く感じている」企業もある。それは何とも魅力的だと、ＡＮＺの経営幹部でデジタルバンキング担当のマイレ・カーネギーは語る。その心地良さは、「彼らのミッションの大胆さに端を発する」。その一方で、老舗企業の多くは、まさに彼らの文化に「織り込まれた、失敗することへの恐れ」を抱いている。

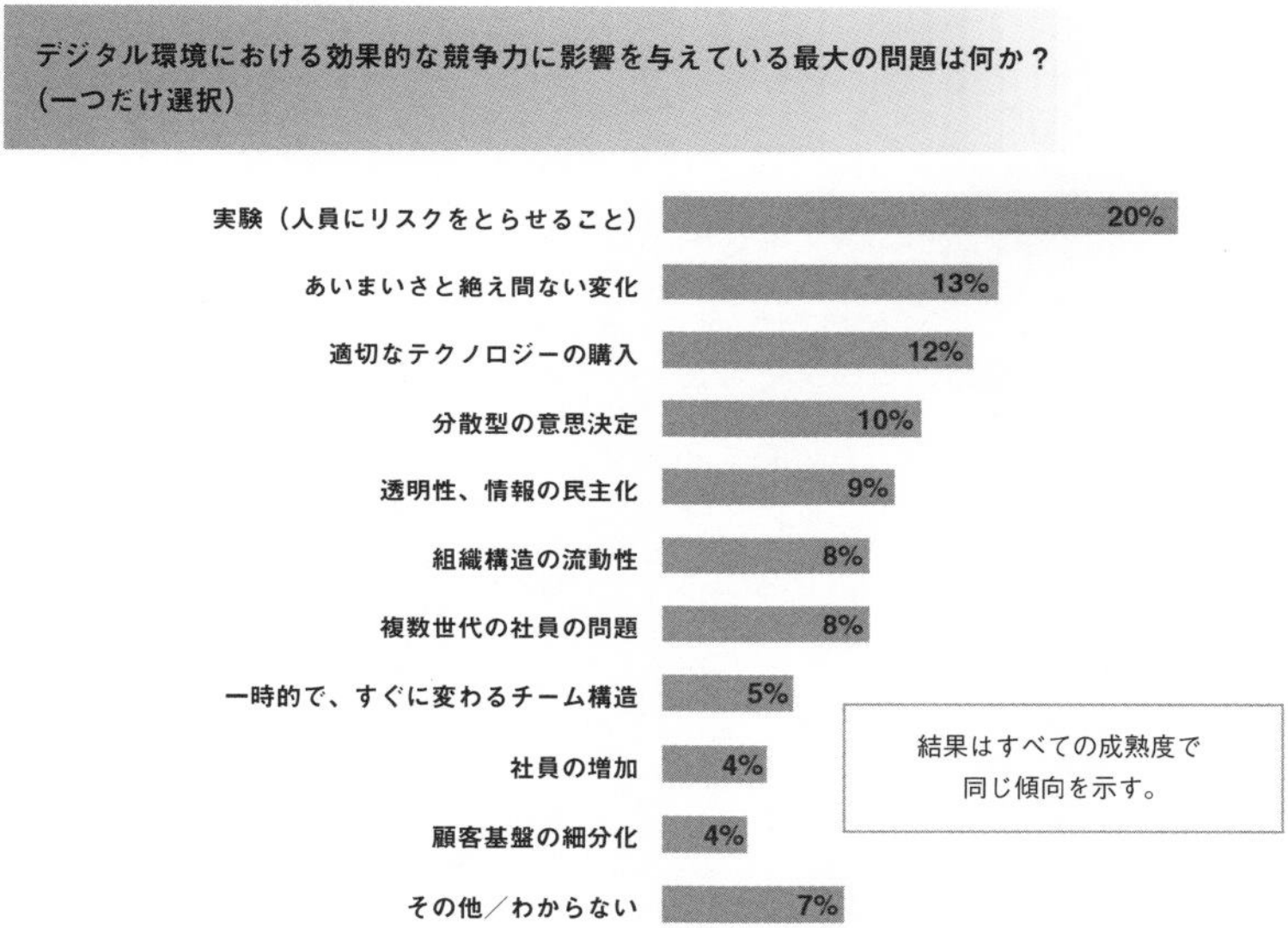

図14-2

カーネギーは続ける。「グーグルのような会社では、その目的は文字どおり世界を変えることだ。同社は、崇高で達成不可能なミッションを自らに課している。多くのレガシー企業の場合、彼らは達成可能で、漸進的なミッションを抱いている。その結果として、漸進的なものを求めているなら目標を達成するだろうが、小さな、漸進的な結果しか得られないことは明白だ」。第1章で述べたように、この変動を除外しようとするアプローチが、シックスシグマである。一九八〇年代にモトローラが開発し、一九九〇年代にGEのジャック・ウェルチが支持したコンセプトだ。シックスシグマの明確な目標は、差異や欠陥を製造過程で、〇・

〇〇〇三四パーセントまで下げること、すなわち百万個の製品につき約三・四個の欠陥品ということである。ばらつきを低減するこうした尽力は、組織の目標と状況が安定している製造業界では、効果的な戦略である。だが、企業はこのレベルの正確さを、十分に理解されている状況に対し最適化することによってのみ達成できる。したがって、GEは第1章で紹介したファストワークスというプログラムを開発しているのだ。

ビジネスの営まれる状況が急速に変化する、めまぐるしく騒然とした環境では、ばらつきを低減しようとする取り組みは理想的ではないかもしれない。一段と効果的で効率のよい新しいビジネスのプロセスやチャンスを見つけ出すという利点もあるかもしれないが、組織は古い条件を中心に最適化されているので、その利点に気づくことができないというのが関の山だろう。実験の文化とはいろいろな意味で、さらに良い方法がないかどうか調べるために、既存のプロセスで意図的にばらつきを生み出すことである。

確かに、グーグルは多くの企業とかなり異なる。彼らの製品はこの種の実験に向いているし、彼らにはこのような取り組みに充てる豊富なリソースがある。とはいえ、その根幹をなす教訓は、やはり真実のようだ。あなたの企業で何が可能なのか理解したいならば、実験が不可欠である。

コラム20

グーグルでの実験

グーグルニュース部門のバイスプレジデントであるリチャード・ジングラスは、デジタルディスラプションとデジタルトランスフォーメーションに精通している。ジングラスは、デジタルジャーナリズムの先駆者で、サロン・ドット・コムを創設し、デジタルディスラプションに見舞われたときニュース業界で仕事をしていた。グーグルのアクセラレイテッド・モバイル・ページ（AMP）のプロジェクトに力を注ぎ、モバイル時代にインターネットを使いやすくしようとしている。

デジタルディスラプションを首尾よく切り抜けるための主たるアプローチは、実験である。ジングラスは語る。「わたしたちの製品開発のアプローチの奥深くにあるものは急激な変化と実験だ。わたしが一緒に働いているチームで、数件から数十件の実験をユーザー基盤で行っていないチームはない。とにかく絶え間なく、反復し実験を行っている」。

多くの従来型の企業にとって実験が困難なのは、実験を行うために必要なマインドセットがないからである。ジングラスは言う。「それが難しいのは、長い歴史のある組織文化は、イノベーションや実験を必ずしも奨励するようにはできていなかったからだ。組織文化は通常、リスクを回避するようにできている。指摘したように、組織文化の歴史を見てみれば、そのアプローチはいかにして一貫性を向上させられるか、利鞘を増やせるか、リスクを取り除けるかが目的となっている」。

たとえ従来型の企業がイノベーションを実施したとしても、彼らはたいてい小さく考えすぎる。自分自身を競合他社に照らして評価するが、その競合他社もリスク回避的傾向が強い。ジングラスは言う。「競合他社が実行しているとあなたが思っていることに基づいて、イノベーションを実行するのではない。今から五年後にあなたがいると思うところに基づいて、イノベーションを実行するのだ。あなたは、自分がしようとしていることに、一〇倍の改善を求めている。なぜなら、競合他社に基づいて自分自身を位置づけているにすぎない場合、漸進的なことをしがちになるからだ。自分がどこにいるのか、本当は考えていないのだ」。

問題となるのは、従来型の企業は実験を成功か失敗かという観点で考えていることだ。実験の結果は成功したかどうかではなく、むしろ何を学んだかによって評価されるべきである。成功した実験でさえ、企業がそこから何かを学ばなければ役立たない。ジングラスは次のように結論づける。「実験が成功しても失敗しても実はそれほど重要ではない。重要なのは、そこから何を学んだかだ――結果が良くても、悪くても、月並みでも、知性を用いることができる。自分たちの予想通りにはいかなかったかもしれないが、わたしたちはXとYとZを学んだ。それに、当初の予想が間違っていたことを恥ずかしいとは思わない。失敗などない。何かに挑戦して、何かを学んだということだ」。

速く試す、小さく試す、十分に試す

多くの企業が実験に悪戦苦闘する主な理由は、失敗は忌避すべきものだと彼らが信じ込んでいるからだ。企業の失敗許容度がシックスシグマの基準値であるならば、ほとんどの組織で社員が実験に神経質になるのも無理はない。実験を百万回試みて三・四回しか失敗しないなど、望むべくもない。デジタル時代には、企業がどのように挫折に対処するかが、企業の生存能力を決めるかもしれない。新たな課題に直面することが当たり前になりつつあり、未知のものや実証されていないものがたくさんあれば、失敗は避けられないからだ。よって、組織が実験を得意になるために重要な要素は、アイデアを試すこと、そこから学習すること、そして試した結果から生産的知見が導き出された場合には、迅速に評価できるようになることだ。企業は生産的失敗を受け入れる環境を作る必要があるが、イノベーターや起業家の速く失敗するというマントラは、失敗を見つけて除外するように仕込まれた組織からは疑わしく思われるかもしれない。速く失敗するというマインドセットよりも、「試して学ぶ」というマインドセットを採用するほうが、簡単かもしれない。[3]

「速く試す」ためには、短期間のスケジュールを定めて実験する方法が良いだろう。実験を行う組織は、短い〝スプリント〟（たとえば六週間から八週間の構想）で、組織の一つの側面を変えようとする。スプリントの最後に実験が終了し、成功か失敗か結論が出される。この一定のタイムフレームのおかげで、不安定なプロジェクトを長期間引き延ばす――多くの組織でよく起きる――ことなく、実験を辞めるのか再びフォーカスするのか、マネジャーは決断しやすくなる。「速くテストする」に加えて、「小さくテストする」ことも重要である。企業は何十億ドルもかかるＩＴ導入プロジェクトを、何か重大な教訓を得るためだけに失敗させたくはないだろう。よって企業は必ず、実験と学習の許容範囲を設けるようにしなくてはいけない。何かを学んで次に進めるように、失敗で被る損害を制限する小さな実験を設定すべきである。

最後に、「十分に試す」。企業はリスクをポートフォリオとして管理する必要があり、失敗を一定の許容レベル内に抑える必要がある。適切な失敗率は一〇パーセントか九〇パーセントか？　それぞれの数字を、別々の企業のマネジャーから聞いたことがあるが、自分の企業にとっての生存可能領域《ゴルディロックス・ゾーン》を、必ず見つけなくてはいけない。[4]しかし、十分に失敗していない場合は大胆さが足りない可能性もあることを、マネジャーは念頭に置くべきである。たとえば、米国農務省のある部門では、デジタルプロジェクトに対するリスク許容度の基準値が定められている。もし十分に失敗していない場合、失敗の回数を増やすために、彼らはプロジェクトの野心度を高めて、さらに失敗を重ねるようにする。政府をイノベーションの実践場所と思わない人も多いだろうが、多くの企業は十分なテスト環境から恩恵を受けられると、わたしたちは考えている。

速く学ぶ

「失敗」という言葉にはやはり否定的な意味合いがあるが、失敗をめぐる議論は変わりつつある。それでも、組織が速く失敗する必要性についての議論は、スピードの側面に重きが置かれ、〝学習〟の側面には重きが置かれていない。これは、ただ単にすばやく失敗して次のアイデアに移るという考え方ではない。失敗を価値あるものにするためには、失敗から知見を得なくてはいけない。「Aがうまくいかなかったから、Bを試そう」とわかっただけでは、十分ではない。Aがうまくいかなかった〝理由を理解すること〟から、知見が得られ、組織に学びが生じるのだ。

科学者によれば、彼らは仮説とアイデアを試すために実験を行うという。仮説の証明や反証から、科学者は知識を得る。同様に、組織も学ぶべき目標をもって実験に取り組むべきである。この観点からすると、試すことは（失敗とともに）、うまくいかなかったこと、もっとうまくできたかもしれないことについてのインプットまたは知見として重要になる。大切なことは、こうした挫折に立ち往生せずに、挫折から学んで先へ進むことである。トーマス・エジソンは「わたしは失敗したことがない。うまくいかない一万の方法を見つけただけだ」と言った。確かに、デジタルに成熟している企業は、成熟していない企業と比べて、このような実験から多くを学んでいることが、わたしたちのデータからもうかがえる（図14-3）。リー

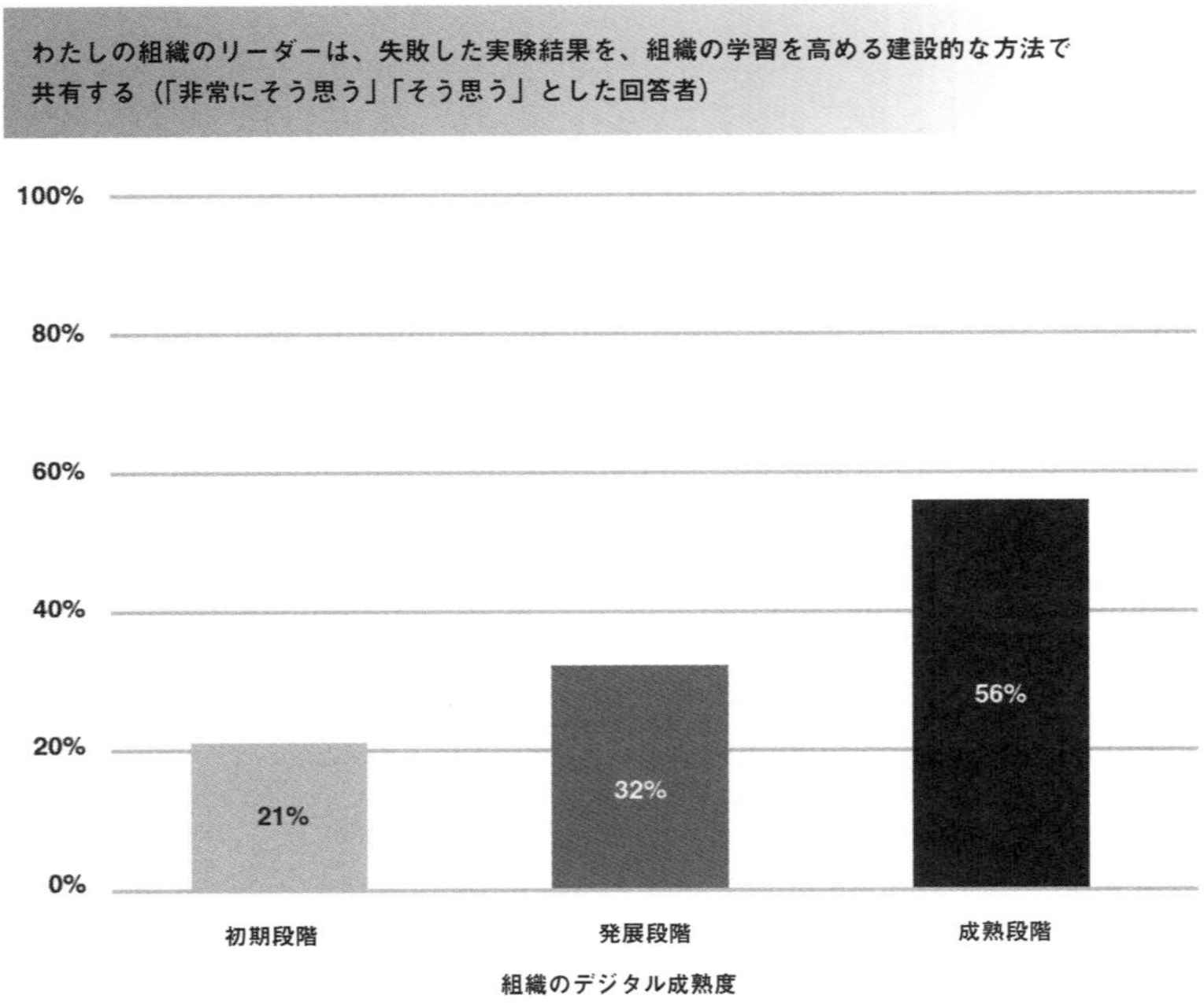
わたしの組織のリーダーは、失敗した実験結果を、組織の学習を高める建設的な方法で共有する（「非常にそう思う」「そう思う」とした回答者）
100%
80%
60%
40%
20%
0%
21%
32%
56%
初期段階
発展段階
成熟段階
組織のデジタル成熟度

図14-3

ダーは失敗した実験結果を、組織の学習を高める建設的な方法で共有すると答えたのは、初期段階の企業がわずか二一パーセントだったのに対し、成熟段階の企業では五六パーセントだった。

　このアプローチが示唆するのは、成功したプロジェクトからも学ぶべきだということだ。[5] ある実験がなぜ成功したのかわからないならば、その成功した実験の教訓をほかのプロジェクトや別の状況で取り組んでいる人に伝えるべきかどうか、どのように伝えたらいいか、わからないだろう。成功の理由を知ることは、成功そのものと同じくらい重要かもしれない。成功は短期的目標ではないが、学習は短期的目標である。学習は、デジタル人材のマインドセットにとって不可欠であると同様に、組織のマインドセットにとっても重要な部分を占めるはずだ。

組織レベルにおける学習のプロセスは、いくつもの異なる形をとることがある。ある組織にとっては正式な事後報告書かもしれないし、教訓を引き出すために実験結果を報告するセッションかもしれない。別の組織にとっては、プロジェクトチームが進行中の実験結果を提示し、別のチームからフィードバックを得るような、全員参加の会議かもしれない。また単に、チームに属していない社員が、プロジェクトの一環として生み出されたアイデアや情報を得るために、コラボレーションプラットフォームでチームの電子データを考察するだけということもあるだろう。さらにはチームを分割し、メンバーを新しいチームに組み入れて、社員の知識を新しい方法で結合させることもあるかもしれない。要するに、組織はいくつかの異なる方法でその成功と失敗から学習できるが、組織で学習が意図的に行われている方法を明確に特定できない場合は、間違いなく成功と失敗から学べないということだ。大切なことは、組織が経験から学べるプロセスを明確に特定し、意図的に関わることである。

反復、反復、反復

科学者がよく言うように、学びは、ほかのことと無関係に起きるはずがない。一回の実験の間に学んだことから、企業が次のイノベーションで行う実験の種類がわかるはずだ。実験と失敗は、プロジェクトと関係のない場当たり的なものではなく、特定の包括的目標に向けられる。デジタル時代、こうした方法は機械学習やＡＩのためにいっそう重要になる。この分野は、キャピタル・ワンが先駆的存在である。[6] たとえば、キャピタル・ワンは機械学習を用いて、ユーザーがオンラインセッションでどのようなふるまいを見せたかに基づき、ウェブサイトの各ユーザー用コンテンツをリアルタイムでカスタマイズしている。[7] ザカリー・ハニフは、キャピタル・ワンが機械学習を大規模に活用できるように、機械学習センターの設立に協力した。「結果が正確に効率的に展開できるように、新しいモデルの各イテレーションのほぼすべてのアスペクトをトレースできる、ある種の豊かな再現性があるトラッキングプラットフォームをもつことには、大きな価値がある」とハニフは言う。[8]

イノベーションが、組織のあらゆるレベルでアイデアを育てる環境を目的とするように、フィードバックと学習の精神も、すべてのレベルに行き渡るべきである。初期段階の企業と成熟段階の企業の差は、ここでさらに開く。新しい方法で働けるように、組織がフィードバックと反復（iteration）を奨励していると答えたのは、初期段階の企業がわずか三四パーセントだったのに対し、成熟段階の企業では七六パーセントだった。反復には、以前の実験の取り組みから学んだ教訓を受け取り、その知識を次の実験に組み込むことも含まれる。実験から得た教訓は、実験のプロセスを伝えており、メタレベルにあると言えるかもしれない。

組織のフィードバックと反復の程度については、回答者の間で意見の相違が見られた。新し

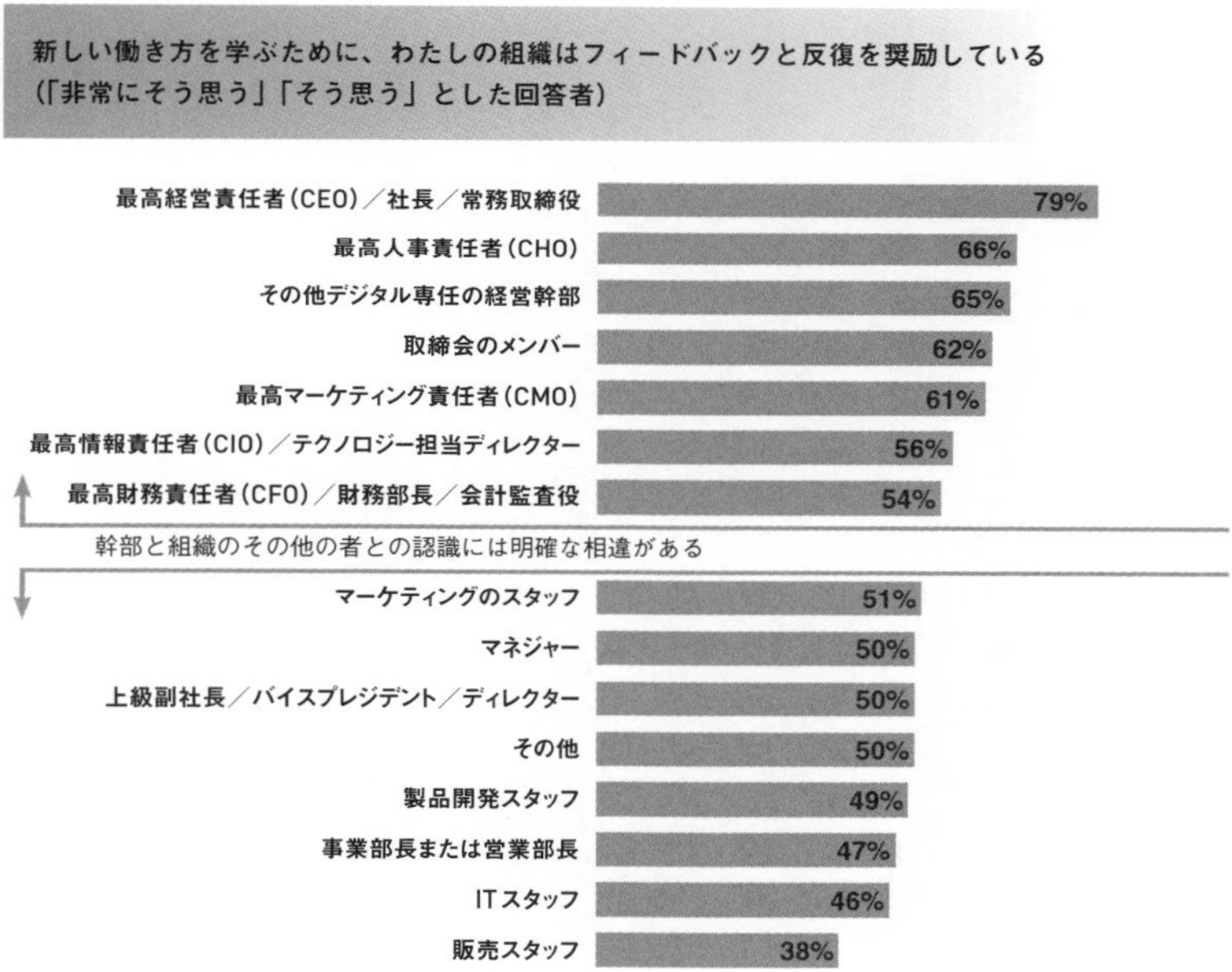

図14-4

い働き方を学ぶために、フィードバックと反復を用いていると答えた人の割合は、組織の下位の社員と比べて経営幹部のほうがはるかに高い（図14-4）。五四〜七九パーセントの経営幹部が（CEOと社長を筆頭にして）、新しい働き方を学ぶためにフィードバックと反復を用いていると答えたが、それよりも低い職級の社員では、三八〜五一パーセントしかいなかった。この結果はもしかすると、反復は典型的な社員が意識しているよりも高いレベルで起きていることを意味するのかもしれない。あるいは、こうした努力は経営幹部が思っているほど、仕事に重大な影響を与えていないことを意味するのかもしれない。

速く評価する

速く失敗するアプローチでもう一つ危険な点は、実験をするだけで企業が満足してしまい、リスクを受け入れるにはこれで十分だと考えてしまうことだ。だがデジタル構想は、組織の中核をなすビジネスに関連しなければリスクはない。しかも、企業がビジネスモデルを抜本的に変革しない限り、イノベーションは実質的にビジネスにほとんど影響を与えないと、数々の研究が示している。[9] 実験のための実験には、とくに価値があるわけではない。デロイトのセンター・フォー・ジ・エッジのジョン・ヘーゲルは、このような食い違いは多くの組織でよくあると指摘する。企業がイノベーションに取り組んでも、そのイノベーションはビジネスに影響を与えない場合が多い。

ここシリコンバレーではどの大手企業にもイノベーションラボがある。通りを歩けば、世界の大手企業はみなここに出先機関を置いていることがわかるよ、とわたしは冗談を飛ばす。大手企業はこうしたイノベーションラボを、自分たちはテクノロジーを尊重しており、そのテクノロジーでとてもクリエイティブなことをしている証だとする。だがこれは単なる出先機関にすぎず、これまでのところコア・ビジネスにはほとんど影響を与えていない。

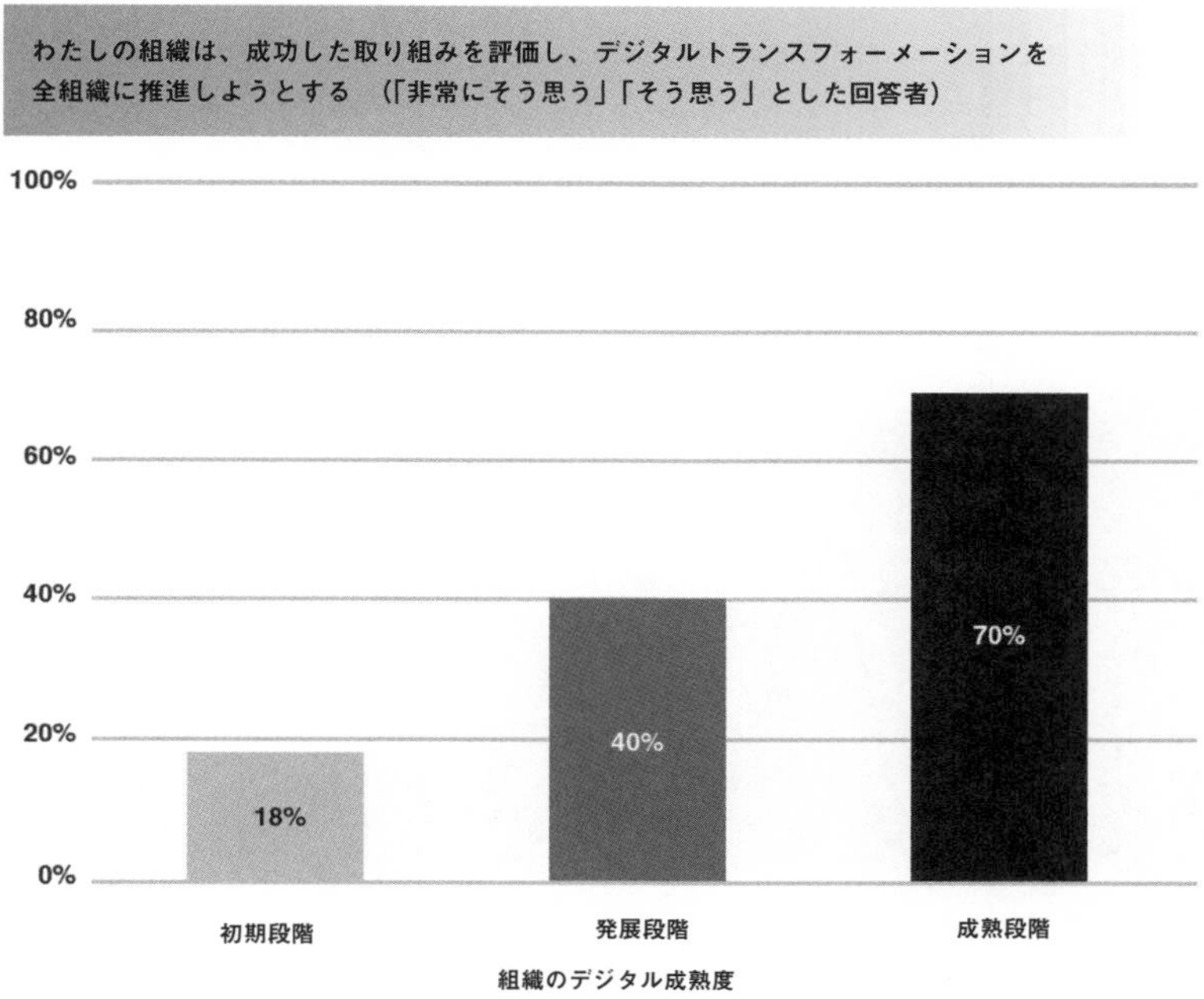
わたしの組織は、成功した取り組みを評価し、デジタルトランスフォーメーションを全組織に推進しようとする　（「非常にそう思う」「そう思う」とした回答者）
100%
80%
60%
40%
20%
0%
18%
40%
70%
初期段階
発展段階
成熟段階
組織のデジタル成熟度

図14-5

こうした出先機関とコア・ビジネスとの間には、暗黙の了解がある。それは次のようなものだ。いくらかお金とスペースとリソースと人員を与えよう。その砂場で何でもやりたいことをやっていい。ただし、一つだけ覚えておくように。どんなことがあっても、決してコア・ビジネスに戻ってきてはいけない。もし戻ってきたら、生きてはいけないぞ。これは、とても合理的で分別ある人たちの話だ。彼らはゲームのルールを把握している。

わたしたちの調査によれば、

デジタルに成熟している企業を際立たせている主な違いは、彼らがそうした実験を次の段階に進めていることだ。成熟段階の企業は、自分たちの取り組みを小さな単独の経験に留めずに、実験を行ったらそれを全社に公表する割合が初期段階の企業の三倍以上であることに、わたしたちは気づいた（図14-5）。また、成熟段階の組織が取り組みに対する評価を報告する割合は、発展段階の企業のほぼ二倍である。

実際に、デジタルに成熟している企業でイノベーションの差別化要因となるものは、有意義な実験をする彼らの能力や、経験から学ぶ能力ではないのかもしれない。それよりも重大な差別化要因は、成功・失敗にかかわらず実験から教訓を学ぼうとする意欲と、ビジネスモデルのトランスフォーメーションを推進するために、その実験を全組織で評価しようとする意欲なのだろう。

飛行中に翼を変える

企業がイノベーションに悪戦苦闘する二つ目の理由は、何もかも投げ出して、新しいテクノロジーを用いた学習と実験にフォーカスを移すわけにはいかないからである。コア・ビジネスに影響を与えながら、そのコア・ビジネスを機能させるような方法で、彼らはイノベーションを進めなくてはいけない。ＢＩＤＭＣのＣＩＯであるジョン・ハラムカはそれを、飛行中の飛行機を修理するようなものだとみなす。「現在の環境のなかでデジタルリーダーの立場にいることは本当に大変だ。飛んでいる最中にボーイング747の翼を変えるように頼まれているのだから。全面的な安全性や確実性、安定性を保ちながら、同時にイノベーションを達成する。いったい誰がこんな役目を引き受けたいと思うだろう？　あるいは、この役割は別の役目に振り替える必要があるのかもしれない……タスクが多くの人たちに［分割され］変化のペースやストレスに対処できるように」。

デジタルに成熟している企業は、事業運営をしながらも、イノベーティブである方法を見つけている。その一部は、彼らのデジタルイノベーションによってもたらされる。企業が今まで以上に実験をするようになると、実験と効果的な深化とのバランスをとる必要性にさらに圧力がかかる。組織学習の基礎をなす論文で、ジェームズ・マーチは組織学習における探索と深化のバランスの重要性について述べた[10]。組織は、実行可能なビジネスを維持し、認められた能力を深化させながら、探索と実験を通して、新たなビジネスの方法を見つける必要がある。オライリーとタッシュマンは、このバランス行為をうまく達成している企業のことを「両利きの組織」と呼んだ[11]。

シスコのジェームズ・マコーレーはこの必要性に同意し、次のように述べる。「デジタルトランスフォーメーションとなると、どんな大企業も――成功を収めた大企業でも――直面する主な課題の一つは、新規ビジネスに進出しながら、既存ビジネスを維持することだ。この二つの間には、ときに軋轢が生じるかもしれない。これは、イノベーションを起こし、その言葉のもっとも肯定的な意味で自らを破壊しようとするときに、すべての大企業が乗り越えなくてはいけないことである」。

わたしたちの調査データはマコーレーの見解を裏づける。デジタルに成熟している企業は初期段階の企業と比べて、必ずしも実験を行う傾向が強いとは限らないが、新しい能力を探索する必要性と、既存の能力を深化させる必要性とのバランスをとっているとされている。わたしたちは企業に、デジタル構想の目的は何かと質問した。構想の目的は、完全にまたは主に、組織の既存能力を深化させることだと報告する割合が、初期段階の企業は三倍以上も高かった。

コラム21

ボルボはデジタルイノベーションに対して相反する事柄のバランスをとる

コネクテッドカーの戦略に取り組んでいるボルボの幹部チームは、車に「命を与える」ことになるビジョンの概要を示した。[12] 新テクノロジーがエンドユーザーエクスペリエンスを向上させて、新たな収入源を切り開くことになった。従来型の自動車のサイクル計画から切り離すことで、車のコネクティビティが変化のペースを速める可能性がある。そうなれば、同社は外部のイノベーションのエコシステムと関われるようになり、家電製品の開発とも同期できるようになる。また、オープンAPIを通して外部の開発者にこの車を公開することでコネクティビティを活用すれば、自動車産業において機能的多様性の新たな段階を生み出せるだろう。たとえば、このようなAPIは、携帯電話を車の動的なフロントエンドにする可能性がある。

コネクテッドカーを導入しようとする取り組みには、イノベーション、運営、パートナー・リレーションシップ・マネジメントでいくつかの異なる変化が必要だった。デジタルオペレーションへの移行は、幹部が自社製品について異なる考え方をすることも求められた——彼らは単に自動車の性能を高めているのではなく、他社もイノベーションを進められるプラットフォームを作っていたのだ。組織内でプラットフォームを構築するために、そして社外の人たちにプラットフォームの開発を促すために、彼らには新しいタイプのイノベーションのプロセスが必要になった。またこの新しいタイプの外部とのパートナーシップには、従来のパートナーとの金融取引に基づく方法よりも、融通の利く契約方法が必要だった。たとえば、ボルボはスポティファイやパンドラに金を払ってプラットフォームのアプリを開発してもらっていたのではないので、新しい契約関係は、両社が求める価値をすりあわせ作り上げる必要があった。

さらに、このデジタル戦略は、イノベーションを進めながら既存のビジネスの運営を続けるという課題に直面していた。たとえば、ボルボの幹部がコネクテッドカーを中心とした構想を立てようとしたとき、そのプロセスは、テクノロジーだけではなく事前に検討していなかったビジネスのさまざまな側面に、大きな変化をもたらした。イノベーション機能全般にわたり、イノベーティブなデジタルプラクティスと確立されたビジネスプロセスの間の相反する事柄のバランスをとる必要があった。たとえば、プロセスにフォーカスするか製品にフォーカスするか、内部のイノベーションか外部のイノベーションか、柔軟性かコントロールかなどだ。ボルボのデジタル構想は、こうした相反する事柄に対して効果的にバランスをとることでようやく成功を収めた。

イノベーションに融資する

同様に、問題に多額の資金を投じるだけが答えではないことを、大手企業は理解する必要がある。むしろこの場合、資金不足は好都合かもしれない。ＢＩＤＭＣのジョン・ハラムカは語る。「もし資金不足ならばそれは好都合だ。断固たる態度をとらざるをえなくなる。それは文化の大部分を占める」。彼は五〇億ドルの組織に勤めているが、ＩＴ部門の予算は組織の予算の一・九パーセントなので、「先端的でイノベーティブに」ならざるをえない。『アトランティック・マンスリー』誌のキンバリー・ラウは、中小企業の似たような問題について述べている。「自分が賭けるところにフォーカスしないといけない。慎重に選ばなくては。限られたリソースしかないのだから」。次に仕事は「速く、迅速に対応する」ことが不可欠であり、それは「リソースを投入すべきところは必ずほかにあるからだ」。

長丁場の試合を続けるうえで大きな問題になるのは、既存のビジネスに気を配りながら、構想を進めるためのリソースを見つけることだ。多くの企業は、如才なく着実に投資資本を見つけている。マリオット・インターナショナルの元デジタル担当上級副社長、ジョージ・コービンによれば、同社のもっとも重要なイノベーションのなかに、資金調達モデルがあるという。「成長の機会が自己投資になる方法を見つけることが重要だ。それができれば、デジタルの機会は自立できるし、持続的に拡大できる」。

企業がデジタルトランスフォーメーションの課題に資金を投じることができなくても、それは資金調達が重要な課題ではないということにはならない。わたしたちは調査対象者に、デジタル構想に資金を提供することは、彼らの組織のデジタルの取り組みに影響を与える大きな課題かどうか質問した。六五パーセントが大きな課題だと答え、一八パーセントがそうではないと答えた。一七パーセントはどちらでもなかった。この数字は、どの成熟度でも比較的一貫していた。では、企業は資金調達問題をどのように解決したらいいのだろうか？　内部のイノベーションに資金を提供するため、組織内にベンチャー・キャピタル・ファンドを設立する企業もある。ほかには、新たなイノベーションを促進させるために、以前のデジタル構想で獲得した蓄えを再投資する企業もある。工夫を凝らす必要があるにしても、いかなる方法であれ、リーダーはデジタルイノベーションの資金調達方法をよく考える必要がある。

ダブルループ・イノベーション

一九七七年、ハーバード大学教授のクリス・アージリスは、「ダブルループ・ラーニング」という概念を提唱した。組織にとっての学習の必要性だけではなく、新しい学習方法開発の必要性を説いたものだ。この概念を拡大して、ダブルループ・イノベーションという言葉が使えるかもしれない。デジタル環境の競争で優勢に立つには、イノベーションの新しい方法が求められ、組織のあらゆる面に及ぶ可能性がある。これはすべて、デジタルイノベーションへの意図的な規律あるアプローチの必要性を示唆している。何年も前、「デジタルディスラプション」という言葉が現れるずっと前に、経営学のグルと言われるピーター・F・ドラッカーは、『ハーバード・ビジネス・レビュー』誌にイノベーションに関する論文を書いた。背景は当時と様変わりしているが、その助言は（ドラッカーの助言のほとんどのように）相変わらず理にかなっている。「成果を上げるためには、イノベーションは簡潔でなくてはならないし、焦点を絞らなくてはならない。たった一つのことをすべきである。さもなければ、人々は混乱するだろう……成果を上げるイノベーションは、小さく始める。壮大なものではない……結局のところ、イノベーションが求めるものは、困難な、集中した、目的のある仕事なのである。勤勉さや粘り強さやコミットメントが欠けているならば、才能や創意や知識は無用である[13]」。

第14章のポイント

わかっていること(What We Know)

- 急激に変化するデジタル時代に生き残るためにイノベーションは不可欠である。
- リスクをいとわないこと、実験、失敗は、どれもイノベーション達成のために必須の要素である。
- 20世紀に誕生した企業の大半は、効率性と生産性に最適化されており、変動を除外し、実験を減らし、リスクを最小化するようにできている。
- 組織は、失敗が見込まれるパイロット版の実施方法を学ぶ必要がある。失敗すること自体が目標ではなく、迅速な学習と適応が目標である。

実行できること(What You Can Do about It)

- あなたの組織のリスク選好度を評価し、障壁をつきとめる。
- リスクとセキュリティポリシーのどれが交渉の余地がなく、どれが融通が利くのか判断する。
- 選択されたリスクとセキュリティポリシーを顧客に意識させる。
- リスクを伴う実験を行う前に、容認可能および不可能なリスクテイキングの指針を定め伝える。
- 実験に短期間のスケジュールを課す。たとえば、短い「スプリント」、すなわち6週間から8週間の構想を実施する。各サイクルの最後に評価を行う。
- 信頼できる少数の顧客および／またはステークホルダーに実用最小限の製品を公開する。
- 学習のフィードバックループのプロセスを明確にし、それを意図的にすること。学習に組み込まれていない場当たり的反復を避けるためには重要である。
- 学習とフィードバックを後続版に反映し、反復サイクルを続ける。
- 選択したクライアントにアプローチを伝え、選択したイテレーションに入れる――指針とアプローチを明確にして伝える(たとえば、容認可能な失敗、容認できない失敗、ラーニンググループ、後続版に組み込むこと)。

第15章

前に進む——実践ガイド

本書をここまで読んで、あなたの組織がデジタルの成熟に向けて最初の一歩を踏み出すべきだと納得してもらえたら、幸いである。本章の目標は、前に進むための実用的、実践的な指針を提供することだ。ここでは、実験、意図的なコラボレーション、反復などの多くの教訓を引き合いに出して、組織がどのように教訓を学び、実践できるのかを示す。

デジタル成熟度を高める三段階のプロセス

デジタル成熟度を高め、最終的にデジタル組織に向けて進むプロセスには、三つのステップがある。あなたの目標は、会社でどのように仕事をこなすか、仕事の未来とどのように足並みをそろえるか、それがどのようにデジタルに成熟している組織に成長する土台となるかについて、再考することだ。

1. **評価する。**あなたの組織がどこをめざす必要があるのか理解するために、まず、デジタル成熟度に関するあなたの組織の位置づけを理解する必要がある。わたしたちは本書を通して、デジタル成熟度を組織レベルの特徴として説明しているが、実際には、組織内のデジタル成熟度は均等ではない。部署やチーム、またはプロセスによって、デジタル成熟度にばらつきが見られる場合もある。第3章で述べたが、わたしたちの調査結果を企業幹部に提示すると、彼らは会社のデジタル成熟度について異なる認識を抱いていることが多かった。それは主に、組織内の職級の違いによるところが大きい。

よく言われる話だが、目の不自由な人たちが象の体のそれぞれ別の部分に触れて、これは蛇だ、木の幹だ、壁だ、ロープだと象を表現するように、組織のデジタル成熟度は、あなたがそれをどこで経験するかによって、大きく違って見えるかもしれない。企業のデジタル成熟度を評価するということは、組織における成熟度の分布を理解することでもある。本章では、デジタル成熟度があなたの組織でどのように広がっているか評価するツールを提供する。

2. **可能にする。**このステップでは、現在あなたの会社はどの程度デジタルに成熟する必要があるのか判断する。トランスフォーメーションの準備が整った分野を明確にするために、組織は二つの戦略を採用できる。一つは、進行中のトランスフォーメーションに対し使い続けるべきデジタルの強みを組織が明確にすることだ。このアプローチはおそらく、すでにデジタル成熟度の多くの特徴を習得して優位性を伸ばそうとしている、かなり進歩した組織にとって有用だろう。もう一つの戦略は逆定式化で、従来型のレガシー企業にとって有用かもしれない。ここで問題となるのは、あなたの会社がいかにして成熟度を高められるかではなく、デジタルに未熟にならないようにするためにどのようなステップをとれるか、ということだ。会社全体のデジタル成熟度は、成熟度の平均レベルではなく、一番成熟していない領域によって決まるかもしれない。ボトルネックとなっている部分が組織全体の足を引っ張る恐れがあるからだ。

どちらの戦略をとるかにかかわらず、どの領域でトランスフォーメーションに着手するかの決断は、費用対効果分析によって判断されるべきである。組織のその側面を変えることで財政や組織にかかるコストはどのくらいになるか？　トランスフォーメーションが成功した場合の利益はどうなるか？　投資した時間やエネルギー、リソースに最高の見返りを生み出す側面を追求したいと誰でも思うはずだ。

3．**成熟する**。このステップでは、対象となる領域をどのように改善し、デジタルの成熟に向けて進むか決定する。本書のはじめのほうで学んだ教訓を念頭に置くことが、このステップでは重要である。緻密な計画と全社規模の入念な遂行を通して、全組織を一度に変えようとする一気呵成方式を採用したいとは思わないだろう。むしろ第12章で述べたアジャイル方法論の短距離走的特徴を展開して、ステップ2で明らかにしたようなデジタル成熟度に向けて、最小限の実践的な一歩を踏み出すべきである。このプロセスにも、第14章で説明した実験とテストが必要になる。

成熟の次の段階へ移る

わたしたちの三段階のモデルが企業のデジタル成熟度のプロセスを示すには最適だと、データで証明されているが、実質的に組織を評価する場合には、四つの成熟の段階があると考える。その理由は？　本書全体を通して、各基準の資質はテクノロジーとともに進展することを述べてきた。三段階のモデルは、デジタル成熟度にいたる道のりで組織が現在どこにいるのか理解するには役立つ。これに対し、四段階のモデルは、企業がどこへ行くべきか検討するために役立つのである。組織のある部分は第三の段階（成熟）にあるかもしれないが、成熟度の第四の段階は、現在いるところを超えて、デジタル成熟度の別の段階に移行する継続的な機会を示している。あなたの組織の一部が、現在乗り越えようとしている可能性もある。実際、第3部では、デジタルに成熟している企業は、コラボレーションやイノベーションの向上、リスク許容度の改善にもっとも投資している企業だと、わたしたちは見なしている。デジタル成熟に〝達した〟と考えているならば、このような投資はしないだろう。

言い換えるなら、成熟度の基準はテクノロジーの進化とともに変わり続けるのだ。たとえ、ある組織が今日デジタルの成熟を達成したとしても、明日訪れる変化は、間違いなくさらなる変化を求めるだろう。したがって、最初の三段階は、わたしたちの成熟度モデルの段階を示し、四つ目の段階は、企業が将来めざすところを意味するのである。

1. **デジタルの取り組みを探る（初期段階）**――組織は、組織の既存の機能を自動化するために従来のテクノロジーを利用する。デジタルに少しだけ手を出しているものの、企業にはわずかな変化しか起きていない。

2. **デジタル構想を実行する（発展段階）**――組織は徐々にデジタルテクノロジーを活用するようになっているが、組織に存在する、従来のビジネスモデル、経営モデル、顧客モデルにまだ大いに重きを置いている。成熟を始めているとはいえ、企業は偶発性が高く、不完全で、孤立している。組織としてデジタル成熟度を高めようとするのではなく、デジタルテクノロジーを支えることにフォーカスしている。これはデジタル成熟度のステップとしては重要だが、最終目標としては不十分だ。

3. **デジタルに成熟するようになる（成熟段階）**――組織における仕事の達成方法、および顧客や取引先、サプライヤーとの交流が、いっそう意図的になり、ネットワーク化され、同時にサイロ化が解消されてくる。現在のビジネスモデル、経営モデル、顧客モデルに対してさらに高度な変化を生み出すことに、組織は慎重である。企業が機能し、経営し、行動する主要な方法は変化しつつあり、かなり成熟したデジタル組織を形成している。

4. **デジタル組織になる（野心的な目標）**――ビジネスモデル、経営モデル、顧客モデルは、絶え間なく変化するデジタル環境とエコシステムに向けて最適化される。これは従来のビジネス経営や顧客モデルとはまったく異なり、企業がどのように組織され、経営を行い、行動するかの根幹を、デジタルが担っている。デジタルであることは、組織のDNAの一部であり、行動やあり方の代替的アプローチではない。

デジタルDNAの特質を用いて組織のデジタル成熟度を評価する

組織文化を幅広く定義する場合、組織の編成や経営方法、行動様式から情報が得られる――これは組織のDNAと呼ばれることが多い。個人のDNAが個人としての特徴を決めるように、組織のDNAは、その企業をほかの企業とは異なる企業にする。組織がDNAの特質を発現した姿が、組織の現在の姿である。

組織のDNAは、時間とともに何らかの方法で複製と進化を続けるが、通常は恒常性のレベルを維持するために全力を挙げ、もっとも漸進的な変化以外は抵抗するだろう。人間と同じように、組織のDNAも強い。これが、合併と買収（M&A）が非常に難しく、異なるDNAをもつ二つの企業が一つになろうとするとき失敗する理由の一つである。周到で慎重に変化に取り組まなければ、組織のDNAのなかには、組織がデジタル成熟度を高めようとするとき、妨げになるものもあるだろう。とくに従来型の企業や老舗企業においてその傾向が強い。以前から存在し、何世代前と同じか、もしかすると現在のほうが強くなっているDNAを指摘するのはたやすい。こうした特質は、デジタル世界で強みとなるか、移り変わ

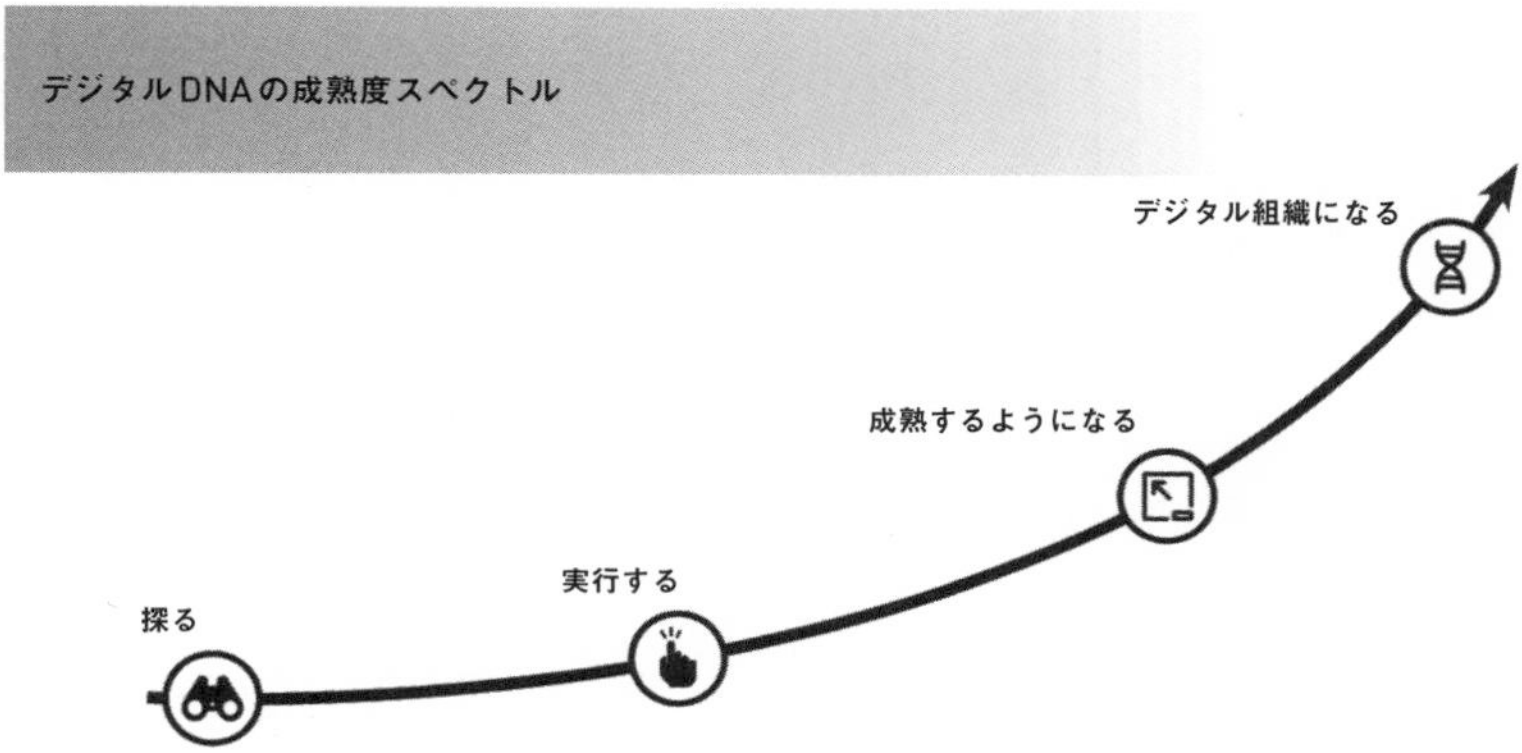
デジタルDNAの成熟度スペクトル
デジタル組織になる
成熟するようになる
実行する
探る

図15-1

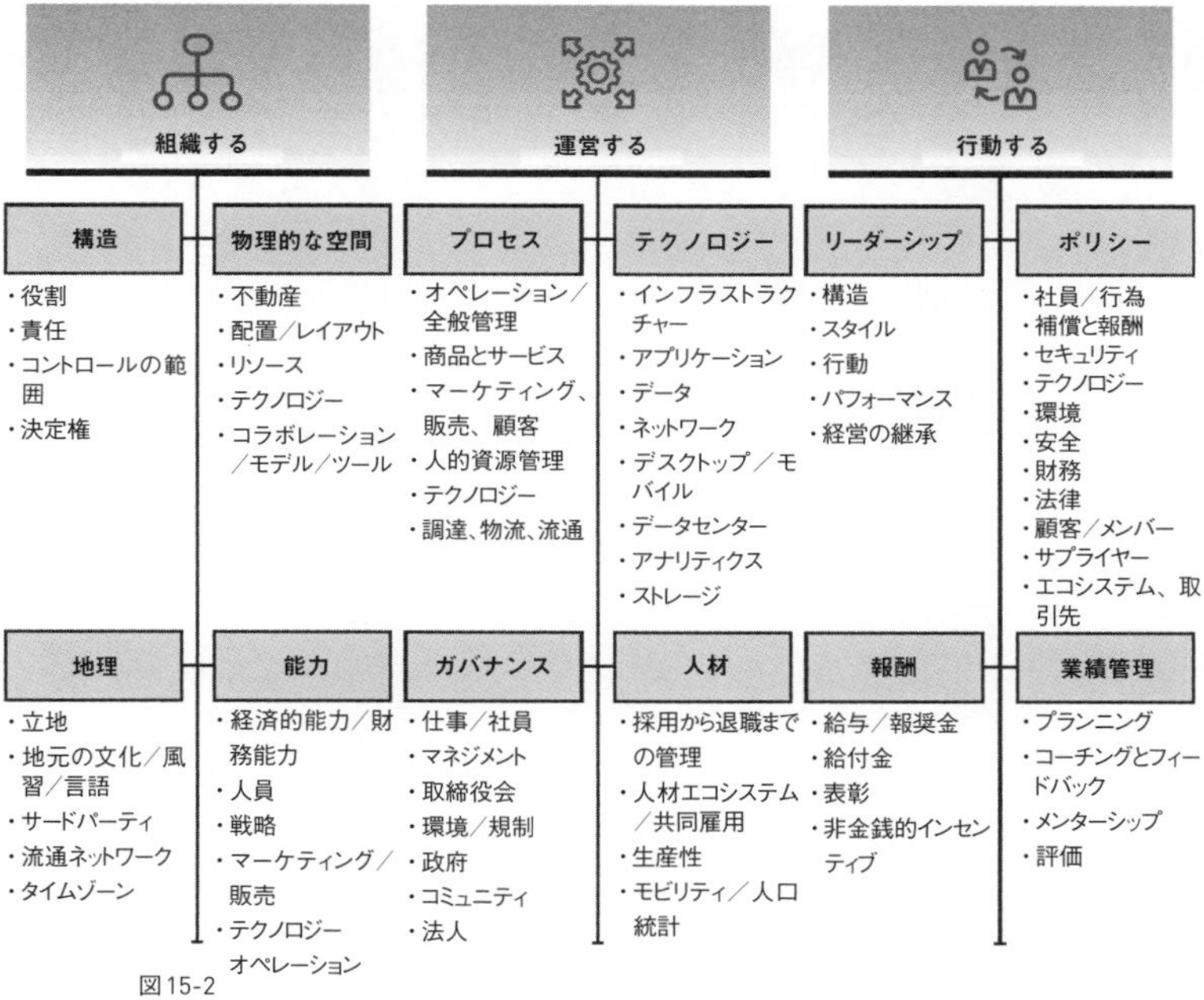
組織する
運営する
行動する
構造
・役割
・責任
・コントロールの範囲
・決定権
物理的な空間
・不動産
・配置／レイアウト
・リソース
・テクノロジー
・コラボレーション／モデル／ツール
プロセス
・オペレーション／全般管理
・商品とサービス
・マーケティング、販売、顧客
・人的資源管理
・テクノロジー
・調達、物流、流通
テクノロジー
・インフラストラクチャー
・アプリケーション
・データ
・ネットワーク
・デスクトップ／モバイル
・データセンター
・アナリティクス
・ストレージ
リーダーシップ
・構造
・スタイル
・行動
・パフォーマンス
・経営の継承
ポリシー
・社員／行為
・補償と報酬
・セキュリティ
・テクノロジー
・環境
・安全
・財務
・法律
・顧客／メンバー
・サプライヤー
・エコシステム、取引先
地理
・立地
・地元の文化／風習／言語
・サードパーティ
・流通ネットワーク
・タイムゾーン
能力
・経済的能力／財務能力
・人員
・戦略
・マーケティング／販売
・テクノロジーオペレーション
ガバナンス
・仕事／社員
・マネジメント
・取締役会
・環境／規制
・政府
・コミュニティ
・法人
人材
・採用から退職までの管理
・人材エコシステム／共同雇用
・生産性
・モビリティ／人口統計
報酬
・給与／報奨金
・給付金
・表彰
・非金銭的インセンティブ
業績管理
・プランニング
・コーチングとフィードバック
・メンターシップ
・評価

図15-2

りの激しい時代に対応できるほど進化していない組織の破滅の原因となる。次に、DNAの特質を検討してみよう。

・組織する――組織の活動を可能にするか制限する構造や物理的空間、能力、地理を指す。いささか逆説的だが、物理的空間はデジタル成熟度にとって不可欠な要素である。インタビュー全般を振り返っても、企業が求めるデジタル成熟度との相互作用を実現させるために、新しいスペースを見つけるか作らなくてはいけないと、企業は訴えていた。こうした相互作用を実現可能にするスペースは、最近流行りのよくあるオープンスペースのフロアではなく、少人数グループのミーティング（仮想会議であれ面と向かった会議であれ）を促進するスペースや、再設計された〝公共〟空間で偶然の交流を促進できるようなスペースのことである。

わたしたちが一緒に仕事をしたある組織は、物理的空間や地理的立地にかかわらず、たとえ地球の反対側だろうと、〝出席すること〟に関してとくに強いDNAをもっていた。組織のリーダーと社員は、会議室をいくつも結びつけて（組織内に多数ある）、ビデオ会議の技術を用い、仮想であれ現実であれ、参加者と〝じかに顔を合わせる〟環境を作り出す。電話会議のように顔を見ないで話す会議は、ほとんどタブーとなっていた。これは、企業のDNAの中核をなす部分であり、高度なイノベーションや優れたコラボレーション、より高い社員エンゲージメントを導いている。

・**運営する**——組織を特徴づけるプロセスやテクノロジー、人材、ガバナンスを指す。デジタル成熟構想の指揮を執るグループは、異なるやり方で運営するために、ある程度の自由が、従来型の組織以上に与えられなくてはならない。ジョン・ハンコックでは、組織の他部署で見られる昔ながらの官僚主義から自由になれるように、デジタルチームはいくらか独立して活動している。ＢＡＳＦでは、進んだコラボレーティブツールを利用して一緒に仕事ができるようにと、チームは電子メールを禁止した。こうしたグループは、新しい運営方法を見つける必要がある。古い方法を使わなくてはいけないなら、新しい方法を使えるようにならないだろう。

・**行動する**——組織の方針、報酬、リーダーシップ、業績管理の仕組みを指す。よく言われるように、これが肝心なところである。企業はよくデジタル成熟度について口先でうまいことを言うが、それが組織の業績管理やインセンティブ構造の重要部分にならない限り、デジタル成熟度が高まる可能性は低い。ウォルマートはデジタルの成熟をめざして独自の取り組みを追求し、デジタルに関するパフォーマンス基準を、各幹部の業績考査に組み入れた。人はインセンティブに反応するものだ。よって、デジタル成熟度を高める取り組みを後押しするように、組織のインセンティブを設定する必要がある。みな自分の仕事でなければ優先させないものだ。

以上のいずれも、あなたの組織のデジタル成熟度に役立つこともあれば、妨げることもある。組織のＤＮＡの異なる特徴が、今日か明日にでも必要とされる組織全体のデジタル成熟度にどのように貢献するか、あるいは損なうか、企業のリーダーはじっくり考えるべきである。そのために問うべき質問は次のとおりだ。

- あなたの組織のどの領域が、デジタルの成熟に向かって自ずから進んでいるのか？
- デジタルに成熟することにもっとも抵抗している領域はどこか？
- 一部の成功を足場として、それを全組織で活用するにはどうしたらいいか？

本書では、非常に重要なデジタルの特質を掘り下げている――たとえば、継続的イノベーション、意図的なコラボレーション、反復、決定権の変化、階層構造のフラット化、絶え間ない破壊などだ。こうしたデジタルの特質が、デジタルＤＮＡを作り上げる。わたしたちは、デジタルに成熟した組織を定める23の特質を挙げる。これは、デジタルテクノロジーではなく、移り変わりの激しい未来に効果的な運営を行うために組織が必要とする、デジタルＤＮＡにフォーカスしたものだ。デジタルＤＮＡは、デジタル〝である〟（"being" digital）ための基本的な指示、発達、機能、複製を伝える。

あなたの組織のＤＮＡには、構造やガバナンス、能力、リーダーの行動、人材開発のプロセス、ポリシーに染み込んだ、こうしたデジタルＤＮＡの特質があるかもしれないし、ないかもしれない。もしこうした特質があったとしても、あなたの組織がデジタル世界で成功するために必要な成熟レベルに達しているかもしれないし、達していないかもしれない。こうした特質があるかどうか判断し、もしあるならば、そのデジタルDNAが現在どの程度成熟しているのか判断することが、すべての企業にとって重要である。後述するが、わたしたちはこうした特質を具体的にリストアップした。これによって、組織はそのDNAの成熟度を評価できるようになる。

組織のデジタル成熟度を評価する二つの方法を次に示そう。これは別々に実施してもいいが、順番は問わないので、一緒に実施することが望ましい。

1. **社員の調査を実施する**。組織のデジタルDNAの成熟度を社員に評価してもらう。23のデジタルDNAの特質の一つ一つに対し、リーダーと社員は、1〜4の値で組織のデジタル成熟度を評価する（たとえば「デジタルを探索している」が1、「デジタルである」が4）。わたしたちの調査によれば、中間管理職とスタッフレベルの社員は、組織のデジタル成熟度について、その他の人たちとは異なる、あまり楽観的でない評価をする傾向がある。また、異なる世代の社員や経験豊富な被雇用者、そして異なる場所、異なる事業部、異なる役割の人たちは、組織のデジタル成熟度についてそれぞれ異なる見解を抱くということにも気づいた。全社員（または社員を代表する人たち）を対象に調査し、中間管理職とワーキングセッションを実施することで、幹部が気づかない、デジタル成熟度を実現する要因を特定し、デジタル成熟度への障壁を明らかにすることができる。このアプローチでは全社員に入力してもらうので、組織のデジタル成熟度に関する幹部の評価だけに頼ることなく、さらに完全に近い企業の姿が描き出せる。

2. **経営陣とインタビューを行う。** これは、現在のデジタル成熟度や、組織が必要とするデジタル成熟度のさまざまなレベルについて展望を話し合い、明確にすることが目的である。これには、企業が抱くデジタルの野心についての理解も含まれる。第4章で触れたように、これには従来とは異なる見方をすること、異なる考え方をすること、異なるやり方をすることが求められる。リーダーとのこうした話し合いから、組織の現在のデジタル成熟度と野心的なデジタル成熟度とを合わせた見解を把握できる情報が生み出される。

この二つのアプローチを一緒に実施すれば、包括的で充実した、微妙な差異まで明らかにされた、デジタルの成熟の全体像が生み出されることだろう。組織のあらゆるレベルの人からのフィードバックと、デジタルに関してリーダーの抱く野心の両方を取り入れているからだ。

デジタルトランスフォーメーションのたとえとしての組換えＤＮＡ

このＤＮＡのたとえは、組換えＤＮＡのコンセプトと結びつけると、企業がどのようにデジタルに成熟するか考えるうえで役に立つ。遺伝子スプライシングでは、ある生命体の

DNAが切り離され、別の遺伝物質がそこに接合される。次に、修飾DNAが複製され、ホストに再び挿入される。その結果、組換え（つまり新しい、または修飾された）DNAができあがり、次にそれは生命体全体で複製を始める。この変更の結果として、その生命体には異なる特徴が現れるかもしれないし、現れないかもしれないのだが、この生命体は確かに、外部のDNAの特徴によって修正された、ホスト生命体の特性を含んでいるのだ。組換えDNAの技術は一般的に、虫や特定の殺虫剤に強い穀物の開発に利用されている。またこのプロセスには、ある程度の試行錯誤が伴う。あまり多くのDNAを接合すれば、ホストの特徴をしのぐことになる。十分なDNAを接合しなければ、満足に特徴が現れないか、期待したほどの特徴は現れない。このプロセスが繰り返され、大幅な進化を遂げる。

遺伝子スプライシングと組換えDNAは、組織がどのようにデジタルトランスフォーメーションできるかについて、多くの点で秀逸なたとえとなる。リーダーは、デジタル世界に企業をより適応させようとして、組織文化で修正したいある側面を特定する。次に、別の組織の望ましい特性を明確にし、実用最小限の変化（MVC）を通して、望ましい特徴をもつ少数のチームや任務、事業部門を投入する。この変化は、新しいデジタルDNAの接合に役立つほど大きな変化であるが、抵抗や拒絶が起きないほどの小さな変化でもある。何度も試行錯誤を繰り返すうちに、こうしたグループが望ましい特徴を現し始めると、組織の一箇所で証明されたその変化を、企業は同様のMVC活動により、組織に広めるようになる。

第6章で紹介した遺伝子型と表現型の話がここで役立つだろう。優れたリーダーシップの本質は変化しないが、新しいビジネス環境では異なる形で表現される必要があると述べた。わたしたちはここで、それをさらに声高に主張する。新たな競争環境での成功に必要な特徴を発揮するために、企業は一つの側面を根本的に変える必要がある。これは単に物事を異なるやり方で行えばいいというものではない。異なるものになる必要がある。唯一の解決策は、デジタル世界に向けて組織の本質を改訂するという、抜本的介入である。

この場合の目標達成の秘訣は、まず成功しそうなところに、変えるべき特徴とともに、フォーカスすることだ。わたしたちの経験と調査から、最初にフォーカスすべき対象は次の通りである。組織のデジタル化支援に興味と意欲があるリーダー。能力と関心があるチームメンバー。別の企画ですでに成功を収めている職務や事業部門、チーム。こうしたステークホルダーを招き入れることで、さらに速やかに変化が取り入れられ、残り火が煽られるように、組織全体にすばやく行き渡る。それから、リーダーが次に対象となる組織の特徴を見定める。このプロセスは企業の同様の領域で繰り返される。

どのデジタルＤＮＡの特質が組織にもっとも必要か？

組織のリーダーは、この遺伝子治療型のアプローチを用いて組織のＤＮＡのどの側面を変革すべきかを、どのように決めたらいいだろうか？　図15-3（349頁）に、デジタルＤＮＡの23の特質を示した。その詳細について次に説明する。その特質を調べながら、次の質問について考えてほしい。あなたの組織の固有のDNAとして、目立ち、成熟したもののなかで、今後一年から一年半にわたり、あなたの組織にもっとも顕著な変化をもたらすデジタルDNAのトップ3またはトップ5はどれだろうか？

1. **絶えずイノベーションする**——デジタルエコシステムは広範で、境界がなく、活力に満ちているので、新たなアイデアやアイデアの応用が、常に必要とされる。絶えずイノベーションすることとしては、有意義な影響を及ぼす、独創的で効果的な解決策を生み出すことがある。これには製品、サービス、工程、テクノロジー、ビジネスモデルが含まれるだろう。

2. **リアルタイムとオンデマンド**——情報や申し込みやサービスはオンデマンドで、常に正確に、切断されることなく二四時間アクセス可能で、複数のプラットフォームやデバイスで利用できることが、顧客やサプライヤー、取引先、有能な人材から望まれる。

3. **決定権と影響力の移動**——かつては手に入らなかった貴重な情報をますます多くの人が入手できるようになっており、それに伴い決定権は常に変化する。また決定権は、新しいプロセスやワークフローが導入されると変化する。こうした決定権の変化に伴い、あらゆるレベルの社員や顧客、その他ステークホルダーの影響力は、組織の内外で絶えず流動的になる。

4. **リスクとセキュリティの境界を調整する**——デジタルソリューションにより、情報の民主化、多数のデバイスの利用、情報への幅広いアクセスの可能性は高まる。このため、サイバーセキュリティの要請と、情報へのアクセスを求めるニーズの高まりとのバランスをとるために、リスクとセキュリティの境界線が調整される。

5. **流動性**――流動性とは、人材のニーズ、リソース、経営モデル、コミュニケーションに変化が生じていながら、一つのソリューションや状況から、次のまたはその上のソリューションや状況へと、容易に移動できる能力のことである。それは比較的容易に実行に移せる、計画的なアジリティである。

6. **地理にとらわれない**――ビジネスは地理に縛られなくなってきている。テクノロジーの進歩、モビリティのトレンド、オープンタレントエコノミーが、「場所」や「立地」の意義を変化させている。

7. **チーム構造を変化させる**――デジタルに成熟している環境では、変わりゆくニーズに応じて、チームは柔軟に編成され、変化し、解散する。チームには組織のメンバー、顧客、取引先、ベンダー、競争相手などが含まれることもあれば、そうでないこともある。このようなチームは、ある程度意図的に思考と経験の多様性が含まれるように編成され、調達される。

8. **意図的なコラボレーション**――意図的にコラボレーションするとは、共通のまたは相互補完的な目標を実現させるために、いかに協力して仕事をするか考案することだ。これは、情報を与えることや、何かを共有することをはるかに超えており、よく考えられた協同計画である。自分のワークグループ内ならこのようなコラボレーションが起きてもおかしくないが、デジタルに成熟している組織では、自分のグループのみならず、チームや職務、事業部門、そしてこれは最近増えているのだが、組織の枠を超えて、このようなコラボレーションが生じる。

9. **精力的なスキル構築**——絶え間ないイノベーション、新しいタスク、変わりゆくエコシステムには、新しい環境のもとで新たな課題に取り組むために利用できる、柔軟なスキルが求められる。人材を訓練するためには、適応性のあるスキル（たとえば、学習の学習、デジタルリテラシーなど）を育成すること、いつ、どのように学習するかについて柔軟性を考慮すること（たとえば「必要な分だけ、必要なときに」）が、必要不可欠である。

10. **変化する仕事の性質と種類**——デジタルディスラプションをはじめとするデジタルイノベーションは、仕事の何たるかと、仕事をどのようにやり遂げるかを変えた。職務記述書、タスク、スキル、必要条件は、デジタル環境においてはきわめて流動的である。仕事内容と、仕事のやり方のモデル（たとえば、ロボット、AI、複合現実）は、デジタル環境において絶えず変化する。

11. **絶え間ない破壊**——デジタル環境における破壊は、絶え間なく起こり変化に富む。単に雑音にすぎないものもあれば、流通段階で中間業者をすっかりなくしてしまうものまである。絶え間ない破壊の環境で働く組織の能力を支える、または損なう、多数の側面（たとえば文化、テクノロジー、ビジネスモデル、ケイパビリティ）がある。

12. **顧客中心主義**——顧客中心主義のケイパビリティは、デザイン思考と商品やプロセスの開発、意思決定の中心に顧客を据える。顧客とのインタラクション、反応、熱望にどのように関わり、コラボレーションし、そこから得た知見をどう理解したらいいかにフォーカスする。顧客が使用している物品・サービスの創作に参加する場合も多い。

13. **情報を民主化する**——顧客、一般の人々、サプライヤー、競合他社、社員、請負業者などが、以前なら入手できなかった情報をどんどん入手できるようになっている。しかもいくつものソースから。デジタルシステムは、アクセス、入手しやすさ、セキュリティ、プライバシー、決定権を、組織の内部からも外部のソースからも、曖昧にする傾向がある。

14. **マルチモーダルな経営を管理する**——マルチモーダルとはこの場合、同じ組織のなかに存在している、少なくとも一つ以上の古い経営モデルと、一つ以上のデジタル経営モデルと定義される。これには、デジタルエコシステムの競合他社や取引先、ベンダーなどとの相互運用的なモデルも含まれるかもしれない。異なる経営モデルが同時に存在するなかで効率的に機能することは、重要な能力である。

15. **働き方に同時性をもたせる**——レガシーな組織は一般的に、新たに発生したデジタル経営よりも動きが遅いか、一貫性のないペースで動いている。この不均質性のせいで、デジタルへの投資を最大限に利用できず、クライアントの期待に添えず、レガシーな組織を苦しめている。レガシーな組織の働き方とデジタル経営の働き方の間の主な相互作用点で、プロセスや期待、決定権を配線し直せば、デジタル経営の同期と導入の機会を増やせる。

16. **生産的なモビリティ**——モビリティは、より便利に、効率的に、シームレスに仕事をすることを可能にし——時間、場所、デバイス、媒体に関係なく——職場の現実の壁とバーチャルな壁を壊すのに一役買っている。生産的なモビリティのための有効な戦略には、モバイルテクノロジー、ワークスタイル、ワークスペース、コラボレーションのアプローチが含まれる。

17. **変わりつつある従来型と非従来型の混成ステークホルダー**——デジタルで、チーム基盤型の、ネットワーク化された環境では、かつて組織の伝統的なヒエラルキーの一員でなかった非従来型のステークホルダーが次第に権力を握り、ビジネスの成果に影響を与える。こうした従来型および非従来型の人や組織は、ステークホルダーとして認識され、関与し、考案されるべきである。ステークホルダーを誤認し、考慮せず、無視することは、組織の成功にとって危険である。

18. **ヒエラルキーをフラット化し変化させる**——階層構造、コントロールの範囲、決定権は、デジタル環境では急速に変化する。仕事は以前にも増してテクノロジーを介するようになり、チームはネットワーク化され、上から降りてくる決定は減っているので、一般的に階層構造の必要性はほとんどない。

19. **敏捷さ**——組織は、急激および／または予期せぬ変化に適応できる。必要なケイパビリティにはスピード、スキル連携、柔軟性、機転、そしてシステムやプロセス、人間、ポリシー、リソース、ガバナンスなどへの適応力が含まれる。

20. **絶え間ないエコシステムの破壊**――仕事の仕方、仕事をする場所、誰が仕事をするかが急速に進化していることで、従来のエコシステムが破壊され、企業が運営するインタラクションのネットワークに影響を与えている。絶え間ない破壊の続く環境のなかを舵取りする組織の経営能力は、新しい仕事の時代に大きな差別化要因となる。

21. **絶えず変わる決定基準**――ビジネスのスピードと複雑さは、デジタルシステムとともに変化する。決定の入出力は増加し常に変化する。昨日は道理にかなっていたことが、今日か明日はそうではなくなるかもしれない。顧客価値、人口統計学的傾向、競争、決定のスピード、変わりゆくデジタルエコシステムとのインタラクションが変化するからだ。この変化の激しい環境のなかで、いつどのようにして決定が下されるか、誰（人および／または機械）が決定するかについて、デジタルビジネスまたは経営モデルと、レガシーな組織との間に不均衡がある。

22. **前向きに失敗する、速く学習する**――新規または未完成の製品やサービス、インタラクション方法をすばやく試すことに、フォーカスする。チームは学んだことをじっくり検討し、すばやく調整し、再び試す。このプロセスでは、スピード、受け入れられる失敗と受け入れられない失敗の種類について事前に合意すること、非難や処罰がないことを強調すべきである。

デジタルDNAの23の特性に基づきあなたの企業を評価する
（変化を促すべき特性を3つから5つ選ぶ）

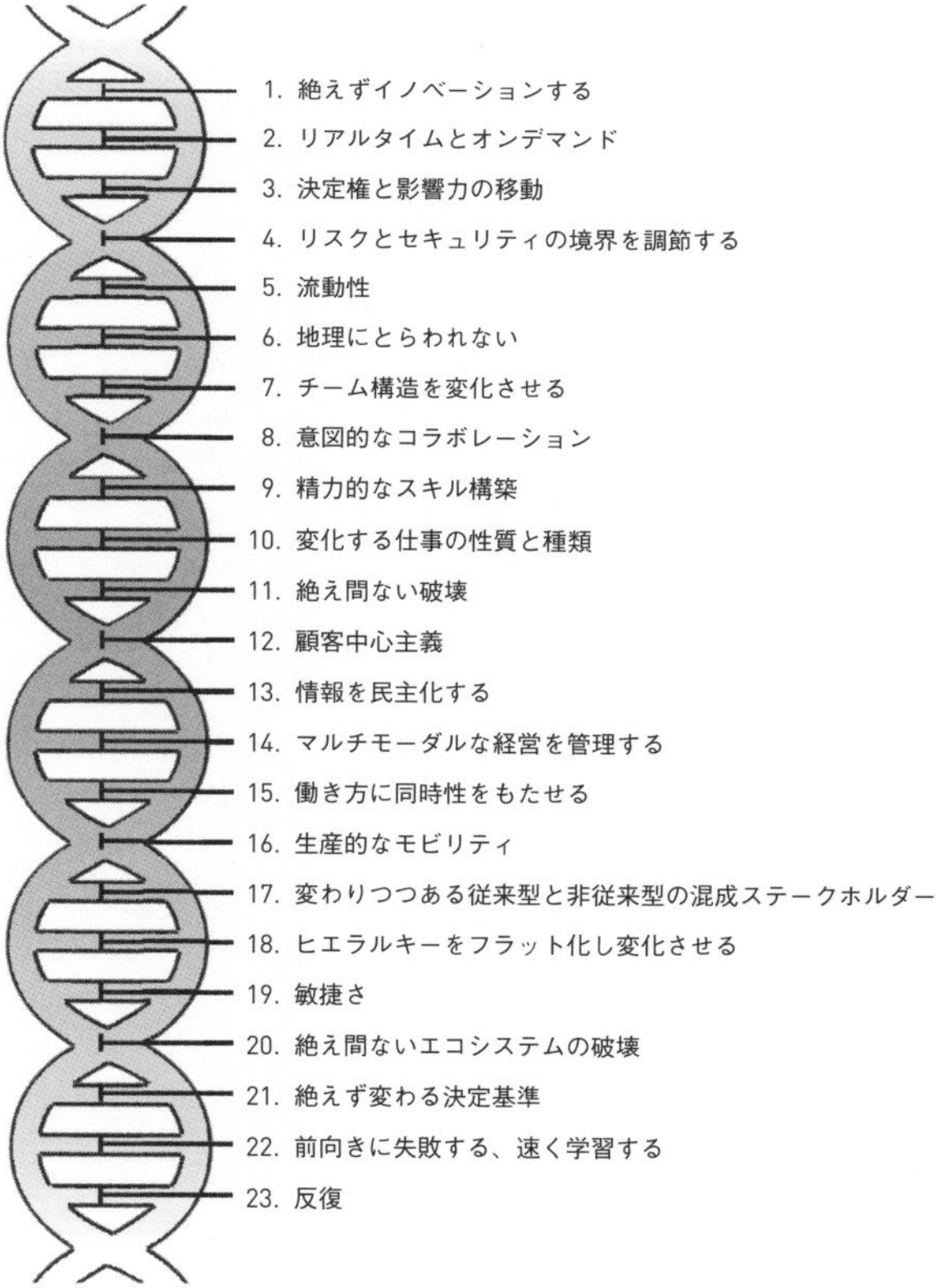
1. 絶えずイノベーションする
2. リアルタイムとオンデマンド
3. 決定権と影響力の移動
4. リスクとセキュリティの境界を調節する
5. 流動性
6. 地理にとらわれない
7. チーム構造を変化させる
8. 意図的なコラボレーション
9. 精力的なスキル構築
10. 変化する仕事の性質と種類
11. 絶え間ない破壊
12. 顧客中心主義
13. 情報を民主化する
14. マルチモーダルな経営を管理する
15. 働き方に同時性をもたせる
16. 生産的なモビリティ
17. 変わりつつある従来型と非従来型の混成ステークホルダー
18. ヒエラルキーをフラット化し変化させる
19. 敏捷さ
20. 絶え間ないエコシステムの破壊
21. 絶えず変わる決定基準
22. 前向きに失敗する、速く学習する
23. 反復

図15-3

23. **反復**——プロセス、ポリシー、製品、サービスは、望ましい結果に逐次近づこうとして、分析的洞察、試行錯誤、開発チームやステークホルダーや顧客からのフィードバックに基づき、更新され改善される。

デジタル組織になる

DNAが活性化された場合、デジタルDNAの要素はデジタル組織になるために非常に重要である。企業のためにデジタルDNAという中核を作ること、およびデジタルトランスフォーメーションを実現させる環境を作ることには、変化を推進するというコミットメントとリーダーシップが必要になる。フォーカスする領域を明確にできるようにデジタルDNAを中心にして、組織は学習し成長し、この絶え間なく変化する世界で経営を成功させるというデジタルの野望を加速する。フォーカスすることが見込まれる領域は次の通りだ。

1. **再創造された仕事**。オートメーションと人間のスキルの最適な組み合わせとともに、作業活動とプロセスを再設計する。
2. **オープンタレントワークフォース**。シームレスに協力して働く有給職、〝ギグワーカー〟、エコシステムのパートナーを含んだオープンエコノミーに、新しい人材のカテゴリーを導入する。

3. **結びついた経験。**現実の職場と仮想職場、生産性を押し上げパーソナリゼーションを促進するデジタルツールを通して、統合したカスタマーエクスペリエンスとエンプロイーエクスペリエンスを提供する。
4. **デジタルイネーブルメント。**インサイト主導型の変化の分析と、顧客を中心に据え反復を含んだデザイン思考型のアプローチで、ビジネスに拍車をかける。
5. **ネットワークとリーダーシップ。**意図的に考案されたチームのネットワークを通して仕事を推進する。適切なリスクをとり、デジタルの野心の実現を懐疑的な人に納得させられる人物が、チームを率いる。
6. **デジタルの人的資源。**新たな文化的行為と消費者グレードのエンプロイーエクスペリエンスを届けることを通して、デジタルファーストになり組織を形成することによって、組織のデジタルの進化を推進する。

結局のところ、目標となるのは、デジタルのためにデジタル企業になることではなく、常に変化する仕事の未来において、効率的に活動できる組織を作り出すことである。

強みとなる点を活かして変化を可能にする

23の特質と組織の成熟レベルに同時に取り組むことは、組織にとって並大抵のことではないだろう。それは実行することが難しいだけではなく、必ずしも必要のないことだ。後日必要とされるものとはちがって、どの特性と成熟レベルが現在必要とされるのかは、組織の具体的なニーズに基づき異なるからだ。同じ組織でも部署が異なればデジタル成熟度も異なることを、思い出してほしい。デジタル成熟度が高い職務や事業部門はその成功体験により、組織をデジタル成熟度の向上へと導ける。組織はゆくゆく23すべての特性を手に入れ、成熟できるかもしれないが、最初のうちは、トランスフォーメーションのケイパビリティを生み出すために、少数の特性にフォーカスすることが最適だと、わたしたちは気づいた。わたしたちの経験から言って、たいていの組織が対処できるのは、一度に三つから五つのデジタルDNAの特性だと思われる。理想としては、今後一年から一年半後にもっとも影響を与える、三つから五つの特性にフォーカスすべきだ。時間的制約があるほうが、特性の優先順位を効率的に決められる。組織が変化を吸収できるようになれば、すぐにトランスフォーメーションは起きるので、その他の特性にもいずれ取り組むことになるだろう。

組織がどの変化からもっとも恩恵を受けそうかリーダーがつきとめた時点で、彼らはたいてい重大な間違いを犯す——デジタル成熟度を、トップダウンおよびボトムアップの現在進行中の旅路ではなく、〝プログラム〟と呼ぶのだ。このプロセスがソフトウェアの実行のように扱われる場合は失敗に終わる。これは新しいテクノロジーの導入が目的ではなく、この新しい仕事の世界で、効果的に組織し、運営し、行動することなのだ。

これに取り組む方法は数多くある——デジタル機能を作ることが、デジタル成熟度の高い組織になるための触媒になると気づいた者もいる。一人または複数のデジタルリーダーを指名して、成功を収めている者もいる。ほかにも、こうしたアプローチを組み合わせて利用する者もいる。アプローチにかかわらず、デジタルの残り火を燃え立たせ、組織全体に広めることが、導入には重要になる。成功が成功を生むものだ。デジタルの成熟は、トップダウンならびにボトムアップのアプローチでもっとも根づくことを、わたしたちは学んだ。組織の各部門は異なるペースで成熟する。勢いよく追求するところもあれば、従来の方法に固執するところもある。準備が整ったときにデジタルの成熟を広めるうえで役立つ三つの特徴を、わたしたちは発見した。

1. 有意義で、迅速で、達成を測ることができるデジタル面での抱負を明確にする。
2. 賛同の意を示し、有能で、必要な変化を起こす意欲のある、後援してくれるリーダー（たち）とチームを組む。
3. 有能で、新しいアプローチを受け入れ、参加を望むメンバーとチームを組む。

フォーカスすべきデジタルの特性を組織が明確にしたならば、次は、その特性を組織に取り入れることに関し、組織のどの領域が協力するのか、または妨げるのか、評価に乗り出す必要がある。

小さな実験的介入を考案し実行することで、デジタル成熟度を高める

何を変えるべきか、どこを変えるべきか明確にしたならば、次にその変化をいかに引き起こしたらいいかが、最後のステップとなる。この点に関して考えすぎてはいけない。第12章で忠告したように、組織全体を変えようとするような、あるいは対象とするデジタルDNAの特性を一度に変えようとするような、大規模な従来型の変革構想を採用してはいけない。わたしたちのアドバイスを実践して、アジャイルな開発メソッドを活用し、本章で前述したMVCを成立させるために、九〇日間（かそれ以内）のスプリントを展開すべきである。こうしたアクションは、あなたの組織をデジタルの成熟のビジョンに向けて前進させるほど大きなものだが、アジャイルのスプリントのメソッドを用いて、影響に拍車をかけるためには十分な小さなアクションを作れる。次に、その変化に効果があったかどうか測定する方法を定め、そこから教訓を引き出し、その教訓を、進行中のトランスフォーメーションの取り組みに織り込むことが肝要である。

測定し繰り返す

ここでおしまいにして、介入したスプリントの成功または試みを祝いたい衝動に駆られる

かもしれない（そこから何か重要なことを学ぶ限り、失敗は選択肢にすぎないことを忘れずに）。実験から得た教訓――実験が成功であれ失敗であれ――を理解することが重要であり、そうした教訓は、次回の実験に織り込める。大事なのは、実験で立ち止まらないことだ。成功が見込めそうな最小限の変化は、成功を収めたデジタルの成熟と等しいものではない。次の二つのステップが必要になる。

①変化を基に反復する。実験は、あなたの組織をデジタルの成熟に少しだけ近づけるには十分だったかもしれないが、実験を見直し、結果を改善するためにもう一度実験を試す必要があるだろう。最初に実験がうまくいくことはめったにないので、継続的に実験を行い、望ましい変化のレベルを達成するまで、その実験に磨きをかける必要がある。

②組織のその他領域へと変化を及ぼす。変化を起こすことに成功したならば、その変化を組織全体に推進できるようになる。デジタルに成熟している企業をその他企業と区別する主な要因は、こうした実験を行うことではなく、それを用いて組織全体に変化を推進することにあると、第14章で述べた。実験だけでは十分ではない。十分に実験して反復したならば、獲得した知識に基づき行動する必要がある。ここで、本書の第1章で述べた「思考は行動のためである」という言葉に立ち戻る。実験を利用して知識と行動のギャップを埋めよう。

　このプロセスから、たとえ最初は小さくても変化は可能だということを、あなたの組織が早く気づくように願っている。大切なのは、そうした小さなことが成熟できるようにすることと、その過程で支援することである。小さな勝利を積み重ねるうちに、組織のその他の部分もやがて賛同するようになり、トランスフォーメーションのスピードに急速に拍車がかかる。この実践的プロセスの結果として、あなたの組織のＤＮＡに新しい（組換え）ＤＮＡが注入され、常に変化する仕事の未来において成功するために必要なデジタル成熟度のレベルが向上する。

結び

カンザスに戻ることはできない

米国議会図書館によれば、『オズの魔法使』はこれまでアメリカでもっとも鑑賞された映画だそうだ。[1] もしあなたが、一九三九年の公開以来この映画を観た何百万人のうちの一人ならば、映画の最後に、ドロシーがカンザスの自宅で目を覚まし、「わが家に勝るところはない」という、印象的なセリフをつぶやいたのをご存じだろう。[2] 映画では、何もかもが一変したオズの旅は、ドロシーの夢だったとわかる。同じように、デジタルトランスフォーメーションの旅も夢だったらいいのにと、多くの人が思っているかもしれない。ジュディ・ガーランドの演じたドロシー・ゲールのように、デジタルディスラプションという竜巻が起きる前の世界に戻ることができたらと、多くの人が思っている。

この本と映画は、多くの点で違いがある。たとえば、ドロシーは原作で、ルビーの靴ではなく、銀色の靴を履いている。新しいテクニカラー映画の特色を活かすために、映画では靴の色が変えられたのだ。しかし、最大の違いは、ボームの原作では、ドロシーがオズへ行ったのは夢ではなかったことだ。ドロシーは実際にオズへ行くのだ。本書全体を通して明確にしようとしてきたように、デジタルディスラプションはこの世界の一部になっている。現在目の当たりにしている状況は、今後数十年間で激化する、長期にわたるディスラプションの一部にすぎないのだ。原作では、ドロシーが興奮に満ちたオズの旅を終えてカンザスに戻ったとき、カンザスが救いようのないほど退屈でつまらないところだと気づく。ドロシーはもとの生活に戻りたくなんかないと思う。未知の冒険のほうがいいと感じるのだ。

デジタル成熟度に関する調査を提示するとき、わたしたちは同じようなテーマが繰り広げられるのを見てきた。デジタル成熟をめざすプロセスを経た組織に雇用されていた人々は必ず、そのプロセスが苦痛に満ちていたと表現する。変化や破壊、新たな働き方を学ぶ必要性、そのどれにも相当な努力が求められる。その過程に不満や失敗はつきものだ。トランスフォーメーションに取り組むことは、竜巻でオズに連れて行かれたと気づくのと同じくらい不安だろう。それでも、デジタルトランスフォーメーションに向かう道を進んだ人たちの大半は、〝昔のやり方〟には決して戻りたくないと打ち明けた。イノベーティブなデジタル診断ツールを使う医師にしろ、高度なデジタルコラボレーションツールを使う専門家にしろ、ひとたびデジタルに成熟した働き方に移行したなら、新世界の仕事のほうがはるかに優れて生産的であると実感する。わたしたちの多くが、スマートフォンやパソコンのない日々に自ら望んで戻りたいとは思わないように、彼らはデジタルに成熟していない組織に戻りたいとは思わないのだ。

〝古いやり方〟に戻ることを選んだ社員は、より良いポジションを確保するために成熟していない企業に入るケースが多いのだが、その経験がどれほどいら立ちを覚えるか、しきりに訴える。もっと優れた効率的な方法があると彼らにはわかっているのに、彼らが入った組織は変化や、彼らには実現可能だとわかっている働き方に抵抗する。生産性と可能性の点で大きく後退したように感じられる。

もう戻ることはできない……

この気づきは、わたしたちの凝ったたとえが最後に意味することにつながる。わたしたちが本書で取り上げたデジタルディスラプションのストーリーは、今後数多く展開されるチャプターの一章にすぎないかもしれない。公平を期すために言うと、現時点でもうすでにデジタルディスラプションの第三章か四章まで進んでいるかもしれない――一九六〇年代から七〇年代のメインフレームから、一九八〇年代から九〇年代半ばにかけてパーソナルコンピュータへ、一九九〇年代後半から二〇〇〇年代のインターネットへ、そして、現在企業を破壊しているモバイル革命とアナリティクス革命へといたっている。とはいえ、連続するデジタルディスラプションのどこにわたしたちがいるにしても、ポイントは依然として変わらない。デジタルディスラプションのストーリーはとても終わりを迎えそうになく、今後さらに多くの章が書かれることになる。

デジタルディスラプションは当分終わらないだろう。新たなテクノロジーが主流になるにつれて——ブロックチェーン、AI、自動運転車、付加製造（3Dプリンティング）、仮想現実（VR）と拡張現実（AR）——そのテクノロジーを利用して、これまでと異なるやり方で事業を運営するにはどうしたらいいのか、企業は新たな問題に直面することになる。想像もつかないテクノロジーの進歩が次々と生まれることは避けられない。その進歩のスピードが飛躍的に伸び続けることを考慮すると、平均的働き手がキャリアを終えるまで、デジタルディスラプションの波を何度も経験する可能性はかなり高いだろう。

企業の幹部が現在のデジタルディスラプションに対処する際、本書の主要な教訓が役立つことを願う一方で、その知見の多くは、将来何度も訪れるディスラプションの波を乗り越える際にも有益だと信じている。たとえば、次のような具合に。

- 第1部で、デジタルディスラプションは基本的に人間に関する問題だと主張したが、将来のディスラプションでもそれが当てはまるだろう。個人や組織、そして社会は、それぞれ異なるペースでテクノロジーの変化に適応し、組織が現在経験している問題と同じような問題が繰り返される。ビジネスリーダーはやはり、不確実で急速に変わりゆく未来の環境で戦略を練る必要がある。企業も絶えず成熟する必要があるだろう。デジタルディスラプションがもたらす新たな現実に適したやり方で行動できるように、企業は自らを適応させなくてはいけない。
- 第2部では、デジタルビジネス環境における人材とリーダーシップの性質について述べた。教訓の多くも引き続き役立つだろう。未来のデジタルディスラプションの波に見舞われるときも、しなやかマインドセットはおそらく重要になる。誰もがやはり、デジタルに成熟している組織——将来それがどんな姿になっていても——で働きたいと思うはずだ。それに企業は、きわめて優秀な働き手を確保したいと考えるはずだ。リーダーシップに不可欠な特徴は将来も残っていると思うが、リーダーがその特徴をいかに発揮するかについては、環境にしたがい進化を続けるだろう。将来、仕事は今とはかなり違った姿になっているかもしれないが、わたしたちは仕事が今後も存在することを願っている。

・第3部では、デジタルの成熟に必須となる組織の特徴について取り上げた。このセクションは、現在のデジタル環境にもっとも沿った内容になっているので、未来のディスラプションの波にもっともさらされるだろう。ただし、実験の必要性、適切なリスクをとる必要性、コラボレーションの必要性は、未来のデジタルディスラプションの渦中でも、依然として重要であるはずだ。実験がどのように行われるのか、適切なリスクとはどのくらいなのか、どのように、誰と何とコラボレーションするのか、その答えは、現在デジタルに成熟している企業の姿とはかなり異なる可能性がある。

デジタルディスラプションへの最高の対応は継続的学習

デジタルトランスフォーメーションについての本は、（急激に）陳腐化する恐れがある。今日は目新しくても、明日はもう古臭く時代遅れになっている。かつて不可能に思われたことが、振り返って見ると、あって当然のことに思われる。[3]本書でフォーカスすべき点を思案した末に、わたしたちは陳腐化の脅威からは決して逃れられないという結論に達した。そこで、未来のディスラプションでもおそらく組織が直面すると思われる根本的な課題に集中することにした。とはいえ、たとえそうしても、本書の内容の一部は——当然ながら——やがて陳腐化するだろう。わたしたちがビジネススクールでデジタルディスラプションについて教えるとき、授業で示す実践的ガイダンスはどれも、五年後にはほぼ間違いなく時代遅れになるということを、生徒にははっきりと伝える。

個人がデジタル教育を続けるために大学に入学する必要はない。デジタルスキルの開発を目的とするデジタルコミュニティがオンラインにあふれているので、継続的学習には実に恵まれた時代を迎えている。コードアカデミーなどのサイトで、プログラミング言語学習ができる。MOOCs（Massive Open Online Courses 大規模公開オンライン講座）は、機械学習やR言語、データサイエンスなどのテーマについて深く掘り下げた講義を数多く提供する（おもしろいことに、MOOCsで人気を博している講義の一つは、学習方法を学ぶというテーマだ）。[4]TED talksは最先端の話題を取り上げ、従来のビジネス出版物による短い形式のコンテンツより、深い内容で洞察にあふれているものが多い。以上の講義や動画は公開されており、誰でも視聴できる。ツイッターでは、オピニオンリーダーを直接フォローできる。彼らのツイートは重要な見識を示していることも多く、本物の専門家とつながりをもてる。デジタルディスラプション関連以外の見識も得られる。たとえば、わたしたちは感謝祭の日にツイッターで、テレビ番組『トップ・シェフ』に出演していた人気シェフのトム・コリッチオのアカウントから、ターキーのレシピを入手した。

継続学習の必要性がかつてないほど高まっているが、継続学習を実践する機会も、かつてないほど増えている。当然ながら、真の専門家と、オンラインに同じくらいあふれている、自己宣伝する怪しげなセールスパーソンとを見分けられるように、まずデジタルリテラシーを十分に身につけることが必要になる。

組織のしなやかマインドセットを維持する

継続学習は組織レベルでも必要とされる。第8章では、個人レベルのしなやかマインドセットの概念を紹介したが、組織レベルのしなやかマインドセットが必要だと主張する学者もいる。ある種の特質は勤勉さによって得られるか強化されると、個人が理解する必要があるように、デジタルに成熟している組織の特質も、やはり勤勉さによって獲得できることを、組織もやはり理解する必要がある。

しなやかマインドセットの組織は、個人として、および組織としての学習を重視しており、複数の研究が、こうした組織をイノベーションとコラボレーションの向上、リスクテイキングに結びつけている。[5] キャロル・ドゥエックは、しなやかマインドセットに関する三つの

〝誤解〟を指摘しているが、これは、組織がデジタル成熟度を高めようとするときに陥る罠についても当てはまる。[6]

1. **わたしはすでにもっているし、いつももっている。**ドゥエックは、オープンマインドネスは、しなやかマインドセットと同じではないとしている。「個人の才能は（多大な努力、優れた戦略、他人からのインプットにより）育成されると信じる人は、しなやかマインドセットをもっている。……しなやかマインドセットは、柔軟性があることやオープンマインド、あるいは前向きな態度と混同されがちである」。オープンマインドであることや前向きな態度をとることは、新しい情報や視点を受け入れやすくなるので、学習に役立つ。しかし、それだけでは十分ではない。しなやかマインドセットには、困難を受け入れること、忍耐、学びと熟達をもたらす勤勉と努力が伴う。しなやかマインドセットを育てるには絶え間ない努力が必要になり、デジタルディスラプションの世界においては、このマインドセットの育成がとくに重要になる。

2. **しなやかマインドセットとは、努力を称え努力に報いることである。**ドゥエックは、実験のためだけの実験は、とくに役立つわけではないと述べている。実験、フィードバック、反復は、具体的な目標に向かって進むことをめざす。だからこそ、最後に「速く試す、速く学習する、速く評価する」を加えるべきだと、わたしたちは確信している。試すことは容易である。組織を望ましい目標に向けて動かす生産的学習は、容易ではない。

3. **しなやかマインドセットをとり入れさえすれば、良いことが起きる。** しなやかマインドセットがあると主張するだけでは、人はしなやかマインドセットを獲得できない。人はそれに応じて行動しなくてはいけない。同様に、組織は単に、デジタルだ、アジャイルだ、リスク許容性だと主張するだけでは、そうなることを期待できない。やはりそのように行動する必要がある。だが、デジタルトランスフォーメーションとなると、組織にはよく言葉と行動のギャップが生じることが、わたしたちのデータが示している。リーダーが抱く明るい展望と、社員の悲観的な見解との大きなずれがデータに見られる。しなやかマインドセットは、組織としてそれまでとは異なる行動をとるためのものである。

組織はしなやかマインドセットの育成に取り組むことができるし、取り組むべきである。これはデジタルの成熟のカギとなる側面である。

組織のデジタルリテラシーを構築する

デジタルリテラシーは、デジタルの成熟をもたらすために組織レベルにまで広げるべき二番目にカギとなるコンセプトである。個人のデジタル成熟度はやはり重要であるが、生産的なコミュニケーションとコラボレーションを可能にするために、組織は社員に対して、ある程度の基本的常識を身につけさせる必要がある。組織のデジタルリテラシーはおそらく、社員の平均的デジタルリテラシーではなく、社員の最低レベルのデジタルリテラシーだとみなすほうが、正しく定義されるだろう。第3章で示した考えのように、デジタルに成熟した方法で働くことができない、働きたくない少数の社員は、組織全体のペースを落としかねない。デジタルスキルをビジネスのニーズにかなうべく磨こうとしていない社員と決別する必要性を、調査回答者の幾人かが記していた。

全員が机を並べて仕事をするわけではないので、社員にまったく同じ知識を身につけてもらわなくてもいいと思うかもしれないが、彼らが互いにコミュニケーションをとれるようにはならないからといって、彼らにまったく異なる知識をもってほしいとは思わないだろう。はっきり言うと、デジタルリテラシーは、社員のパフォーマンスに実質的効果がほとんどない、時折開かれるＩＴ研修コースのためのものではない。むしろ、デジタルの世界で、社員が異なる働き方について考えられるように後押しするためのものなのだ。社員が適応しようとしている根本的現象について、基本的な実用的知識が彼らになければ、彼らはどうやって実験や反復をすることができるのだろうか？　確かに、個人は組織よりもテクノロジーに速く適応するかもしれないが、個人として自分自身の利益になるような形で適応するのだ。組織の利益になる形で適応することは、それよりも困難である。

多くの組織はほとんど、基本的なデジタルリテラシーを社員が身につけるように促していない。これは、組織のデジタルスキル育成に対して社員が不満を抱いていることを裏づける。さらに言えば、社員がデジタルリテラシーを高められるように、組織は社員に時間を与える必要がある。ある社員は、「わたしたちのCEOは、チャターを頻繁に使っているが、わたしは仕事を終えるために毎日一〇時間から一二時間働いている。チャターをチェックする時間などない」と言っていた。社員にデジタルスキルを磨く時間ができれば、彼らが仕事に費やす時間は一段と生産的になるかもしれない。

明るい側面を挙げれば、組織のデジタルリテラシーは、少しの労力で容易に手に入れられる。少しの新知識が学習結果にかなりの効果をもたらすことが多いと、学術研究で示されている。[7] ほんの少しのことで大きな効果をもたらせるのに、多くの組織は社員に、必要最小限の知識を身につける機会さえ与えていない。組織が社員のデジタルリテラシーを高める企画を本格的に実行しようとするならば、オンラインとオフラインの学習を組み合わせるアプローチが、最高の結果を生み出すことが多い。共同の場所での学習は、オンライン環境だけの学習よりも、関係が構築されて、生産的対話を生み出せる。だが、学習を対面環境に限れば、制約が多くなり生産的ではない。毎月、または四半期ごとに数時間集まったところで、組織のデジタルリテラシーに有意義な影響を与えられないだろう。それよりも、相互に強化するような形で、オンラインとオフラインの学習を組み合わせた環境が最高だと言える。オフラインのセッションでは通常、オンラインで生まれたコンテンツをさらに深く掘り下げて考察を加え、オンラインでオフラインの議論を継続する。こうしたオンラインのコミュニティを進行させることができたら、あなたの組織のデジタルリテラシーに、ひいては組織のデジタル成熟度に、重大な影響をもたらす可能性がある。

最後に……

組織のデジタルディスラプションへの対応法を探る旅に参加してくださったことに感謝する。本書は処方箋ではない。年間調査でわたしたちが浮き彫りにしたデジタルに成熟している組織の多くは、自分たちが現在の立場にどのように到達したのか、正確に説明しようとしてもきっと難しいだろう。わたしたちは、デジタルに成熟している組織に共通する特徴を明確にしようとし、こうした特徴を育み、磨き、高めるために組織がしていることを示そうとした。わたしたちの目標は、デジタルに成熟するとはどういうことかを解き明かし、その成熟の特徴を組織が際立たせられるように手を貸すことである。

一歩踏み出すための秘訣は、組織のもっとも成熟した部分を推進することではなく、むしろデジタルの成熟への障壁となっているものを崩すことだ。そうすることで、動き出そうとして待っていた、組織のその他の領域に力を与えられる。あなたがひとたび前へ進み始めたならば、あなたの企業は勢いを得て、それ以降の取り組みは容易になるだろう。たいていは最初の一歩が一番大変なのだ。大小にかかわらず、あなたの成功譚と、その過程で学んだ教訓をぜひともわたしたちに教えていただきたい。健闘をお祈りする！

謝辞

どんな取り組みもそうだが、本書を世に出すことができたのは、ひとえにわたしたち四人以外の大勢の人たちのおかげである。着想を授け、ここまでこぎつけるのに手を貸してくれた人たち全員をリストアップすることはできないので、代表的な人たちに感謝の言葉を述べたいと思う。

まず、ダグ・パーマー、デイヴィッド・キロン、ナターシャ・バックリーに感謝の意を表する。彼らは過去七年にわたり、わたしたちの研究パートナーを務め、デジタルとソーシャル・ビジネスの世界を探究した。とくにデータに関する詳しい知識をもち、本書の出版に協力してくれたナターシャには深く感謝する。また過去何年間も、わたしたちとともに働いてくれた研究チームのほかのメンバーにも、感謝の気持ちを伝えたい。アル・デア、スワティ・ガーグ、ニーナ・クルシュヴィッツ、サウラブ・リジュワニ、ダン・リム、ネジナ・ルード、アリソン・ライダーは、データやインタビューの記録、プログラム日程を探り、大小の任務を引き受けてくれた。データコーダーの、ローレン・ダレッサンドロ、ガブリエル・ハンロン、ダニー・ビアンコ、ケイティー・ゴールド、ジュリア・マクドナルド、アンナ・コップマンに御礼を申し上げる。

このプロジェクトを支持し信じてくれたポール・マイケルマンに感謝する。また、スポンサーになり支援してくれたデロイトのリーダーたち、マーク・コテリア、ロブ・フラッジーニ、ニダル・ハダッド、ジョン・ヘーゲル、アリシア・ハッチ、スザンヌ・コーンクル、アンディ・メイン、ジェフ・シュワルツ、エリカ・ヴォリーニには、感謝に堪えない。

ほかにも、キャリー・ブラウン、ヴァージニア・クロスマン、ヘザー・グラウバード、リサ・アイリフ、ケリー・モナハン、ステイシー・フィルポット、ブレナ・スナイダーマン、デボラ・ストラリク、エミリー・テイバーなど、多くの人たちが本書の執筆と出版に貢献してくれた。そして、過去数年間に、多忙なスケジュールから時間を割いてわたしたちのインタビューに応じてくれた何十人もの幹部たちに、心から感謝申し上げる。

最後に、本書に取り組んでいる間支えてくれた家族と友人たちに、感謝の気持ちを伝えたい。一緒に過ごせたはずの深夜と週末をあきらめ、わたしたちを励ましてくれて、本当にありがとう。

解題

「デジタルDNA」を実装する

田中公康（デロイト トーマツ コンサルティング）

〝デジタルトランスフォーメーション〟という言葉が、一部の人たちが話題にする言葉から、政府が取りあげるまでに一般化し、ある種のバズワード化して久しいが、その実態はどうであろうか。言葉だけが先行し、なかなか前に進まない、または成果が上がらない企業が多いのではないだろうか。

本書は、原文タイトルが *The Technology Fallacy: How People Are the Real Key to Digital Transformation* となっているように、デジタルトランスフォーメーションの鍵は、実はテクノロジーではなく人であると述べている。これは、世の人々がデジタルというキーワードから想起しがちなイメージとは真逆だ。たとえ適切なテクノロジーを選択しても、導入のみに焦点を当てる限り成功につながる可能性は低い。デジタル時代の混乱に対応するためには、企業文化をよりアジャイル（俊敏）で、リスク許容性が高く、実験的なものに変えていくことが鍵となる。

この三つの特徴は、まさに昨今の日本企業が必要と感じながら苦手としていることそのものであろう。ＡＩ、ビッグデータなどの派手な先端テクノロジーには興味・関心を示すが、どのようにそれらを実ビジネスにつなげていくのか、という局面において考えあぐね、行動に移すことができないというのが多くの日本企業の実態ではないだろうか。

この状況に対する一つの解となり得るのが、本書のキーワードとも言うべきデジタル時代に求められる組織的な特徴である「デジタルＤＮＡ」を実装していくことにほかならない。詳しくは本書第3部を読んでいただきたいが、デジタルな業務環境を構築し、意図的なコラボレーションを実現しながら、アジャイルで実験的な考え方を育んでいくべきという、まさに今の日本企業がデジタル時代に対応していくために強烈に求められている要素が解説されている。特に、デジタル特区などでデジタルトランスフォーメーションを推進しようとしている担当者（ＩＴ部門、経営企画部門、新規事業・イノベーション部門の方）にとって参考になるだろう。

また、第2部にはデジタル時代に対応した優秀な人材を定義・採用・確保するためのヒント（特にリーダーシップやマインドセット）が散りばめられているので、特に企業で人事関連業務に従事している方にはぜひ詳しく読んでいただきたい。

本書は、広くビジネスパーソンにとっても、今後のキャリアを考えるうえで示唆に富んでいる。スキルが陳腐化するスピードが速まっていくこれからの時代、ビジネスパーソンには学習し続けること（生涯学習）がより強く求められる。終身雇用・年功序列が制度疲労を起こす中で、自らのキャリアを主導的に構築していくためにどのような企業・職場を選んでいくべきか、考えさせられることも多いであろう。デジタル時代に対応した企業（本書では〝デジタル成熟度〟が高い企業）は、当然のごとく関連施策を積極的に打ち出しているが、どのようにそういった企業を見極めるかのヒントになるだろう。

残念ながら、日本企業のデジタルトランスフォーメーションに向けた取り組みは、海外企業と比較して相対的にかなり遅れている印象を受ける。その大きな要因はデジタル化に対する全社的な危機感の欠如、もしくは危機感の共有が不十分である点だ。特に、様々な日本企業との意見交換や議論を重ねるにつれて、現場レベルでの危機感とマネジメント層との意識の乖離が大きい点は否めない。本書の著者の一人で、デロイトの同僚でもあるガース・R・アンドラスとデジタルトランスフォーメーションについて議論した際も、日本企業の危機感の希薄さと動きの遅さに驚きを隠せない様子だった。企業でマネジメントを担っている方は、第1部をぜひ詳しく読んでいただき、世の中で起きている大きなうねりを感じていただきたい。本書を通して、いま一度読者の企業内でのデジタルトランスフォーメーションの必要性の喚起や、具体的なアクションへと繋げていって頂ければ幸いである。

第1部　デジタルディスラプションを乗り切る

第1部は、デジタルディスラプションが「これから起きること」ではなく、「既に起きている現在進行形の出来事」であり、対応・行動できないのはテクノロジーの問題ではなく、自分たち自身の意識の問題、特にリーダー層の問題であると述べられている。

まず、デジタルディスラプションが起きていることは認識しているが、マネジメント層・従業員ともに対応できていない。要因としては、テクノロジー知識が欠如しているマネジメント層が、この脅威を喫緊の課題として認知できておらず、またこの破壊的な変化によりビジネスのスピード感が従来のものと全く異なっていることも理解できていないことが挙げられる。また、従業員も過去の成功体験（能力の罠）に縛られ、特に大手企業ほど将来のために仕事のやり方を変えることを好まないことも大きな要因だ。デジタルビジネスがこれまでのビジネスと大きく異なるのは、より速いビジネススピード、学習しコラボする文化・マインドセット、多様な人材と柔軟なチーム組成、価値創出に焦点を当てた生産性の四つとなる。その中でも、今後は学習しコラボする文化・マインドセットが特に重要になる。これからの日本企業も、特に四〇代後半から五〇代のバブル世代の人材にとっては、この学び直しが生き残りの鍵になる。テクノロジーの基礎的な知識を常識として身につけ、過去の成功体験に縛られずに新しいスキル・仕事の仕方を学んでいくことを真剣に考える必要に迫られていると言える（第1章　デジタルディスラプションは周知の事実）。

コンシューマライゼーションという言葉に代表されるように、技術革新のスピードについていき、積極的に生活に取り入れているのは、企業ではなく個人だ。特に日本においては、従業員として働く環境よりも、個人として生活する環境のほうが、はるかに技術革新の恩恵を受けている（第2章　デジタルディスラプションで肝心なのは人間だ）。

デジタルディスラプションの脅威に対応するためには、デジタル成熟度を上げていくことが一つの解となる。デジタル成熟度とは、ゴールを定義して達成することを重視する考え方ではなく、絶え間ない継続的な取り組み・プロセスを通して環境変化に適応し、ギャップを埋めていくという考え方だ。技術環境の変化に対応するため、人・文化・業務・構造も一気通貫で足並みを揃えながら変化させ続けていく。特に日本企業は、過去一〇年の技術革新にすら組織が十分に適応しきれておらず、取り組み自体も散発的なものに留まっているように見受けられる。周回遅れ感は否めないが、動きだしたら早い日本企業の特徴に期待したい（第3章　デジタルトランスフォーメーションという誇大な表現を気にしない）。

デジタル成熟度を高めるためには、デジタル戦略が鍵となるが、これは必ずしも旧来型の戦略を示すものではない。短期構想を立てて実行に移し、そこから学ぶことで目標も再検討する。その過程を通してデジタルビジネスの全体目標を明確にする再帰的プロセスにほかならない。決して短期的思考だけをすればよいと言っているのではなく、一〇〜二〇年の長期的視野を持ちながら、一〜三年の短期のことを考える。環境変化が激しい時代にあって、めざす目標が絶えず動いていくのであれば、それにあわせて計画の立て方も変えるべきであろう。これは決してテクノロジーの話ではない。製造業型の計画策定・マネジメントアプローチに固執する日本企業にはパラダイムシフトが求められる（第4章　不確実な未来のためのデジタル戦略）。

デジタル戦略を考えるうえで、テクノロジーの特徴ではなく、テクノロジーが人と組織にどのような可能性をもたらすのか、という観点が重要となる。テクノロジーがもたらす可能性により、当初想定された活用方法以外のものが発見され、意外な効果を発揮する。ゆえに、単に目新しいテクノロジーを導入しても、効果や価値を創出していくのは難しい。むしろ、どのような価値を創出したいのか、そのために必要なテクノロジーは何か？　というアプローチのほうが適切だ。最近の日本企業がデジタルビジネス系の取り組みを推進しながら、うまくいかない原因やヒントは、このあたりにありそうな気がしてならない（第5章　デジタル戦略に対するダクトテープ的アプローチ）。

第2部　デジタル時代のリーダーシップと人材を再考する

第2部は、デジタル成熟度を上げるためにはリーダーシップがもっとも重要な要素となるが、（デジタル）リーダーシップの在り方は本質・基本もこれまでとはなんら変わらないと述べられている。ただし、リーダーシップ発揮の仕方はこれまでと異なっており、そこを理解したうえで正しく行動できるかが鍵になる。

まず、環境変化が激しいデジタル時代において、組織は測定可能な効率性から学習に重視するポイントを変えていく必要がある。リーダーには、答えを持っていることではなく、失敗も含めた様々な取り組みを通して早く学んでいくことを奨励しチームが答えを見つけられる環境を作れることが求められる。デジタルリーダーシップは、単にデジタルツールを使うことで魔法のように発揮できるものではない。しかし、日本企業の場合はもう少しデジタルツールを活用したリーダーシップの発揮・コミュニケーションを考えてもよいのかもしれない。第1部で述べたように、技術革新への対応の遅さ（技術音痴）は、今後のリーダーシップの発揮においても大きな課題となりうる（第6章　デジタルリーダーシップは魔法ではない）。

これからのデジタルリーダーに求められるスキルのうち、日本企業では、「ビジョン」「デジタルリテラシー」「変化指向型」の三つが課題となりそうだ。漸進的なアプローチや業務遂行を得意としてきた日本企業のマネジメント層・従業員にとって、この三つは大きな壁だ。しかも、デジタルリーダーシップは、フラット化がより求められるデジタル時代の組織においては、より幅広い層に求められる。組織の形を変えるだけでなく全員がデジタルリーダーシップの要素を意識して行動することが必要となる。具体的には、下位層ほど現場に近く多くの情報を得やすい環境にあるため、意思決定権限を与え、主体的にリーダーシップを発揮していくことを後押しする。ミドルアップ文化が根強い日本企業にとって、この点はむしろメリットかもしれない。前提として、無駄なすり合わせをなくし、意思決定プロセスを整理し、現場に権限委譲することが前提になることは言うまでもない（第7章　デジタルリーダーシップに違いをもたらすものは何か?）。

優れたデジタル戦略を実現するためには優秀な人材が必要となるが、必ずしもスキルフルな人材を指すわけではない。むしろ、継続的に学習していく志向をもつ人材が重要となる。デジタル時代はスキルの陳腐化が激しい社会であり、時代に即した新しいスキルを都度身に着ける生涯学習が大事となる。知能は後から身に着けられる（先天的ではない）ということを意識付け、組織自体の風土として、継続学習を後押しする「しなやか［成長］マインドセット（growth mindset）」を育てていくことが、優秀な従業員を確保するうえで特に重要となる。研修の機会のみならず、新しい業務経験を積める機会を積極的に提供することや、日本企業も新人の時だけ重点的に教育コストを払うのではなく、広い世代に学習を後押しする組織に変わっていくことが求められる。個人レベルで見ても、一部の元気なシニアは「しなやかマインドセット」を持っているように思われる。今後は、現役世代（特に四〇・五〇代）も積みあげた実績や経験を活かしながら、常にスキルをブラッシュアップしていくことが求められるようになる（第8章　デジタル人材のマインドセット）。

デジタル成熟度が高い企業は、人材獲得を教育で補っており、外部からの採用だけに頼っていない。十分に人材がいるかどうかではなく、人材開発のために何をしているかが今後はますます重要となる。人材開発に熱心ではない会社は、優秀な社員が流出するリスクが増大する。言い換えれば、人材流出を食い止めるためには、成長と発展の機会を与えることが有効となる。学びなおしには企業と従業員の双方にそれなりの覚悟が求められるだろうが、終身雇用が足かせになって人材ポートフォリオの再構築が進みにくい日本企業にはヒントとなるだろう。なお、本書では高頻度で意図的に様々な仕事に関与させることを「異なる職務の体験（ツアー・オブ・デューティ）」として紹介しているが、これは日本企業がこれまでやってきたジョブローテーションを、もう少し意図的かつ高頻度に行う取り組みだ。スクラムやアジャイルもそうだが、これまで日本企業がやってきた取り組みの良さを時代に即した形にアレンジしたともいえる（第9章　人材を引きつける組織にする）。

急速に発展するテクノロジーの進化によって、仕事の中身は変わり続けるだろうが、継続的に学習していく生涯学習者にとってはキャリアチェンジのチャンスとなる。硬直的な採用慣習や転職意識が残る日本において、キャリアを逆転させるチャンスが来ることを暗示している。いつの時代でもピンチはチャンスなのだ（第10章　仕事の未来）。

第3部　デジタル組織になる

第3部は、デジタル時代に対応した組織になるためには、デジタルな文化（アジャイル・コラボ・反復）を意図的に醸成していくことが不可欠であり、これまでの文化にデジタル組織の特徴「デジタルＤＮＡ」を組み込んでいくことが重要であると述べられている。

まず、デジタルトランスフォーメーションを推進していくためには、トップダウン型だけでは不十分で、文化主導型のボトムアップアプローチも重要となる。デジタル文化は決して自然発生的ではなく、かなり意図的に創られ、そして維持されている。グーグルの二〇％ルール、電子メール廃止などの例からも、環境整備による文化醸成は意図的であり強制力も伴う。日本企業の場合は、もう少しデジタルツールの活用を強制してもよいかもしれない。デジタルツールの活用があまりにも遅れており、いまだにメール依存の会社が多い状況を見ると、その必要性は明らかだ（第11章　デジタル環境を育てる）。

日本ではまだ馴染みがない言葉かもしれないが、アジャイルこそが組織が変化に対応していく手段となる。少人数・多様なメンバーでコラボし、特定テーマについて現場主導で解決にあたるクロス・ファンクショナルチームの考え方もヒントになる。野放図にならないように、価値観や倫理観の共有などを通して一定の規律を保てるマネジメント手法も併せて身に着けていく。日本ではPJ型組織の導入が一つの解になるかもしれない。その際、外部人材とコラボしていくスキルが特に重要となる。タレントマネジメントの観点からオープンタレント・ギグエコノミーの要素も組み込んでいく。年功序列・終身雇用を前提にした業務運営のままでは、日本企業はこれからの時代に勝ち残れない（第12章　アジャイル方法論で組織する）。

クロス・ファンクショナルを機能させるためには、偶然に頼るのでなく意図的なコラボレーションが求められる。推進に際しては、必要性の喚起とデジタルツールが鍵となる。誰がどのような情報をもっているのか、誰とどのようにつながっているのかは、デジタルプラットフォームで簡単に可視化することが可能だ。必要な情報やそのやり取りについても、同様に簡単に検索し閲覧できる。少し前までの日本企業は、新卒一括採用・終身雇用で会社とプライベートが一体化し、顔が見える関係を構築することで対応してきた。しかし、採用の多様化・入退職の多頻度化などで、今後は難しくなるだろう。働き方改革（コロナ対応によるリモートワークの急速な進展）などで薄れがちな職場内の人間関係・コミュニケーションを意図的に構築していくことが求められる（第13章　強さ、バランス、勇気、良識――意図的なコラボレーション）。

「速く失敗する。」これは伝統的な日本企業にとって一番苦手なことだ。安定が一番で変動や変化を少なくすることが美徳の企業にとって、大いに苦痛が伴う要素であろう。シックスシグマで有名なGEも時代の要請に応える形でファストワークというプログラムを開発した。成功か失敗かではなく、何を学んだかを重視・評価する意識に変えていかねばならない。学習がデジタル人材のマインドセットに不可欠であるように、成功・失敗の経験から学んでいく組織風土が不可欠になる。減点主義的な要素が色濃く、失敗を恐れる日本企業の意識・考え方を改めていく必要がある（第14章　速く試し、速く学習し、速く評価する）。

デジタル時代に求められるデジタルDNAを組み込み、これまでの強みを生かしながら新しいデジタル風土に変えていくことが重要だ。金太郎飴のようなステレオタイプ的な企業風土ではない、独自のデジタル風土を創造していくことが求められる。23個の特徴を把握し、何が足りなくて何を伸ばすべきなのかを把握・特定しよう。そのうえで、MVC（実用最小限の変化）の考え方を取り入れてまずは小さな成功体験を積み重ねていく。失敗を恐れずに、アジャイルに反復して経験を積んでいくことで、デジタル成熟度は高まっていくはずだ（第15章　前に進む――実践ガイド）。

ヒント：さらに本書をより深く理解したいのであれば、デロイトのレポート「デジタルトランスフォーメーションを成功に導くために――デジタルマチュリティを向上させる7つのケイパビリティ」（原文タイトル：Pivoting to digital maturity: Seven capability central to digital transformation）も併せて読むことを推奨する。

解説――DXの本質

三谷慶一郎（NTTデータ経営研究所）

DXは技術だけではない

「DX（デジタルトランスフォーメーション）は、技術を導入するだけでは実現しない」ということが本書の最大のメッセージである。

昨今、DXは企業における重要な経営課題として捉えられるようになってきてはいるが、国内の現状を見る限り、残念ながら必ずしも大きな成果をあげるまでには至っていないようだ。たくさんの企業が、先端のデジタル技術を導入し、PoC（概念実証）を実施してはいるが、実際のビジネスにうまくつながったケースは多くはない。

本書で述べられているメッセージとそれをバックアップする大量の調査データは、このような状況にある日本企業にとって、ブレークスルーのための貴重なヒントになるだろう。

新技術の出現が成果に結びつくまで長い時間がかかるという現象は、過去の産業革命においても見られた。一八世紀初頭に蒸気機関が発明されたことをきっかけとした第1次産業革命においても、一九世紀後期に発電機の発明によって始まった第2次産業革命においても、実質的な経済成長が見えてくるまでに数十年の時間がかかっている。これは、新しい技術を有効に活用するためのスキルを従業員が身につけたり、工場の建築や管理方法の確立などといった必要な環境を整備したりするまでに相当の時間が必要になるためだと言われている。本書では同様のことを、「個人・企業・社会が技術変化に対応するスピードには、技術そのものの進展に比べてギャップがある」と表現している。DXを大きな成果に結びつけていくには、産業革命と同様に、技術の適用だけではなく、人材や組織の変革が求められるのだ。

現在DXが注目されているのは、様々なデジタル技術の進展が背景にあるのは事実だ。しかし、喧伝されているデジタル技術の多くは実は最近発明されたものではない。IoTというコンセプトがケビン・アシュトンによって提唱されたのは一九九九年であるし、VRがアイバン・サザランドによって開発されたのは一九六八年である。人工知能において一世を風靡しているディープラーニングに至っては、その原型は一九五七年というはるか昔に提示されている。

そんな昔の発明品になぜ今注目が集まっているか、これには明快な答えがある。デジタル技術が指数関数的に発展し、コストパフォーマンスが爆発的によくなったからである。その結果として昔から構想されてはいたが、コストがかかりすぎるために実用化に至っていなかったことが、容易に実現できるようになったのである。デジタル技術が、誰にでも容易に扱えるものになったこと、すなわち「コモディティ化（日用品化）」したということが、今のDXブームの生まれた背景にある。

逆に言えば、企業がデジタル技術を導入することのハードルは高くない。つまり、デジタル技術の導入そのものが企業の優位性につながることはあまり期待できないということだ。それよりも、企業内の人材や組織が導入したデジタル技術を有効に使える力を持つかどうかが、大きな差異化の源泉に成り得る。

変化を恐れず、自らの成長を信じられる人材

まず、必要となる人材についてである。本書では、DXを推進するリーダーに必要なスキルについての調査を行っている。興味深いのは、何よりも重要に思える「テクノロジーの理解があること」以上に、「変革的ビジョンを構築すること」が重要だという結果が出ていることだ。これは環境変化がビジネストレンドにどのような影響を与える可能性があるかを予測できること、その上で、組織がめざすべきゴールを設定することができるというスキルである。現在は「VUCAの時代」と言われている。VUCAとは変動性・不確実性・複雑性・曖昧性の頭文字を取った言葉で、「先行きが見えない環境」であることを示している。変化が激しくかつ非連続的であるために、従来のセオリーが全く使えない状態、このような環境下では組織が向かうべき方向は誰にもわからない。この状況下でゴールを指し示すことができる人材が求められるということだろう。同じく「変化指向型であること」というスキルも重視されている。本書では、オープンマインド・適応性・イノベーティブなどの特徴を持つと説明されている。乱気流のような、必ずしも予期していない環境変化に対しても、前向きな姿勢で変化に追従できる人材が必要なのだ。

さらに本書では、デジタル人材は、「しなやかマインドセット（growth mindset）」を持つべきと述べられている。しなやかマインドセットとは、スタンフォード大学のキャロル・ドゥエックによって定義されたもので、「自らの知能、才能や人格は成長できる」と信じられる人が持つ心構えを意味する。

ＤＸ推進は、上司からの指示に従うだけで到達できることでは決してない。その難題に対し、しなやかマインドセットを持つ人材は挑戦を喜んで受け入れるという。また、他人からの批評に対してそれを排除するのではなく、学ぶ姿勢を示すそうだ。失敗を繰り返しながら新しいデジタルビジネスを開発していくためには、必要不可欠な資質だと言える。

「しなやかマインドセットを持つ人材は、デジタル人材として社内の人を抜擢しようとする傾向が強い」と述べられていることもなかなか興味深い。国内企業では、「ＤＸを推進する人材など社内にはいないので、外部から獲得したい」という声をよく聞く。しかし、日本企業にはたくさんの優秀なメンバーが所属している。機会を与え経験を積ませることで強力な戦力になるポテンシャルは十分にあると思う。また、本書でも触れられているとおり、スキルを磨く機会を与えることにより、優秀なメンバーが離職する確率が大きく低下するということも重要な側面である。

ただし、同時に考えてしまうのは、これまでに日本において企業において求められ、育てられてきたのは、既にある仕事を大過なく確実にこなすスキルを持った人材であったということだ。高度成長期において企業が効率化に向かって突き進む中で、必要とされた人材像であることは間違いないだろうが、これまで述べてきたデジタル人材像にはほど遠い。既存の人材をデジタル人材にいかにシフトさせていくかは、日本企業共通の大きな課題だと考える。

試行錯誤できる組織

次に組織についてである。本書では、経営者の指示によりDXを現場に「押し付ける」のではなく、DXが生じる用意が整った状態を作ることによりDXを「引き寄せる」というボトムアップのアプローチが重要だと述べている。さらに、デジタル環境の変化とスピードに対応するために組織はアジャイルを指向、つまり俊敏性、機動性を持つべきだということが示されている。

そのためには現場への徹底的な権限の委譲が大前提になる。組織に従う個人ではなく、個人が主になり組織がその行動を支援していく自律分散型の組織をめざす必要がある。計画に沿ったアクションを逐次的に行うのではなく、例えば顧客の声などのフィードバックを能動的に活用しながらやるべき活動を更新し続けていく、いわば「試行錯誤ができる組織」になることが重要になる。そして、それは積極的にリスクを取りにいける組織になるということだ。

「二〇世紀に創設された企業のほとんどは効率性と生産性に最適化されており、変動を除外し、実験を減らし、リスクを最小化するようになっている」。本書のこのメッセージはかなり重い。日本でもモノづくりを中心とした企業あるいは社会の構造が強固につくられている。特定のモノをより効率的に、より高品質につくる。その目的に特化した組織を構築し、これによって日本は一時期世界有数の競争力を保持していたのは事実ではある。

しかし残念ながら、この環境がそのままDXの阻害要因になってしまっている。リスクを極力排除するマネジメントは、改めて述べるまでもなく新しいビジネスの萌芽を摘んでしまう。品質へのこだわりによって、企業は品質が保証された完成品でないと決して市場にはサービスをローンチさせない。品質がスピードより優先される組織には俊敏性など生まれるわけもない。そして、一度ローンチさせたサービスが少しでも顧客に受け入れられていないように見えれば、たちまち廃止し二度と再起動させない。サービスをアップデートしながら成長させていく発想がないこと、これもDXを推進するうえでは大きな欠点だろう。過去の日本の大きな成功が、既存のビジネスを「深化」させることのみを徹底的に追求させてしまい、新しいビジネスの「探求」を疎かにしてしまっていることは間違いない。

日本だけでなく世界的に見ても大企業がDXを推進し、自らのビジネスを抜本的に変革したというケースは多くは見られない。他方、デジタル技術の力を見事に使いこなしたスタートアップ企業は世界中で数多く生まれ続けている。これはまさに昔成功した既存のビジネスの存在そのものがDXの推進を妨げるという証左ではないだろうか。

過去の成功という柵（しがらみ）を捨て去り、いかにして「試行錯誤できる組織」を実装していくかを考えていくべきである。

デジタルガバナンス・コード

人材と組織の変革がＤＸ実現に向けて必要不可欠であることを強く裏付ける動きも出てきている。私も少しお手伝いしているが、経済産業省が二〇一九年から推進している「デジタルガバナンス・コード」の検討がそれである。

デジタルガバナンスとは、ＤＸを継続的かつ柔軟に実現することができるよう、経営者自身が、明確な経営理念・ビジョンや基本方針を示し、その下で、組織・仕組み・プロセスを確立し、常にその実態を掌握し評価をすることを意味する。そして、デジタルガバナンス・コードとは、このデジタルガバナンスを実現するための行動原則を具体化したものである。

現在検討中のデジタルガバナンス・コードの中には「組織づくり・人材に関する方策」という項目が含まれている。これは、「企業は、デジタル技術を組み込んだ戦略の推進に必要な体制を構築するとともに、組織設計・運営の在り方について、ステークホルダーに示していくべきである。その際、人材の確保・育成や外部組織との関係構築・協業も、重要な要素として捉えるべきである」という考え方に基づくもので、まさに本書で語られている内容と多くの部分で合致する。さらに、経済産業省は、企業がデジタルガバナンス・コードに基づいた行動を実施していることを公的に認定する制度を構築することも視野に入れている。デジタルガバナンス・コードの認定を今後取得しようとする企業にとって、本書の内容はとてもよい参考となるだろう。

コロナ禍におけるデジタルの有効性

もうひとつ、この時期に発刊される書籍として、どうしても触れておきたいのが、新型コロナウィルス感染症（以下、新型コロナ）についてだ。新型コロナは人間の健康と経済活動の双方に同時に大きなダメージを与える強力な厄災である。二〇二〇年一月以降、あっという間に世界全体に感染範囲は広がり、日本においても四月には緊急事態宣言が発令された。宣言自体は解除されたものの、まだまだ先の見えない状況にある。

新型コロナへの対応のために、様々な場面でデジタル技術が活用された。三密を避け、非接触、非対面で社会生活を継続するためには、デジタル技術は強力な武器になる。これまであまり普及していなかったテレワークがあっという間に広がり、オンライン会議は日常的な光景となった（この解説文もStay Home期間に書いている）。

オンライン診療についても、初診対面原則という以前からあったポリシーが、経済財政諮問会議等の議論を経て時限的措置であるが見直され対応が進み出している。また、キャンパスは閉鎖されたままだが、ほとんどの大学ではオンラインでの授業が行われている。社会のいたるところでDXが半ば強制的に始まったとも言えるだろう。デジタル技術にあまり馴染みのなかった人も含め、たくさんの人々がこの技術に触れ、その効果を実感したことの意義は大きい。「オンライン・ファースト社会」の実現に向けて、我々はもう歩みを止めるわけにはいかない。

デジタルを阻害する課題

一方、今回の経験を通して、この社会には、デジタル技術の活用を阻害する課題がまだまだたくさん存在することも残念ながら浮き彫りになってしまった。

重要書類の社外へのデータ持ち出しの禁止や、業務システムへのアクセスをオフィス内に制限していることにより、在宅勤務そのものが制約を受けるケースが見られた。うまくテレワークができたとしても、上司からハンコをもらうために通勤電車に乗って出社せざるを得ないという声もあがった。せっかくの特別定額給付金なのに、電子申請したにもかかわらず、対応する役所側に大きな作業負担が発生し、口座へ振り込まれるまでにかなりの時間がかかってしまった。マイナンバーカードの受け取りは対面で行うことになっているため、結果として役所に行列ができてしまった。大事な感染者数の集計作業なのに、紙書類で申請し、FAXで回収しているやり方だったため、残念ながらミスが発生してしまった。いずれも今回のコロナ禍において報道された現象である。

この背景には、紙書類や押印が前提となっている業務プロセスや、厳密な本人確認への要求、厳しいセキュリティポリシーの存在、個人情報保護への強力な配慮などがあることは間違いない。そして、これらはいずれもデジタル技術の話では全くない。「デジタル技術を導入するだけでは、十分な効果をつくり出すことはできない」という、まさに本書のメッセージがいみじくも確認されてしまったということだろう。

既に政府等でこれらに対応していくための議論は始まっている。しかし、より重要なことは、これらの課題が、以前から認識されていていたにもかかわらず、そのまま放置されていたことである。なぜ、このような状況になってしまったのか、その答えも実は本書の中にある。企業や役所等の多くの主体が、自らを変化させることを拒み、恐れたからだ。過去の成功体験を忘れられず、当時の環境に適した制度や慣習を後生大事に守り続け、それを変えるリスクを取ろうとしなかったからなのだ。

不確かな未来への対応

繰り返しになるが、「変化を恐れない人材」と「試行錯誤できる組織」を早急に創り出さなければならない。今回のコロナ禍が収束したとしても、近い将来、我々の想像を超える新たな厄災が発生することは十分考えられる。ＩＭＦの専務理事が「不確実性の高まりこそが新しい常態（ニューノーマル）である」とコメントしていたが、まさにその通りだと言える。

本書の原題には“Fallacy”という単語が入っており、これは「誤謬」という意味にとるのが一般的である。しかし、司馬遼太郎が、自分の小説の中で、「Fallacyが見える」ことを「本質を見抜く」ことだと意訳する場面があることも付け加えておく。

「不確かな未来に対応していくために、自己変革をし続ける能力を持つこと」それこそが「ＤＸの本質」なのだろう。

原註

序章

1. 本書は以下の記事に基づく。 G. C. Kane, D. Palmer, A. N. Phillips, D. Kiron, and N. Buckley: “Strategy, Not Technology, Drives Digital Transformation,” MIT SMR Report on Digital Business, July 14, 2015, https:// sloanreview.mit.edu/projects/strategy-drives-digital-transformation/; “Aligning the Organization for its Digital Future,” *MIT SMR* Report on Digital Business, July 26, 2016, https://sloanreview.mit.edu/projects/aligning-for-digital-future/;“Achieving Digital Maturity,” *MIT SMR* Report on Digital Business, July 13, 2017,https://sloanreview.mit.edu/praojects/achieving-digital-maturity/; and “Comingof Age Digitally: Learning, Leadership, and Legacy,” *MIT SMR*/DeloitteReport on Digital Business, June 5, 2018, https://sloanreview.mit.edu/projects/coming-of-age-digitally/.

第 1 部 ……………………………………………………………………

第 1 章

1. Jeffrey Pfeffer and Robert I. Sutton, The Knowing Doing Gap (Boston: Harvard Business School Press, 1999), 1, 246. [ジェフリー・フェファー、ロバート・I・サットン『実行力不全――なぜ知識を行動に活かせないのか』長谷川喜一郎・菅田絢子訳、ランダムハウス講談社、2005 年]
2. Kane et al., “Coming of Age Digitally.”
3. ウォルト・ケリーが 1970 年 4 月 22 日のアースデーのために描いたポスター。次のサイトで紹介されている。This Day in Quotes, April 22, 2015, http://www.thisdayinquotes.com/2011/04/we-have-met-enemy-andhe-is-us.html.
4. A. Abbatiello, D. Agarwal, J. Bersin, G. Lahiri, J. Schwartz, and E. Volini, “The Workforce Ecosystem: Managing beyond the Enterprise,” 2018 Global Human Capital Trends report, Deloitte Insights, March 28, 2018, https://hctrendsapp .deloitte.com/reports/2018/the-workforce-ecosystem.html.

第 2 章

1. Gerald C. Kane, “Digital Disruption Is a People Problem,” *MIT SMR*, September 18, 2017, https://sloanreview.mit.edu/article/digital-disruption-is-a-people-problem/.
2. Everett M. Rogers, *Diffusion of Innovations* (New York: Free Press, 1962). [エベレット・M・ロジャーズ『イノベーション普及学』青池慎一・宇野善康監訳、産能大学出版部、1990 年（third edition の翻訳）。エベレット・ロジャーズ『イノベーションの普及』三藤利雄訳、翔泳社、2007 年（fifth edition の翻訳）]

3. テクノロジーの採用曲線はよく知られており、多数の派生著作物のテーマとなっている。そのなかでもっとも有名な書籍は、*Crossing the Chasm*, by Geoffrey A. Moore (1991; rev. ed., New York: Harper Business Essentials, 2014)［ジェフリー・ムーア『キャズム』翔泳社、川又政治訳、2002 年、ジェフリー・ムーア『キャズム Ver.2 増補改訂版 新商品をブレイクさせる「超」マーケティング理論』川又政治訳、翔泳社、2014 年］である。ムーアによれば、アーリーアダプターとマスマーケットの間には深い溝があり、導入の過程は不連続的だという。
4. Kenneth Kiesnoski, "The Top 10 US Companies by Market Capitalization," CNBC, https://www.cnbc.com/2017/03/08/the -top-10-us-companies-by-market-capitalization.html（最終更新日 2017 年 10 月 24 日）.
5. Ron Kohavi and Stefan Thomke, "The Surprising Power of Online Experiments,"*Harvard Business Review* 95, no. 5 (September-October 2017): 74.
6. Andrea Huspeni, "Why Mark Zuckerberg Runs 10,000 Facebook Versions a Day," *Entrepreneur*, https://www.entrepreneur.com/article/294242. 2017 年 7 月 25 日アクセス。
7. Oliver E. Williamson, *Markets and Hierarchies: Analysis and Antitrust Implications, a Study of the Economics of International Organization* (New York: Free Press, 1975) ［オリヴァー・イートン・ウィリアムソン著『市場と企業組織』浅沼萬里・岩崎晃訳、日本評論社、1980 年］
8. Robert M. Grant, "Toward a Knowledge-Based Theory of the Firm," *Strategic Management Journal* 17 (1996): 109–122.
9. Wesley M. Cohen and Daniel A. Levinthal, "Absorptive Capacity: A New Perspective on Learning and Innovation," *Administrative Science Quarterly* 35, no. 1(1990): 126, 128.
10. 同上、131。
11. Shaker Zahra and Gerard George, "Absorptive Capacity: A Review, Reconceptualization, and Extension," *Academy of Management Review* 27, no. 2 (2002):182–203.

第 3 章

1. David A. Nadler and Michael L. Tushman, "A Model for Diagnosing Organizational Behavior," *Organizational Dynamics* 9, no. 2 (1980): 35–51.
2. Rita Rani Talukdar and Joysree Das, "A Study on Emotional Maturity Among Arranged Marriage Couples," *International Journal of Humanities and Social Science Invention* 2, no. 8 (August 2013): 16–18.
3. 米国最高裁のジャコベリス対オハイオ事件判決で、スチュワートは次のように記した。「本日、その記述の類に含まれると理解する題材の種類［ハードコアポルノ］について、わたしはこれ以上定義を行うつもりはない。わたしはおそらく明瞭に定義することはできないだろう。だが " それを見ればわかる "。本件で問題

となった映画は、それに該当しない」。詳しくは、コーネル・ロースクールの法律情報研究所のサイトの "Jacobellis v. Ohio"（https://www.law.cornell.edu/supremecourt/text/378/184）を参照のこと。2017 年 10 月 15 日アクセス。

4. ウェブサイト *The Start-Up of You*, http://www.thestar t upofyou.com/ . 2017 年 10 月 15 日アクセス。

第 4 章

1. ウェブサイト *Leading Digital* , http://www.leadingdig italbook.com/. 2017 年 10 月 25 日アクセス。
2. ウェブサイト *Machine, Platform, Crowd*, http://books.wwnorton.com/books/Machine-Platform-Crowd/. 2017 年 10 月 25 日アクセス。
3. "Books and Research," DavidRogers.biz, http://www.davidrogers.biz/books-research/. 2017 年 10 月 25 日アクセス。
4. ウェブサイト *Platform Revolution*, http://books.wwnorton.com/books/detail.aspx?ID=4294993559. 2017 年 10 月 25 日アクセス。
5. ジョン・ギャラガーのウェブサイト、http://gallaugher.com/book/. 2017 年 10 月 25 日アクセス。
6. この現象の皮肉な側面を知るには次を読むといい。 "Good to Great to Gone," *Economist*, July 7, 2009, http://www.economist.com/node/13980976.
7. James G. March, "Exploration and Exploitation in Organizational Learning,"*Organization Science* 2, no. 1 (1991): 71–87.
8. Charles A. O'Reilly and Michael L. Tushman, "The Ambidextrous Organization,"*Harvard Business Review* 82, no. 4 (2004): 74–81.
9. John Hagel and John Seely Brown, "Zoom Out/Zoom In: An Alternative Approach to Strategy in a World That Defies Prediction," Deloitte Insights, May 16, 2018, https://www2.deloitte.com/insights/us/en/topics/strategy/alternative-approach-to-building-a-strategic-plan-businesses.html.
10. Gerald C. Kane, "Predicting the Future: How to Engage in Really Long-Term Strategic Digital Planning," *Big Idea: Digital Leadership* (blog), *MIT SMR*, May 3, 2016, https://sloanreview.mit.edu/article/predicting-the-future-how-to-engage-in-really-long-term-strategic-digital-planning/.
11. "Olo's Dispatch Brings On-Demand Delivery Service to Restaurants and Consumers Nationwide: Integrated Handoff to Delivery Partners Yields Transit Times under 700 Seconds on Average," Business Wire, September 14, 2016, https://www.businesswire.com/news/home/20160914005244/en/Olo%E2%80%99s-Dispatch-Brings-On-Demand-Delivery-Service-Restaurants.
12. Supantha Mukherjee, "Amazon Is Gearing up to Deliver Food from Restaurants like Chipotle, Applebee's, and Shake Shack," *Business Insider*, September 22, 2017, http://www.businessinsider.com/r-food-

ordering-company -olo-ties-up-with-amazon-restaurants-2017-9.

第 5 章

1. James J. Gibson, *The Ecological Approach to Visual Perception* (Boston: Houghton Mifflin Harcourt, 1979), 127. [J・J・ギブソン『生態学的視覚論——ヒトの知覚世界を探る』古崎敬・古崎愛子・辻敬一郎・村瀬旻訳、サイエンス社、1985 年]
2. Carliss Baldwin and Kim Clark, *Design Rules*, vol. 1, *The Power of Modularity*(Cambridge, MA: MIT Press, 2000). [キム・クラーク、カーリス・ボールドウィン『デザイン・ルール——モジュール化パワー』安藤晴彦訳、東洋経済新報社、2004 年]
3. David M. Ewalt, "The Other Greatest Tool Ever," *Forbes*, March 15, 2006, https://www.forbes.com/2006/03/14/tools-duct-tape_cx_de_0315ducttape.html.
4. アマゾンの本のカテゴリーを「ダクトテープ」で検索した結果。https://www.amazon.com/s/ref=nb_sb_noss_2?url=search-alias%3Dstripbooks&field-keywords=duct+tape&rh=n%3A283155%2Ck%3Aduct +tape. 2017 年 10 月 25 日アクセス。
5. @RKRosengard, "Tips for Engaging Live: How Automakers Used Periscope at #NYIAS," Twitter Marketing (blog), March 31, 2016, https://blog.twitter.com/marketing/en_us/a/2016/tips-for-engaging-live-how-automakers-used-periscope-at-nyias.html.
6. Jamie Moore, "What It Means to Be a Black Belt," International Taekwon-Do Federation, April 12, 2006, http://www.itf-administration.com/articles .asp?arturn=668.
7. Matt Rocheleau, "The Pedestrian Buttons at Crosswalks? They Don't Actually Do Anything," *Boston Globe*, July 24, 2017.
8. David McRaney, "Placebo Buttons," *You Are Not So Smart*, February 10, 2010, https://youarenotsosmart.com/2010/02/10/placebo-buttons/.
9. John Gallaugher, *Information Systems: A Manager's Guide to Harnessing Technology, v. 6.0* (Boston: FlatWorld, 2017).
10. 同上。
11. Paul M. Leonardi, "When Does Technology Use Enable Network Change in Organizations? A Comparative Study of Feature Use and Shared Affordances,"*MIS Quarterly* 37, no. 3 (2013): 749–775.
12. レオナルディと彼の仕事に関しては、カリフォルニア大学サンタバーバラ校テクノロジー・マネジメント・プログラムのウェブサイトに記載された経歴を参照のこと。https://tmp.ucsb.edu/about/people/paul-leonardi/home. 2017 年 10 月 25 日アクセス。

第 2 部

第 6 章

1. Guatam Mukunda, “Jefferson and Lincoln: Different Leaders for Different Times,” *Fortune*, February 18, 2013, http://fortune.com/2013/02/18/jefferson-and-lincoln-different-leaders-for-different-times/.
2. John Hagel, John Seely Brown, Andrew de Maar, and Maggie Wooll, “Beyond Process: How to Get Better, Faster as ‘Exceptions’ Become the Rule,” Deloitte Insights, November 13, 2017, https://www2.deloitte.com/insights/us/en/topics/talent/business-process-redesign-performance-improvement.html.
3. ヨハンセンの研究は次のサイトによくまとめられている。B. R. Erick Peirson, “Wilhelm Johannsen’s Genotype-Phenotype　Distinction,” *The Embryo Project Encyclopedia*,　December 7, 2012, http://embryo.asu.edu/pages/wilhelm-johannsens-genotype-phenotype-distinction.
4. S. R. Barley, “The Alignment of Technology and Structure through Roles and Networks,” *Administrative Science Quarterly* 35, no. 1 (1990): 61–103.
5. Arthur C. Clarke, *Profiles of the Future: An Inquiry into the Limits of the Possible* (New York: Popular Library, 1973). [アーサー・C・クラーク『未来のプロフィル』福島正実・川村哲郎訳、早川書房、1966 年、文庫版 1980 年]

第 7 章

1. Shamel Addas, Alain Pinsonneault, and Gerald C. Kane, “Converting Email from a Drain into a Gain,” *MIT SMR* 59, no. 4 (Summer 2018), https://sloanreview.mit.edu/article/converting-email-from-drain-to-gain/.
2. Robert D. Austin and David M. Upton, “Leading in the Age of Super-Transparency,” *MIT SMR* 57, no. 2 (Winter 2016), https://sloanreview.mit.edu/article/leading-in-the-age-of-super-transparency/.
3. Kane et al., “Coming of Age Digitally.”

第 8 章

1. この問題に関する有益な考察としては次を参照のこと。Anthony J. Bradley and Mark P. Mc-Donald, “People Are Not Your Greatest Asset,” *Harvard Business Review*, December 6, 2011, https://hbr.org/2011/12/people-are-not-your-greatest-a.
2. Larry Abramson, “Sputnik Left Legacy for U.S. Science Education,” NPR, September 30, 2007, http://www.npr.org/templates/story/story.php?storyId=14829195.
3. Dennis Vilorio, “STEM 101: Intro to Tomorrow’s Jobs,” *Occupational Outlook Quarterly*, Spring 2014, 3–12.
4. Carol S. Dweck, *Mindset: The New Psychology of Success* (New York:

Ballantine Books, 2006). [キャロル・S・ドゥエック『マインドセット「やればできる!」の研究』今西康子訳、草思社、2016 年、増補改訂版]

5. G. C. Kane, D. Palmer, A. Phillips, and D. Kiron, "Is Your Business Ready for a Digital Future?" *MIT SMR* 56, no. 4 (Summer 2015). http://staging.mitsmr.io/article/is-your-business-ready-for-a-digital-future/.
6. "How Companies Can Profit from a 'Growth Mindset,'" *Harvard Business Review*, November 2014, https://hbr.org/2014/11/how-companies -can -profit -from-a-growth-mindset.
7. 同上。
8. 同上。
9. K. Monahan, T. Murphy, and M. Johnson, "Humanizing Change: Developing More Effective Change Management Strategies," *Deloitte Review,* no. 19 (July 14, 2016), https://www2.deloitte.com/insights/us/en/deloitte-review/issue-19/develo ping-more-effective-change-management-strategies.html.

第 9 章

エピグラフ:『シェ・パニーズについて』。シェ・パニーズ・レストラン・アンド・カフェのウェブサイト。http://www.chezpanisse.com/about/chéz-panisse/. 2018 年 1 月 19 日アクセス。

1. ウィキペディア "Chez Paniss," https://en.wikipedia.org/wiki/Chez_Panisse (最終更新日 2018 年 8 月 5 日).
2. *Superbosses*: *How Exceptional Leaders Master the Flow of Talent,* Tuck School of Business at Dartmouth, http://www.superbosses.com/. 2018 年 1 月 19 日アクセス。
3. "Olo's Dispatch Brings On-Demand Delivery Service to Restaurants and Consumers Nationwide: Integrated Handoff to Delivery Partners Yields Transit Times under 700 Seconds on Average," Business Wire, September 14, 2016,https://www.businesswire.com/news/home/20160914005244/en/Olo%E2%80%99s-Dispatch-Brings-On-Demand-Delivery-Service-Restaurants.
4. Thomas Peters and Robert H. Waterman Jr., *In Search of Excellence* (New York:HarperCollins, 2004), 289. [トム・ピーターズ、ロバート・ウォーターマン『エクセレント・カンパニー』大前研一訳、英治出版、2003 年]
5. Anne Fisher, "Management by Walking Around: 6 Tips to Make It Work," *Fortune*, August 23, 2012, http://fortune.com/2012/08/23/management -by -walking-around-6-tips-to-make-it-work/.

第 10 章

1. "Luddite," *Urban Dictionary*, April 24, 2004, https://www.urbandictionary.

com/define.php?term=luddite.

2. Richard Conniff, "What the Luddites Really Fought Against," *Smithsonian Magazine*, March 2011, https://www.smithsonianmag.com/history/what-the-luddites-really-fought-against-264412/.
3. 同上。
4. Arwa Mahdawi, "What Jobs Will Still Be Around in 20 Years?" *Guardian*, June 26, 2017, https://www.theguardian.com/us-news/2017/jun/26/jobs-future-automation-robots-skills-creative-health.
5. David Autor, "Will Automation Take Away All Our Jobs?" TEDxCambridge, September 2016, video, 18:38, https://www.ted.com/talks/david_autor_why_are_there_still_so_many_jobs.
6. Ian D. Wyatt and Daniel E. Hecker, "Occupational Changes during the 20th Century," *Monthly Labor Review*, March 2006, https://www.bls.gov/mlr/2006/03/art3full.pdf.
7. Reid Wilson, "Census: More Americans Have College Degrees than Ever Before," Hill, April 3, 2017, http://thehill.com/homenews/state-watch/326995-census-more-americans-have-college-degrees-than-ever-before.
8. Derek Thompson, "A World Without Work," *Atlantic*, July–August 2015, 50–61.
9. Cathy Engelbert and John Hagel, "Radically Open: Tom Friedman on Jobs, Learning, and the Future of Work," *Deloitte Review*, no. 21 (July 2017): 105.
10. Anthony Goldbloom, "The Jobs We'll Lose to Machines—and the Ones We Won't," TED2016, February 2016, video, 4:37, https://www.ted.com/talks/anthony_goldbloom_the_jobs_we_ll_lose_to_machines_and_the_ones_we_won_t.
11. "The Computer Will See You Now," *Economist*, August 20, 2014, https://www.economist.com/news/science-and-technology/21612114-virtual-shrink-may-sometimes-be-better-real-thing-computer-will-see.
12. Elizabeth Gibney, "Self-Taught AI Is Best Yet at Strategy Game Go," *Nature News*, October 18, 2017, https://www.nature.com/news/self-taught -ai-is -best-yet-at-strategy-game-go-1.22858.
13. Marco Iansiti and Karim R. Lakhani, "The Truth about Blockchain," *Harvard Business Review*, January–February 2017, https://hbr.org/2017/01/the-truth -about-blockchain.
14. Josh Bersin, "Catch the Wave: The 21st-Century Career," *Deloitte Review*, no.21 (July 2017), https://www2.deloitte.com/insights/us/en/deloitte-review/issue-21/changing-nature-of-careers-in-21st-century.html.
15. Thomas H. Davenport and Julia Kirby, "Beyond Automation," *Harvard Business Review*, June 2015, https://hbr.org/2015/06/beyond-automation.
16. Conniff, "What the Luddites Really Fought Against."

第 3 部

第 11 章

1. ドラッカーが実際にこれを、またはこれと同じ意味のことを言ったのかどうかについてはいささか議論が分かれている。アンドリュー・ケイブが『フォーブス』のコラムで述べているように、「ドラッカーが言ったとされるフレーズは、彼の39 冊におよぶ著書には登場しないようだが、企業でよく使われる表現となっており、現在、経営コンサルタントがよく言及するフレーズである」。実のところ「のちに大手自動車会社フォードの最高責任者となるマーク・フィールズが、2006 年にこのフレーズをドラッカーのものとみなした。それから 11 年たった現在、フォードは目的主導型ビジネスの動きの一端を担う企業として再評価されている」。彼のさらなるコメントについては、次を参照のこと。Andrew Cave, "Culture Eats Strategy for Breakfast. So What's for Lunch?" *Forbes*, November 9, 2017, https://www.forbes.com/sites/andrewcave/2017/11/09/culture-eats-strategy-for-breakfast-so-whats-for-lunch/#5e12d3dd7e0f.
2. シャインの経歴と研究については次を参照のこと。"Faculty and Research," MIT Sloan School of Management, http://mitsloan.mit.edu/faculty-and-research/faculty-directory/detail/?id=41040.　2017 年 12 月 13 日アクセス。
3. シャインのこの三段階についての記述は次の資料より。"Coming to a New Awareness of Organizational　Culture," in *Behavior in Organizations*, ed. J. B. Lau and A. B. Shani(Homewood, IL: Irwin, 1988), 375–390. この記述は次のスライドでも使われている。Mike Hoseus, Lean Culture Enterprises, http://www.ccmm.ca/documents/formationContinue/presentations/2007_2008/08_02_13_ToyotaWay-presentation.pdf. 2017 年 12 月 13 日アクセス。
4. さらに詳しい情報は次のウェブサイトを参照のこと。*The Best Place to Work* , http://thebestplacetoworkbook.com/.　2017 年 12 月 13 日アクセス。
5. 次を参照のこと。Peirson, "Wilhelm Johannsen's Genotype-Phenotype Distinction."
6. L. Lapointe and S. Rivard, "A Multilevel Model of Resistance to Information Technology Implementation," *MIS Quarterly* 29, no. 3 (2005): 461–491.
7. Richard E. Neustadt, *Presidential Power: The Politics of Leadership* (New York: John Wiley, 1960), 9 にトルーマンの言葉として記されていると、Bartleby.com（http://www.bartleby.com/73/1514.html）で挙げられている。2017 年 12 月 13 日アクセス。
8. "*Field of Dreams* (1989)," Internet Movie Database［映画『フィールド・オブ・ドリームス』（1989）、インターネット・ムービー・データベース］, http://www.imdb.com/title/tt0097351/.　2017 年 12 月 13 日アクセス。
9. Lynn Wu and Gerald Kane, "Network-Biased Technical Change: How Social Media Tools Disproportionately Affect Employee Performance," *SSRN*, March 7, 2016, https://papers.ssrn.com/sol3/papers.cfm?abstract_

id=2433113.
10. Dion Hinchcliffe, "Enterprise 2.0 success: BASF," *ZDNet*, February 15, 2012, http://www.zdnet.com/article/enterprise-2-0-success-basf/.
11. Yochai Benkler, "The Unselfish Gene," *Harvard Business Review*, July–August 2011, https://hbr.org/2011/07/the-unselfish-gene.
12. 統計的手法としてのクラスター・アナリシスの詳細については、ウィキペディアの "Cluster Analysis" (https://en.wikipedia.org/wiki/Cluster_analysis) を参照（最終更新日 2018 年 8 月 7 日）。
13. わたしたちの 3 つのクラスターの結果の一貫性は、映画『モンティ・パイソン・アンド・ホーリー・グレイル』の次のセリフを彷彿とさせる。「次に、そなたは 3 つまで数えねばならない。それ以上でもそれ以下でもいけない。3 はそなたが数えるべき数であり、数えるべき数は 3 でなくてはならない。3 つまで数えることを除いては、4 でも 2 でもいけない。5 は受け入れられない」。これは https://boardofwisdom.com/togo/Quotes/ShowQuote?msgid=6866#.WjHm4UxFzD4 より引用した。2017 年 12 月 13 日アクセス。
14. この現象の考察としては、次のオンラインマガジンの記事を参照のこと。 Alex Kaufman, "Prepare to Be Shocked! What Happens When You Actually Click on One of Those 'One Weird Trick' Ads?" *Slate*, July 30, 2013, http://www.slate.com/articles/business/moneybox/2013/07/how_one_weird_trick_conquered_the_internet_what_happens_when_you_click_on.html.

第 12 章

1. 次のサイトで詳細が紹介されている。"Manifesto for Agile Software Development," Agile Alliance, February 2001, https://www.agilealliance.org/agile101/the -agile-manifesto/.
2. Julian Birkinshaw, "What to Expect from Agile," *MIT SMR* 59, no. 2 (Winter2018), https://sloanreview.mit.edu/article/what-to-expect-from-agile/.
3. Steve Denning, "What Is Agile?" *Forbes*, August 13, 2016, https://www.forbes.com/sites/stevedenning/2016/08/13/what-is-agile/#4d1e081326e3.
4. Steve Banker, "3D Printing Revolutionizes the Hearing Aid Business,"*Forbes*, October 15, 2013, https://www.forbes.com/sites/stevebanker/2013/10/15/3d-printing-revolutionizes-the-hearing-aid-business.
5. 同上。
6. たとえば次を参照。 Rachel Gillett, "Productivity Hack of the Week: The Two Pizza Approach to Productive Teamwork," *Fast Company*, October 24, 2014,https://www.fastcompany.com/3037542/productivity-hack-of-the-week-the-two-pizza-approach-to-productive-teamwork.

7. この引用に関する徹底した考察と背景は次を参照。"No Plan Survives Contact with the Enemy," Boot Camp and Military Fitness Institute, February 28, 2016,https://bootcampmilitaryfitnessinstitute .com/military-and-outdoor-fitness-articles/no-plan-survives-contact-with-the-enemy/.
8. Birkinshaw, "What to Expect from Agile."
9. Carliss Y. Baldwin and Kim B. Clark, *Design Rules, Volume 1: The Power of Modularity* (Cambridge, MA: MIT Press, 2000). [キム・クラーク、カーリス・ボールドウィン『デザイン・ルール——モジュール化パワー』安藤晴彦訳、東洋経済新報社、2004 年]
10. Karl E. Weick, "Educational Organizations as Loosely Coupled Systems," *Administrative Science Quarterly* 21 (1976): 1–19.
11. G. C. Kane, D. Palmer, A. N. Phillips, and D. Kiron, "Winning the Digital War for Talent." *MIT SMR* 58, no. 2 (Winter 2017), https://sloanreview.mit.edu/article/winning-the-digital-war-for-talent/.
12. Birkinshaw, "What to Expect from Agile."

第 13 章

1. Katie Stagg, "Catalonia's Human Towers: The Art of Castells," *Culture Trip*, https://theculturetrip.com/europe/spain/articles/catalonia-s-human-towers-the-art-of-castells/（2018 年 4 月 25 日更新）.
2. "Castell (Human Tower) Performance in Barcelona, Spain," *HitchHikersHandbook.com*, May 18, 2013, http://hitchhikershandbook.com/2013/05/18/castell-human-tower-performance-in-barcelona-spain.
3. "Human Towers," Intangible Cultural Heritage, UNESCO, https://ich.unesco.org/en/RL/human-towers-00364.　2018 年 1 月 4 日アクセス。
4. 同上。
5. たとえば次の動画など。"Barcelona Human Tower (Castell)," YouTube, video, 4:20, uploaded July 30, 2013, by Leopold Kristjansson, https://www.youtube.com/watch?v=UnCi_a7P-WM.
6. "Castell (Human Tower) Performance in Barcelona, Spain." マイクロソフトは原語の「seny」を「sanity」（健全さ）または「wisdom」（知恵）と翻訳している。
7. Wu and Kane, "Network-Biased Technical Change."
8. "What Is Sociometry," Toronto Centre for Psychodrama and Sociometry, http://www.tcps.on.ca/learn/sociometry.　2018 年 1 月 4 日アクセス。
9. Gerald C. Kane, "Digital Transparency and Permanence," *Big Idea: Social Business* (blog), October 6, 2015, https://sloanreview.mit.edu/article/digital -transparency-and-permanence/.
10. Burcu Bulgurcu, Wietske Van Osch, and Gerald C. Kane, "The Rise of the Promoters: User Classes and Contribution Patterns in Enterprise Social Media," *Journal of Management Information Systems* 35, no. 2 (2018): 610–646.

11. Yuqing Ren and Linda Argote, "Transactive Memory Systems 1985–2010:An Integrative Framework of Key Dimensions, Antecedents, and Consequences,"*Academy of Management Annals* 5, no. 1 (June 2011): 189–229.
12. Irving L. Janis, *Victims of Groupthink* (Boston: Houghton Mifflin, 1972).
13. James Surowecki, *The Wisdom of Crowds* (New York: Doubleday, 2004). [ジェームズ・スロウィッキー『「みんなの意見」は案外正しい』小高尚子訳、角川書店、2006 年]
14. The MIT Center for Collective Intelligence, http://cci.mit.edu/index.html. 2018 年 1 月 4 日アクセス。
15. Thomas W. Malone and Michael S. Bernstein, eds., *The Handbook of Collective Intelligence* (Cambridge, MA: MIT Press, 2015).
16. Quy Huy and Andrew Shipilov, "The Key to Social Media Success in Organizations," *MIT SMR* 54, no. 1 (Fall 2012), https://sloanreview.mit.edu/article/the-key-to-social-media-success-within-organizations/.

第 14 章

1. たとえば次を参照。 Dominic Basulto, "The New #Fail: Fail Fast, Fail Early and Fail Often," *Washington Post*, May 30, 2012, https://www.washingtonpost.com/blogs/innovations/post/the-new-fail-fail-fast-fail-early-and-fail-often/2012/05/30/gJQAKA891U_blog.html.
2. 同上。
3. 「速く失敗する」がイノベーションを正確に説明する方法なのかどうかについての興味深い考察としては、次を参照。Rob Asghar, "Why Silicon Valley's 'Fail Fast' Mantra Is Just Hype," *Forbes*, July 14, 2014, https://www.forbes.com/sites/robasghar/2014/07/14/why-silicon-valleys-fail-fast-mantra-is-just-hype.
4. この用語は妥協点の表現法として宇宙探査から拝借した。用語の由来等の解説については次を参照。"The Goldilocks Zone," *Science@NASA*, October 2, 2003, https://science.nasa.gov/science-news/science-at-nasa/2003/02oct_goldilocks/.
5. Paul Michelman, "Do You Diagnose What Goes Right?" *MIT SMR* 58, no.3 (Spring 2017), https://sloanreview.mit.edu/article/do-you-diagnose-what-goes-right/.
6. Bonnie McGeer, "Capital One Shortens the Machine-Learning Curve," *American Banker*, April 26, 2017, https://www.americanbanker.com/opinion/capital-one-shortens-the-machine-learning-curve.
7. 同上。
8. Nicole Hemsoth, "Capital One Machine Learning Lead on Lessons at Scale,"*Next Platform*, March 27, 2018, https://www.nextplatform.

com/2018/03/27/capital-one-machine-learning-lead-on-lessons-at-scale/.
9. Bruce Dehning, Vernon J. Richardson, and Robert W. Zmud, "The Value Relevance of Announcements of Transformational Information Technology Investments,"*MIS Quarterly* 27, no. 4 (December 2003): 637–656.
10. James G. March, "Exploration and Exploitation in Organizational Learning,"*Organization Science* 2, no. 1 (1991): 71–87.
11. O'Reilly and Tushman, "Ambidextrous Organization," 74.
12. Fredrik Svahn, Lars Mathiassen, Rikard Lindgren, and Gerald C. Kane, "Mastering the Digital Innovation Challenge," *MIT SMR* 58, no. 3 (Spring 2017), https://sloanreview.mit.edu/article/mastering-the-digital-innovation -challenge/.
13. Peter F. Drucker, "The Discipline of Innovation," *Harvard Business Review*, August 2002, https://hbr.org/2002/08/the-discipline-of-innovation. 2017 年 12 月 29 日アクセス。

結び

1. Ilan Shrira, "Why 'The Wizard of Oz' Is the Most Popular Film of All Time," *Psychology Today*, June 4, 2010, https://www.psychologytoday.com/blog/the-narcissus-in-all-us/201006/why-the-wizard-oz-is-the-most-popular-film-all-time.
2. 『オズの魔法使』の最後のほうで「我が家に勝るところはなし」のセリフが使われている場面が、ユーチューブの動画で観られる。*The Wizard of Oz,* 1939, YouTube, video, 0:32, manyhappyrepeats, https://www.youtube.com/watch?v=zJ6VT7ciR1o（2006 年 11 月 28 日公開）.
3. コンドリーザ・ライス元国務長官など、これと同じ感想を述べている人たちもいる。たとえば次を参照。 Quin Hillyer, "Condi Rice, on Target in Mobile," *American Spectator*, November 14, 2011, https://spectator.org/36588_condi-rice-target-mobile/.
4. "The 50 Most Popular MOOCs of All Time," Online Course Report, https://www.onlinecoursereport.com/the-50-most -popular -moocs-of-all-time/. 2018 年 1 月 2 日アクセス。
5. "How Companies Can Profit from a 'Growth Mindset.'"
6. Carol Dweck, "What Having a 'Growth Mindset' Actually Means," *Harvard Business Review,* January 13, 2016, https://hbr.org/2016/01/what-having-a-growth-mindset-actually-means.
7. Gerald C. Kane and Maryam Alavi, "Information Technology and Organizational Learning: An Investigation of Exploitation and Exploration Processes," *Organization Science* 18, no. 5 (September–October 2007): 786–812.

［著者紹介］

ジェラルド・C・ケイン（Gerald C. Kane）　ハーバードビジネススクール客員研究員、ボストンカレッジ教授。『MITスローン・マネジメント・レビュー』や『MISクォータリー』の編集にも携わる。世界中の大学生、大学院生、エグゼクティブに、企業がデジタルディスラプションにいかに対処するべきか教えている。

アン・グエン・フィリップス（Anh Nguyen Phillips）　デロイトインテグレーテッドリサーチセンターのシニアマネージャー。組織のリーダーシップ、人材、文化へのデジタルテクノロジーが与える影響について研究する。デロイトのコンサルタントとして、10年以上活躍。BAの資格を持ち、修士では比較文学を専攻した。

ジョナサン・R・コパルスキー（Jonathan R. Copulsky）　マーケティング理論家、成長戦略家。ブランド、マーケティング戦略、コンテンツマーケティング、マーケティングテクノロジーなどで35年以上の実績をもつ。ノースウェスタン大学、ケロッグ経営大学院などで教鞭もとる。

ガース・R・アンドラス（Garth R. Andrus）　デロイトコンサルティングLLPプリンシパル。デロイトコンサルティング取締役会メンバー。「デジタルDNAサービス」を主導。企業がデジタル時代に効率的に仕事を組織し、運営し、行動することを支援している。

［監訳者紹介］

三谷慶一郎（みたに・けいいちろう）　NTTデータ経営研究所エグゼクティブ・オフィサー。博士（経営学）。専門はデジタル戦略、サービスデザイン等。情報社会学会理事、日本システム監査人協会副会長、武蔵野大学客員教授。共著書に『トップ企業が明かすデジタル時代の経営戦略』（日経BP）、『攻めのIT戦略』、『CIOのITマネジメント』（ともにNTT出版）等。

船木春重（ふなき・はるしげ）　NTTデータ経営研究所情報戦略事業本部デジタルイノベーションコンサルティングユニット シニアマネージャー。IT戦略コンサルティンググループ長。デジタル戦略・デジタルガバナンスのコンサルティング・調査研究に従事。共著書に『IT利活用の実践力を向上させる方法 - IT-CMF』（デザインエッグ社）。

渡辺郁弥（わたなべ・ふみや）　NTTデータ経営研究所情報戦略事業本部デジタルイノベーションコンサルティングユニット シニアコンサルタント。デジタルガバナンスを専門とし、経済産業省受託プロジェクトにて「DXレポート」「デジタルガバナンス・コードの策定に向けた検討」等の調査研究にも参画。

［訳者紹介］

庭田よう子（にわた・ようこ）　翻訳家。慶應義塾大学文学部卒業。おもな訳書に『目に見えない傷』（みすず書房）、『ウェルス・マネジャー 富裕層の金庫番』（みすず書房）、『避けられたかもしれない戦争』（東洋経済新報社）、『スタンフォード大学dスクール 人生をデザインする目標達成の習慣』（講談社）などがある。

［解題者紹介］

田中公康（たなか・ともやす）　デロイトトーマツコンサルティングアソシエイトディレクター。外資系コンサルティングファーム、IT系ベンチャー設立を経て現職。Digital HRとEmployee Experience領域のリーダーとして、デジタル時代に対応した働き方改革や組織・人材マネジメント変革などのプロジェクトを多数手掛けている。 直近では、HRテック領域の新規サービス開発にも従事。講演・執筆多数。

DX（デジタルトランスフォーメーション）経営戦略 ——成熟したデジタル組織をめざして

2020年11月4日　初版第1刷発行
2021年6月16日　初版第2刷発行

著　者　ジェラルド・C・ケイン、アン・グエン・フィリップス、
　　　　ジョナサン・R・コパルスキー、ガース・R・アンドラス
監訳者　三谷慶一郎、船木春重、渡辺郁弥
訳　者　庭田よう子
解題者　田中公康

発行者　長谷部敏治

発行所　NTT出版株式会社
〒108-0023　東京都港区芝浦3-4-1 グランパークタワー
営業担当　TEL 03-5434-1010　FAX 03-5434-0909
編集担当　TEL 03-5434-1001
https://www.nttpub.co.jp/

造本設計　山之口正和（OKIKATA）

印刷・製本　中央精版印刷株式会社

ISBN 978-4-7571-2378-6 C0034